国家社会科学基金"十二五"规划课题

现代大学制度研究——历史与现实的反思

现代大学制度：
原理与实践

On Modern University System：Principles and Practice

别敦荣　著

中国海洋大学出版社

·青岛·

图书在版编目（CIP）数据

现代大学制度：原理与实践 / 别敦荣著. —青岛：
中国海洋大学出版社，2018.1（2021.9重印）

ISBN 978-7-5670-1748-1

Ⅰ.①现… Ⅱ.①别… Ⅲ.①高等学校—教育制度—
研究—中国　Ⅳ.① G649.21

中国版本图书馆 CIP 数据核字（2018）第 062512 号

出版发行	中国海洋大学出版社		
社　　址	青岛市香港东路 23 号	邮政编码	266071
出 版 人	杨立敏		
网　　址	http://pub.ouc.edu.cn		
电子信箱	appletjp@163.com		
订购电话	0532‐82032573（传真）		
责任编辑	滕俊平	电　　话	0532‐85902342
装帧设计	青岛汇英栋梁文化传媒有限公司		
印　　制	日照日报印务中心		
版　　次	2018 年 4 月第 1 版		
印　　次	2021 年 9 月第 2 次印刷		
成品尺寸	170 mm × 230 mm		
印　　张	17.25		
字　　数	310 千		
印　　数	2001～3000		
定　　价	49.00 元		

发现印装质量问题，请致电 0633‐2298958，由印刷厂负责调换。

总序

　　很难想象,如果没有现代大学,今天的人类会是什么样子? 200多年来,在消解社会蒙昧文化、启迪科学理性、造就现代文明、推进社会现代化等方面,现代大学的作用无可匹敌。随着高等教育由精英化走向大众化和普及化,其不仅指引了人类文化科学技术进步的方向,使现代文化科技的百花园璀璨夺目,而且将科学理性的曙光播撒到人类各阶层民众的心田,使人的心灵得到洗礼和升华。如果说现代大学是人类文明进步的航标灯,那么,现代大学制度就是那高高矗立的灯塔,牢牢地支撑和捍卫着现代大学功能的发挥。这就是为什么人们在高歌和颂扬现代大学犹如古希腊智慧女神帕拉斯•雅典娜的同时,对现代大学制度的尊崇也几乎到了顶礼膜拜的地步。我国发展现代大学、建立现代大学制度的历史晚于欧美诸国,探索之路也坎坎坷坷。峰回路转到了21世纪,现代大学制度又为时代所需,完善现代大学制度、推进高等教育治理体系和治理能力现代化的征程再次启动,标示着我国现代大学发展进入了一个全新时代。

一、现代大学的形成及其制度化

　　现代大学是什么时候产生的? 但凡对高等教育发展史有一定了解的人都会肯定地回答,19世纪是现代大学及其制度化的时代,1810年德国柏林大学的创办标志着人类历史上第一所现代大学的出现。在柏林大学创办之前,欧洲大学几乎是一个模式。正如卢梭所说:"没有什么法国、德国、西班牙或者甚至英国模式,只有欧洲模式。它们有着同样的品位,同样的感情,同样的道德,

总
序

1

它们没有一所学校是从其自身出发形成了一种国家模式。"① 但这并不意味着创办柏林大学是空穴来风，也不能说是威廉·冯堡的神来之笔成就了柏林大学。

柏林大学的新制度保证了早期现代大学功能的全面实现。柏林大学是根据章程办学的典范，1817 年，施莱尔马赫主要负责起草的《大学章程》奠定了现代大学的基本框架。尽管柏林大学最初也沿袭了古典大学四个学院办学的基本模式，包括神学、法学、医学和哲学四个学院，但与古典大学由神学主导不同，柏林大学的各学院拥有平等的地位。柏林大学保留了传统的由正教授、副教授和助教所构成的三级结构模式，但实行教师等级制，全体正教授组成教授会，大学的所有事务皆由教授会决定，比如，遴选校长、选聘教授等。柏林大学的教学实行讲座制，按学科和专业设置若干讲座，由正教授主持各讲座。讲座教授享有很大的特权。这样，柏林大学的基本制度就形成了，即大学由学院构成，学院由若干讲座构成，正教授全权负责讲座内的一切事务。在与政府的关系上，柏林大学建立了利益商谈制，即讲座教授与政府部门之间通过"讨价还价"，即利益交涉确定讲座教授的待遇。每位正教授需要直接与州政府而不是与大学交涉，定期就财政和物质方面的条件、待遇进行协商，由此形成了一种不同于古典大学的基本制度框架，包括政府聘用正教授并提供办学经费，正教授组成教授会，负责决定大学办学；正教授学科领域的办学事务由各讲座教授全权负责。② 所以，有人认为："柏林大学的建立不只是增加了一所大学而已，而是创造了一种体现大学教育的新概念。"③

19 世纪是现代大学及其制度的概念在世界得到普及的时代。柏林大学的成功不但撬动了德国大学的现代化转型，成就了 19 世纪光辉灿烂的德意志文明，④ 而且引发了世界范围的大学现代化运动，为古典教育与现代教育之争提供了最具说服力的实践范例。世界其他国家创建现代大学的雏形往往以柏林大学为楷模。值得注意的是，其他国家效仿柏林大学，不是仿照其建筑式样，

---

① 转引自 Walter Ruegg. A History of the University in Europe[M]. Cambridge: Cambridge University Press, 2004: 4.

② 别敦荣，李连梅. 柏林大学的发展历程、教育理念及其启示 [J]. 复旦教育论坛, 2010 (6): 13-16.

③ 〔英〕博伊德，金. 西方教育史 [M]. 任宝祥，吴元训，主译. 北京: 人民教育出版社, 1985: 330.

④ 孙承武. 聚焦全球十大名校——巨人摇篮 [M]. 北京: 京华出版社, 2003: 81.

不是引进其师资,不是跟其竞争生源,更不是引进其领导团队,而是借鉴其理念,效法其精神,从而形塑自身的建制和学术自由的制度文化。

在 19 世纪以来世界现代大学及其制度的发展中,德、英、法、美四国无疑是最具典型意义的。从德国萌发的现代大学及其制度不仅在德国开花结果,而且成为其他国家学习的样板。英国和法国的现代大学及其制度化实践对两国高等教育转型发展发挥了重要影响,并辐射到了两国传统的殖民地或属地。19 世纪美国现代大学及其制度化的探索建构了美国高等教育的新体系,其后来对全球所产生的广泛而深刻的影响可能是当时的探路者们都未曾预料到的。

二、现代大学制度的变迁与共性特征

现代大学制度不是孤立的存在物,它与大学内外诸多制度及相关环境因素有着千丝万缕的关系。现代大学制度随大学内外情况的变化而不断变化,也可以说,现代大学制度的发展是无止境的。如果说 19 世纪是现代大学制度的初创期的话,那么,20 世纪以后就是现代大学制度走向成熟并随高等教育大众化和普及化不断变迁的时期;如果说 19 世纪是德国现代大学制度引领风骚、为世界所向往的时期的话,那么,20 世纪以后就是美国现代大学制度臻于完善、广受尊崇的时期。在一定程度上可以说,19 世纪是德国现代大学制度的世纪,20 世纪则是美国现代大学制度的世纪。

20 世纪是人类历史上一个特殊的世纪,在 100 年的时间里,几乎有一半的时间世界大部分地区都处在大规模战争中。大规模战争的后果,除了人类自身的杀戮,还有大量的城市、工厂、乡村遭到毁灭性的破坏,数以千万计的人被迫流离失所,背井离乡,寻找安身之所。在另一半的时间里,尽管仍不时爆发局部小规模的战争,但破坏和影响相对较小,和平、建设与发展成为主旋律。第二次世界大战结束以后,现代大学制度建设取得了新的突破,其动力源于高等教育的大众化和普及化发展。统计表明,在 20 世纪中期以前,全球只有美国一个国家的高等教育进入了大众化发展阶段,但到了 20 世纪末,世界上所有发达国家、大部分发展中国家和部分欠发达国家都实现了高等教育大众化,其中,有 20 个国家在 2000 年以前实现了高等教育的普及化。[①]21 世纪初期,

---

① 别敦荣,王严淞. 普及化高等教育理念及其实践要求 [J]. 中国高教研究,2016(4):
1-8.

高等教育发展步伐日益加快，不仅全球高等教育总规模大幅上升，而且普及化国家的数量也显著增加。到 2015 年，共有 68 个国家的高等教育发展进入了普及化阶段。

在现代大学发展史上，一个令人唏嘘不已的现象是 20 世纪前半期德国现代大学由鼎盛走向没落。这一变化似乎与德国现代大学制度是有关联的，而且在 19 世纪后期，德国大学便已表现出偏离大学本质的倾向。人类又是幸运的，在德国现代大学被"纳粹"运动施虐的时候，美国现代大学制度建设加快了步伐，并在 20 世纪初期羽翼渐丰、走向成熟。美国大学不只在内部建立了具有现代性的制度，而且在外部也创新了大学与政府的关系，从而有效地保持了大学与政府之间合理的张力，实现了大学的事情由大学负责、政府的事情由政府负责。在大学与国家的关系上，早在 1819 年，美国弗吉尼亚州政府曾经试图通过改变私立大学的性质，举办州立大学。这一行动最终被联邦最高法院判决为非法，私立大学的地位受到法律保护。两次世界大战期间，美国参与战争后需要大量的先进武器装备和弹药，国防科技与工业得到快速发展，国家向大学提出了庞大的科研和技术服务需求，"为国家服务"一时成为很多大学最重要的办学宗旨，大学成为国防科研和工业的主要依靠力量，大学的科研职能第一次展示了无穷的力量。当国家的需要成为大学办学目的的时候，大学与政府的关系便成为影响办学的重要因素。尽管大学与政府的关系拉近了，甚至可以说到了密不可分的地步，但是，双方之间并没有形成统治与被统治、支配与被支配的关系，相反，一种新的约束大学与政府关系的制度建立起来了，这就是契约制度。契约制度将大学与政府之间的关系建立在双方平等的基础之上，双方通过协商，以法律文书的形式将双方的权利、责任和义务予以明确并固定下来。这样不仅确立了大学与政府之间的平等关系，而且用法律的方式保护了双方的权利。通过契约制度，美国大学既能有效地实现为国家服务的办学宗旨，又避免了沦为政府的附庸，唯政府马首是瞻。

第二次世界大战的结束加速了美国高等教育大众化的发展。为了协调不同层次、不同类型高校之间的关系，1960 年，加州州政府制定了《加州高等教育总体规划（1960—1975 年）》，提出了分别建立加州大学系统、加州州立大学系统和加州社区学院系统的总体架构，对加州高等教育机构进行了清晰的分类。加州州政府积极主动调控全州公立大学的努力产生了积极的效果，加州模式为美国公立大学制度提供了经验。这份总体规划得到了美国其他大多数州的积极响应，成为效法的模板。

20 世纪后半期是世界经济全面进入现代化的时期,也是世界高等教育大发展的时期。20 世纪五六十年代的欧洲各国高等教育先后进入了大众化发展阶段,与之相适应的是大学制度的创新。1963 年,英国拉开了高等教育走向大众化的序幕,一批"玻璃幕墙"大学建立起来了,更具有大众化意义的是,多科技术学院的地位得到承认,获得了举办高等教育的资格。大学制度的突破在法国、德国以及其他欧洲大陆国家得到实现,欧洲高等教育发展集体实现了转向,曾经为一些欧洲国家不屑一顾的美国发展大众高等教育的经验成为它们的不二选择。澳大利亚、加拿大、日本、韩国等国家和地区的高等教育也步美欧国家之后尘,以大学制度创新为基础,快速实现了高等教育大众化乃至普及化,成为世界高等教育发达国家和地区。

20 世纪后半期以后,现代大学制度受到了来自经济、人口、科技和政治等多方面挑战,在保持基本内核的基础上,进行了适应性变迁,丰富了制度形式,充实了制度内涵,完善了制度体系,不断焕发出新的生机与活力。20 世纪末期以来,现代大学制度又面临新的挑战,而且是从未有过的挑战,这就是国际互联网的发展与教育信息化。此前所有的挑战都可以通过创建新的大学制度,或者改革已有的大学制度,来满足新的发展需要。但国际互联网和教育信息化的发展带来的是虚拟大学的产生,这种新型大学带来的挑战事关现代大学制度存在的价值。在国际互联网和教育信息化时代,由现代大学制度所保障的大学教育功能可以通过互联网教学在线上或线下进行学习,古语所说的"无师自通"可以在虚拟大学制度环境下得到实现,现代大学制度还有存在的价值吗?现代大学该去向何处?自产生以来,现代大学及其制度从未遭遇过如此严重的危机。

200 多年来,现代大学制度通行全球,国家不论大小、不论发展程度高低、不论使用何种语言,都将其作为发展高等教育事业的基本依托。尽管随着全球经济、政治、科技、文化变革和各国社会的发展,现代大学制度常常面临各种挑战,但现代大学制度并没有消极对待,而是不断进行改革和创新。这并不意味着现代大学制度是变幻不定、不可捉摸的,相反,世界各国现代大学制度都具有共同的内核,展现出高度的"家族相似性"。①

---

① 别敦荣,徐梅. 论现代大学制度的公正性及其实现 [J]. 山东社会科学,2012(8):110- 118.

第一，在现代大学制度中，大学的法人地位有保障。现代大学产生以来，在其所建立的各种社会关系中，与政府之间的关系是最复杂和变化不定的。伴随高等教育由精英化向大众化和普及化发展，现代大学的数量越来越多，办学规模越来越大，功能越来越多样，所发挥的作用、对社会的影响无与伦比，在很多国家甚至成为促进社会政治稳定、国家转型发展、经济创新和振兴最重要的引擎。因为历史传统、政治制度和社会基础不同，不同国家大学与政府的关系差异显著，规范大学与政府关系的制度也各不相同：有采用集权制度的，即政府将大学事务纳入自身管辖范围；有采用自治制度的，即政府承认或赋予大学自治的地位。如果用集权与自治来衡量世界各国大学与政府之间关系的话，可以发现，在集权与自治区间的连线上，各国所处的位置是大不相同的。有的政府集权较多，有的大学自治较多，但不论是集权更多的国家，还是自治更多的国家，大学的法人地位都是有保障的。

第二，在现代大学制度中，大学能够自主地发挥功能。现代大学不仅继承了古典大学的功能，包括人的培养和知识储存，而且发展了新的功能，包括科学研究和社会服务。现代大学的功能主要通过知识活动来实现，不论是知识的传授还是知识的发现与应用，不可缺少的前提条件是学术自由。没有学术自由的知识活动，将变成缺少灵魂的"游侠"作为，在各种社会利益的交织博弈中，大学将成为外部势力的较力场，成为迎合各种社会需要的"势利"组织。现代大学制度所发挥的作用就是保护学术自由不受侵犯，使大学能够依据自身的价值标准从事各种功能活动。毫无疑问，现代大学的功能涉及多种利益相关者的权益，各利益相关者的权益必须受到保护，社会参与治理是不可避免的，① 现代大学制度则发挥了"防火墙"的作用。

第三，在现代大学制度中，大学的多样性受到尊重。从单一到多样并非坦途，经历了艰难的抗争过程。抗争的对象有传统的观念，也有代表传统观念的社会势力，还有大学自身的制度形式。伦敦大学在英国的创立与发展便经历了典型的新生——抗争——妥协——完善的过程，英国多科技术学院初创时期不被认为拥有大学的地位，后来不但得到承认，而且获得了与其他大学同等的地位和权利。在法国，综合大学满足了人们对自由教育的需要，为社会培养具有综合素养的高素质人才；大学校满足了工业化和专业化程度较高行业的

---

① 别敦荣. 治理体系和治理能力现代化与高等教育现代化的关系 [J]. 中国高教研究，2015（1）：29-33.

高层次专业人才的需要,为社会造就了数量不多但却英才辈出的高素质人才;大学科技学院则担负了高等教育第一阶段的人才培养任务,主要为各行各业培养技术技能型人才。各种不同类型的大学同处于现代大学制度框架之中,受到高等教育体系内部和社会的尊重,拥有高等教育机构的地位,享有同等的权利,履行高等教育的职责和义务。

第四,在现代大学制度中,师生关系是民主的。现代大学产生以来,大学的知识构成与形态发生了重要变化,知识的获得与传授方式越来越多样化,学生不但可以从教师那里学到知识,还可以从同学那里学到知识,也可以通过自身的实验和实践学会知识。到了信息社会,知识的存储方式发生了重大变化,知识的获得越来越容易和便利,只要有网络、电脑或手机,学生可以在任何地点、任何时间学习和接受知识。影响师生关系的不只是知识和知识活动的变化,还有现代社会政治和社会理念,包括民主、自由和平等等。现代大学师生关系的突出特点是民主性,即师生之间更多地表现为平等互尊的关系。现代大学通过建立专业教育制度、学分制、选课制、转学制等,赋予学生自主选择学习内容、自主选择向哪位或哪些教师学习以及自主选择个人发展方式的权利,大大拓宽了师生关系的范畴,丰富了师生关系的内涵。现代大学还引入了学生评教制度、学生参与学校治理制度等,使学生在大学不仅仅是一个学习者,而且还是大学教育的欣赏者、办学质量的评价者和大学治理的参与者。在现代大学制度框架下,民主的师生关系既是大学教育发展的必然,又为大学教育发展所必需,对塑造大学的现代性发挥着重要作用。

三、现代大学制度的典型模式与国家特色

经过 200 多年的发展,现代大学制度已经成为现代国家的基本制度。随着各国高等教育走向大众化和普及化,在现代大学制度的规范和支持下工作、生活和学习的人口往往成为各国最庞大的人口群。尽管现代大学制度源起德国,但当现代大学制度的基因流传到世界各地的时候,不同国家往往在继承其基本文化基因的同时,逐步建立起了有自身鲜明特色的现代大学制度。

(一)现代大学制度的典型模式

现代大学制度是人类最伟大的发明之一,对不同国家现代公民的培养、现代文化科技的发展、现代社会进步发挥了无与伦比的促进作用。现代大学制度不是自然天成的,而是人类的创造物,是世界各国人民智慧的结晶。

1. 美国现代大学制度模式

美国现代大学制度模式是一种大学自治基础上的州政府协调治理模式。美国现代大学制度的发展经历了一个由移植、借鉴到自主创新的过程。这就使它从理念和形式都具有多样性，在某些方面像英国，在一些方面像德国，但更多的还是像自己，是在美国社会文化土壤上培育起来的具有鲜明的美国特色的现代大学制度。主要内容包括：第一，大学自治是美国现代大学制度的根基。在美国现代大学发展过程中，学院自治和学术自治两种思想合流，成为美国现代大学制度的基石。纵览两个多世纪以来美国联邦所通过的有关高等教育的法律，都以不损害大学自治为前提；不论州政府如何协调高等教育发展、调整有关机制，都以保证大学自治的完整性为条件；不论私立大学还是公立大学，与州政府、联邦政府之间均不存在直接的隶属关系，更不存在行政服从关系，大学拥有完整的自治地位和权利。第二，州政府拥有治理大学的权利。根据美国联邦宪法，教育为州政府施政领域。高等教育发展走向大众化和普及化后，与几乎每一个民众都息息相关，与州政府的社会事业战略密不可分，但是，州政府必须在合法的范围内行使相关职能，对高等教育事业发展发挥积极的影响。美国各州政府积极作为，发挥治理作用，有的增加财政预算，有的编制高等教育发展战略，有的对大学进行分类发展指导，有的调整州政府高等教育协调机制，还有的建立大学办学问责机制。所有这些都是在保障大学自治的前提下采取的措施，是州政府积极作为、依法治理大学的行为。第三，联邦政府拥有依法支持大学发展和裁判与大学有关的诉讼案例的权利。联邦政府不直接办学，也不能干预任何大学内部事务，但并非无所作为，通过立法向州政府提供目标指向明确的办学资源，联邦政府不仅达到了推动国家高等教育事业发展、引导大学办学定位的目的，而且避免了可能因直接举办或干预大学而陷入违法的困境。为了保证联邦政府的支持能够到位和达到预期的效果，美国引入契约制度，在不侵犯大学自治地位的前提下，联邦政府通过与大学签订契约，在科研支持、入学机会、学费支持、与国家战略利益相关的学科专业办学等方面，有效地参与到大学办学过程，对大学办学发挥了重大影响。第四，社会参与治理大学。由社会人士担任董事的外行领导制度使美国大学从一开始就发展了一种社会参与治理的文化，它不但对私立大学治理发挥了重要作用，而且也成为后来大规模发展的州立大学治理的基本制度。在各州立大学董事会中，来自社会各界的相关人士都占有相当的比例。在美国现代大学制度中，社会参与治理除了表现在董事会制度上，还广泛地体现在第三方的参与治理上。各种专业性、职业性的学会或协会,各种新闻舆论媒体,甚至一些相关劳工组织和慈善组织都通过专业评估认证、排名、调查报告、公开声明、经费支持等,对大学办学施加必要的影响。第五,校长与教授会分权治理大学事务。美国现代大学形成了董事会、校长和教授会"三驾马车"分工治理的架构,董事会执掌大学的顶层设计和大政方针决策权,校长及其行政团队负责执行董事会决策和学校日常营运,教授会主要负责校院系各种学术事务的决策、协调、审议和评价。这种校务分享治理模式保证了各方的参与权利,在一定程度上有利于增强学校的向心力和凝聚力。除了以上五方面内容外,美国现代大学还形成了大学生民主参与治校制度、教师工会谈判制度,等等。

2. 英国现代大学制度模式

英国现代大学制度模式是一种基于古典传统的大学自治模式。有人认为,英国大学都是私立的,因为英国大学不隶属于任何一级政府部门,不论是中央政府还是各郡市政府都没有直接下辖的大学,所以,英国没有所谓的国立大学、郡立大学或市立大学。也有人认为,除了白金汉大学外,其他大学都是公立大学,因为在英国只有白金汉大学的办学没有任何政府资金来源,其他大学都接受政府拨款,包括牛津大学和剑桥大学,政府拨款占学校总收入的比例达到 90%以上,尽管如此,英国秉承古典大学的传统,形成了大学自治模式。主要内容包括:第一,古典大学自治传统得到了传承和坚守。英国现代大学是通过对古典大学的改良而发展起来的,不管是伦敦大学的创办还是牛津大学和剑桥大学的蜕变,都保留了古典大学的传统。英国现代大学自治的文化基因根深蒂固,政府和其他社会组织敬畏大学,奉大学为社会文化之柱石,严守法律和文化传统,不直接干预任何大学的具体事务。英国现代大学与政府之间是通过中介组织联系的,中介组织成为政府与大学的博弈场。第二,政府立法引导大学办学。19 世纪五六十年代皇家委员会对牛津大学和剑桥大学教学和财政状况所进行的两次调查及其所做出的结论和建议,表明英国古典大学制度中的大学与教会的关系已经为现代大学制度中的大学与政府的关系所取代。[①] 英国政府重视现代大学的作用,从国家需要出发,在保障大学自治地位的前提下,对大学办学发挥积极的引导作用。英国现代大学制度的发展和变革自始至终都有一种力量在发挥着推动、协调、规范和支持的作用,这种力量

---

① 〔美〕谢尔顿·罗斯布莱特. 现代大学及其图新——纽曼遗产在英国和美国的命运 [M]. 别敦荣,译. 北京:北京大学出版社,2013:303.

不可谓不强大,但它却有效地保持在适度的范围发挥作用。这种力量来自英国政府,而政府发挥作用的基本手段不是行政性的,而是立法性的。没有法律的授权,英国政府便不能行使权力,不能对大学办学发挥影响。第三,中介制度发挥了"缓冲器"的功能。中介制度是英国现代大学制度的创造,19世纪的皇家委员会和后来的皇家督学团是中介组织的原型,它们受政府委派,担负政府所赋予的职责,但发挥自身的判断力,向政府提供关于教育的报告。1919年建立的大学拨款委员会(UGC)使大学与政府之间的相互联系有了一种新的机制,在其存续的大半个世纪里,成员多数都是大学副校长以及高度认同大学使命的相关人士。20世纪90年代,大学拨款委员会为高等教育基金委员会所取代,其性质仍属于中介组织,它并不具有对大学施加行政影响的权力。第四,社会问责制度发挥了"软性治理"作用。社会问责起于发展大众高等教育的需求,成于高等教育大众化的深度推进。英国大学拨款委员会的改革在很大程度上受到了社会问责的影响,更多的社会人士,包括来自企业界代表的参与,都发挥了重要作用,这表明社会问责与正式制度实现了结合。评估和排名更能代表社会问责的"软性治理"性质,与高等教育基金委员会相配合的高等教育质量保障机构通过质量评估和学术审核,不但影响大学办学标准,而且影响大学的决策与运行。

3. 法国现代大学制度模式

法国现代大学制度模式是一种学术自由基础上的政府治理模式。20世纪中期以前,法国现代大学制度相对比较单纯,主要表现为中央集权管理与学术自由在大学的和谐共存实践。20世纪中后期,为了推进高等教育改革,法国每隔几年就要颁布一部法律,以丰富法国现代大学制度的内涵,增强其适应性。法国现代大学制度的主要内容包括:第一,中央集权管理是法国现代大学制度的基础。中央集权管理制度是法国资产阶级大革命的产物,自17世纪后期建立后影响了200多年法国高等教育的发展,尽管20世纪中期以后历经多次改革,有的改革法案甚至以推进大学自治为主题,但中央集权的基本框架并没有被动摇,中央政府对大学集权管理仍然是法国现代大学制度的基本内容。法国中央政府及其教育部对各级各类大学拥有统筹规划和决策权,政府立法部门通过制定法律明确高等教育发展的基本政策和改革方向,甚至国家总统可以直接发布高等教育改革与发展指令。20世纪中期以后,法国政党轮替频繁,高等教育常常是执政党优先施政的部门,反映不同政党政策主张的高等教育法律往往随政党轮替而兴废,导致法国高等教育政策忽左忽右,难以持续不断地贯彻执行。第二,学术自由保证了法国现代大学制度的实质价值得以实现。学术自由是法国现代大学制度的基本内核。法国法律明确规定大学教师和研究人员享有学术自由权利,大学教学活动是自由的,教师可以完全自由地选择自己认为合适的教学方法,其他任何人不得干涉。法律还明确规定,教师在履行教学任务和科研职责的过程中,享有完全的自主和言论自由权利。学术自由精神在保证法国大学教师拥有充分的学术自由权利的同时,也为他们营造了一个独立的精神王国。第三,教授治校维护了大学作为学术共同体的特性。法国现代大学在200多年的发展中,保持了其学术共同体的特质,这种坚守主要通过分布在两个层次的教授治校机制实现:一个是在学院层次的学院式治理;一个是在学校各委员会中教授占绝对多数,保证了教授对大学事务的主导权。学院式治理的传统受到法国大学内外的尊重,即便巴黎大学等被废止长达一个多世纪,但一旦批准复办,这一传统文化又成为现代大学制度的核心要素,对现代大学办学发挥重要作用。法国大学的各种委员会包括行政委员会、学术委员会、教学与大学生活委员会等,都拥有法律所规定的治校职权。在这些委员会中,教授代表占绝对多数,保证了大学置于教授的治理之下。

4. 德国现代大学制度模式

德国现代大学制度模式是一种大学自治基础上的联邦与州政府合作治理模式。德国现代大学制度是发达国家中变化最多、最大且影响最为深刻的。洪堡模式是德国现代大学制度的记忆,20世纪后期以后,德国现代大学制度又进入了多变时期,面临前所未有之变局,联邦政府与州政府的关系、政府与大学的关系、大学内部各种治理机构之间的关系、大学与市场的关系、教授与其他职员和学生之间的关系等都处于变革之中。概而言之,德国现代大学制度的主要内容包括:第一,学术自由是德国现代大学制度的核心价值。德国现代大学的发展是从建立学术自由制度开始的,学术自由是以"探究博大精深的学术"的学术共同体存在的唯一合法性,教授是其唯一代言人。[①]教授在德国现代大学制度中拥有十分关键的地位。学术自由还包含了学生学习的自由,学生享有学习自由的权利,在选课、选专业、制订学习计划和进度方面,学生拥有充分的自由,教授和学生的权利受到法律的保护,不受任何非学术因素的干扰和侵犯。第二,联邦与州政府合作治理是德国现代大学制度的重要组成部分。

① 俞可. 在夹缝中演绎的德国高校治理 [J]. 复旦教育论坛,2013(5):14-20.

德国政府与现代大学有着不解之缘，不但柏林大学由政府直接创办，而且大学经费由财政供给，大学教授由政府聘任，大学除了承担着学术使命外，还担负着国家使命。"两德"统一后，德国政治、经济形势发生了重大变化，欧盟一体化和欧洲高等教育区发展不断深化，德国对联邦与州政府合作治理制度进行了持续的改革，联邦政府在保留协调各州教育政策的文教部长联席会议制度与协调高校录取和毕业、教育援助(如奖学金)和科研资助等事务的权力的同时，放弃了制定高等教育总纲法的职能，将管理高等教育的权力还归各州政府。联邦与州政府合作治理的重心由此转移到了州政府，各州政府依法治理大学事务，主要手段包括立法、目标协定和总体预算与绩效拨款等。各州制定的高等学校法为德国现代大学制度提供了法律基础，在 16 个联邦州中，除了萨兰州外，其他 15 个州都制定了高等学校法，为大学办学提供了详细的规则。第三，自治是德国现代大学制度的重要原则。德国现代大学从一开始就是国家的大学，担负着国家使命，接受政府的调控与指导，但大学与政府之间的关系并非言听计从的关系，而是保持了必要的张力，大学拥有充分的自治权。进入 20 世纪以后，政治风云变幻，既有德国大学的"金色 20 年代"①，也有"纳粹"统治时期的学术政治化，还有第二次世界大战后东、西德政治分立，大学复兴的时期，大学自治的理念和制度曾经备受推崇，也曾经被恣意践踏，还曾经受到联邦和州政府的侵犯和干预。20 世纪末期以来，以新公共管理为导向的政府改革不断推进，大学自治成为调整大学与政府关系的重要原则。第四，校企合作为德国现代大学制度注入了新内涵。在 19 世纪的德国现代大学制度中，大学与工业企业之间有一道无形的"文化防火墙"把两类组织完全隔绝开来，大学以"唯科学而科学"自立，倡导宁静和寂寞以潜心于科学本身的目的，专注于纯粹科学，不屑于与工业企业建立关系。20 世纪初期，德国专门学院的创办突破了早期现代大学与企业界隔绝的藩篱，校企合作制度得到了初步的尝试。校企合作制度在应用科学大学的成功为其他大学提供了启示，几乎所有德国大学都接受了这一制度，早期大学与企业之间的"文化防火墙"早已不复存在，一种新的合作文化和契约文化在大学与工业企业之间发展起来并成为二者之间的"黏合剂"。有研究表明，德国大学与企业合作的密度和成效远超其他欧美发达国家，德国半数以上企业都与大学开展知识和技术转让合作，而

---

① 孟虹. 继承与创新：德国高等教育的改革及其启示 [J]. 中国人民大学教育学刊，2013
(1)：54-69.

英国和法国分别只有 1/3 和 1/4。[①]

（二）现代大学制度的国家特色

从美、英、法、德等国现代大学制度模式看,没有两种完全相同的国家模式,尽管从不同国家现代大学制度变革可以看到某些移植或借鉴的情况,但不同国家的现代大学制度都表现出鲜明的国家特色。[②]

第一,国家的大学文化传统塑造了现代大学制度的底色。不同国家现代大学制度建设的起始时间有先有后,不论先发还是后发,各国现代大学制度往往都是在其原有大学文化传统的基础上发展起来的,没有哪一个国家的现代大学制度是设计出来的。德国柏林大学虽然是全新创建的,其制度也是新的,但如果没有 18 世纪后期哈勒大学、哥廷根大学、耶拿大学等所做的开创性的现代大学制度实践,便很难说洪堡、费希特等人在创立柏林大学时会有现代大学的思想基础。英国现代大学制度则是从中世纪古典大学文化的摇篮中孕育出来的,甚至在现代大学制度发展成熟之后仍吸收了很多古典大学制度思想,保留了很多古典大学制度形式。法国在现代大学制度建设中,曾试图将古典大学制度一笔勾销,而代之以全新的大学制度形式,但没有成功,被禁绝的巴黎大学复办起来了,且将原有的一套文化传统重新拾回来,融入新的大学制度之中,完善了法国现代大学制度体系。美国大学的历史早于国家的历史,在美国现代大学制度得到发展之时,美国已经形成了自身的大学文化。哈佛大学、耶鲁大学等大学的现代化探索,使其成功地将传统文化与现代制度有机结合起来,在国际和国内风云际会之中攀上了世界现代大学之巅。

第二,国家政治制度及其变化对现代大学制度有着不可忽视的影响。现代大学是社会主要的组织单元之一,20 世纪中期以后大学的社会地位愈显重要,大学办学与发展成为国家政治、经济和文化科技发展的动力之源,国家不能不将大学纳入政府施政的范畴,国家政治制度及其变化无不影响现代大学制度及其变迁。国家政治的影响有积极的部分,也有消极的部分。政府向大学提供财政经费支持,建立财政拨款及调控制度,无疑是积极的。政治体制的变化对各国现代大学制度的影响也是显而易见的,德国"纳粹"政治体制对德

---

① 伍慧萍. 从高校与企业的研发合作看德国的知识创新 [J]. 比较教育研究,2015(8): 47-52.

② 别敦荣. 现代大学制度建设必须服务于全面提高高等教育质量 [J]. 大学:学术版, 2012(1):47-49.

国现代大学制度的破坏几乎窒息了德国现代大学的生命。20世纪50年代美国爆发"红色恐怖",政府强令大学教授进行忠诚宣誓,严重侵犯了大学和大学教授的学术自由权利;60年代兴起的社会民主运动改变了美国大学的治理结构,大学生作为利益攸关方成为大学各种委员会的成员。现代政治及其制度对现代大学制度有着持续不断的影响。

第三,现代大学制度随国家高等教育的发展而发展。20世纪中期以前,除美国外,其他所有国家高等教育发展都处于精英阶段,现代大学制度也表现为精英化的制度,为社会精英阶层服务。20世纪中期以后,尤其是70年代以来,众多发达国家高等教育实现了大众化发展,开始向普及化迈进。为了适应各国高等教育发展的重大变化,各国现代大学制度从内外两个方面进行了深刻的变革。就外部而言,大学与政府的关系进入了持续不断的调整期;就内部而言,除少数大学保留了小规模、精英化的建制外,其他大学都走向了大规模、平民化,大学在校生的平均规模不断扩大,各国都出现了大批万人大学,乃至数万人的大学,生源的多样化导致大学教育功能越来越多样化,与精英化的人才培养制度相比,服务大众的个性化、多样化的教育教学制度建立起来了。与精英化高等教育的学术导向不同,大众化、普及化高等教育的社会导向使各国现代大学制度越来越注重调节大学与社会之间的关系。

四、我国建设现代大学制度的实践探索与时代使命

我国现代大学制度建设是从学习和借鉴欧美国家的经验开始的。从清末至今,我国建设现代大学制度的实践探索未曾停歇。全面建成现代化国家和小康社会是中国发展的现实节奏,作为世界上负责任的大国,发展全球绝无仅有的超大规模高等教育事业,建成一批世界一流大学和一流学科,对国际科技和教育发展发挥促进和引领作用,是新时期我国大学办学与发展的责任所在。为此,建设和完善现代大学制度的时代使命与过去完全不可同日而语,我们的思维不能停留在过去,应当与时俱进,用今天流行的语言来讲,就是用"互联网思维"和"大数据思维"来审视我国现代大学制度建设的背景、条件、要求以及理论基础、任务和路径,以保证我国现代大学制度建设的有效性。

(一)我国建设现代大学制度的实践探索

鸦片战争后,清政府中的洋务派引进西方现代科学,创办新式学堂,拉开了建设现代学校制度的序幕。自清末至今,在跨越三个世纪的100多年时间里,

国现代大学制度的破坏几乎窒息了德国现代大学的生命。

我国曾经学习和借鉴欧美国家现代大学制度,模仿和借鉴苏联现代大学制度以及自主建设现代大学制度,也曾经短暂地出现过否定现代大学、抛弃现代大学制度的情况。在百余年的历史中,我国社会命运多舛,政治变革频繁,出现长时间稳定发展的时期只有改革开放以后,所以,为了讨论的便利,这里主要分改革开放前、后两段来阐述我国建设现代大学制度的实践探索情况。

1. 改革开放以前我国建设现代大学制度的探索

从清朝末年到1978年改革开放,总体来看,我国建设现代大学制度的实践不能说完全没有成效,但如果从制度的规范性以及可持续性来看,不成功的教训多于成功的经验。

第一,学习和借鉴是这一时期我国建设现代大学制度的主题。我国建设现代大学制度是从学习和借鉴其他国家的经验开始的。在洋务学堂中,相关的教学制度往往由所聘西方传教士或教师负责制定和实施。京师大学堂章程借鉴了日本帝国大学章程的内容,而后者又承袭了德国大学的制度。到民国时期,蔡元培从欧洲游学返国就任北京大学校长,更是将德国现代大学制度作为学习的样板。1927～1929年,模仿法国现代大学制度,实行大学区制和大学院制更是来得快,去得也快。20世纪二三十年代,一批从美国留学归来的学者执掌大学领导权和担任大学教授,以胡适、梅贻琦、郭秉文等为代表,在我国尝试推行美国现代大学制度,其影响一直持续到了1949年。中华人民共和国成立后,我国实行"全盘苏化"的政策,开始向苏联现代大学制度学习,从大学的基本教学制度、组织机构设置、领导管理体制到大学组织形式和举办体制等,都由原先的"美式"转为"苏式",建立了一整套"苏式"的现代大学制度。这套制度对我国高等教育影响最大,持续时间最长,至今在我国大学中还能看到它的痕迹。学习、借鉴其他国家的经验本来是无可厚非的事情,但是,学习和借鉴的方式往往显得过于草率,缺少研究和论证,造成我国建设现代大学制度忽左忽右,变动不居。

第二,建设现代大学制度受社会政治变革的直接冲击频繁。我国现代大学因政治而生,因政治而兴,也因政治而衰,甚至因政治而毁。京师大学堂因"戊戌变法"而得以批准创办,但也差点因变法失败而被废止。民国初年,一批关于大学的法律得以制定,但却因临时政府解散而变为废纸。中华人民共和国成立后,一套全新的大学制度很快建立起来。

第三,我国建设现代大学制度未能重视理念和精神的建设。理念和精神是现代大学制度的灵魂,灵魂的没落必然带来制度建设的无章可循,无从建立

总序

15

現代大学制度,进而难以保障高等教育事业的持续健康发展。[1] 尽管不能说我国建设现代大学制度完全没有关注理念和精神,但没有提出一套适应现代大学和高等教育事业发展要求的理念和精神却是不能否认的事实。清朝末年,"中学为体、西学为用"作为一种理念曾对京师大学堂等早期大学的发展发挥了一定的影响。但客观地讲,"中体西用"理念主要还是一种关于中西学问价值的理念。民国初期,军阀混战、社会动荡、科学未彰、学术乏力,大学制度沿袭了清末的旧规。蔡元培提出大学是"囊括大典,网罗众家"的学府,在北京大学实行"兼容并包、思想自由"的主张,将学术自由奉为大学办学的至上纲领,不仅扭转了北京大学的风气,促进了北京大学向现代大学转型发展,而且引领了我国现代大学制度建设的方向,开辟了我国高等教育的新风尚。蔡元培、梅贻琦、郭秉文等在我国大学制度发展中植入现代性元素,推行学术自由、教授治校等理念,使我国大学开始具有现代气质。蔡元培等人甚至曾经还试图实行学术独立的现代大学制度,无奈招致多方异议和反对,无果而终。如果没有日本帝国主义的侵略战争,我国建设现代大学制度的轨迹可能会不一样,战争的突然到来完全打乱了我国现代大学制度建设的进程,也使尝试不久的学术自由、教授治校等理念表现得更加脆弱。1949年以后,政治运动的洗礼几乎使大学和大学制度变得面目全非。在我国现代大学制度建设中,什么时候坚持了具有现代性的理念和精神,成效什么时候就比较明显。

第四,我国优良的教育传统在现代大学制度建设中未能得到尊重和传承。我国很早就形成了尊崇学问、自由讲学等传统。在清末书院改制、废除科举、兴办学堂的过程中,优良的教育传统未能得到很好的传承,学术本身的价值和学术发展所需要的自由环境在当时和后来的现代大学建设中都未能受到重视,导致现代大学制度之形建立起来了,但却缺乏理念和精神的支持,尤其是植根于我国社会历史的教育文化传统未能在我国现代大学创办伊始融入其中。民国时期,军阀混战、党争不绝,现代大学制度建设中更难有教育文化传统的地位。在国民党独裁统治期间,推行党化教育,建立党部和训育制度,开设党义教育课程,非但我国优良的教育文化传统难以与之相融,而且从西方现代大学制度中引入的思想自由理念也难有发挥作用的空间。正是由于从一开始就没有尊重和传承我国优良的教育文化传统,所以,我国现代大学制度建设始终飘忽不定,缺少定力,现代大学也如浮萍,随风摇动而不知自身为何与何为。

① 别敦荣. 论现代大学制度的基本范畴 [J]. 现代教育管理,2013(10):1-9.

2. 改革开放以来我国建设现代大学制度的探索

改革开放以来，我国高等教育事业取得了令世界瞩目的发展成就，与 1978年相比，2015 年大学的数量从 598 所增加到 2560 所，本专科年招生人数从 40万人增加到 737.85 万人，本专科在校生数从 85 万人增加到 2625.30 万人。我国建成了世界上最大规模的高等教育体系，高等教育毛入学率达到 40%，不仅如此，建设现代大学制度的探索有了全新的发展。在探索建设现代大学制度的一个多世纪里，近 40 年是持续发展、最少曲折的时期，各项现代大学制度建设工作渐次展开、持续推进，有力地促进了我国高等教育事业发展。

第一，我国现代大学制度雏形初现。我国现代大学制度建设重新上路是从恢复"文化大革命"前的基本制度开始的，不过，人们很快就发现只是恢复以前的制度不能满足新时期高等教育发展的要求，应当通过改革和建设重构我国现代大学制度体系。事实上，明确使用现代大学制度这一概念是 21 世纪以来的事情，但是，回溯改革开放以来，尤其是 1985 年《中共中央关于教育体制改革的决定》发布以来所进行的改革和建设努力，可以发现，近 40 年所秉承的宗旨和目标是一致的。经过持续不断的努力，我国现代大学制度的基本框架已经成形，主要内容包括：① 基于自主办学原则的大学与政府之间的新型关系。我国《高等教育法》对大学的法人地位有明确规定，相关改革政策文件对大学作为独立法人所享有的自主办学权力有具体要求。国家一再通过深化政府管理改革，加强宏观管理，落实并扩大大学办学自主权。② 以尊重学术自由为基本原则的学术与政治之间的新型关系。学术与政治的关系非常敏感而复杂。改革开放以来，为了繁荣学术、促进我国文化科学技术的发展，学术自由成为改革政策文件的明确要求，我国党和政府对大学的政治管制逐步放宽，大学的学术环境日益宽松。③ 以教授治学为基本原则的大学内部党政学之间的新型关系。落实教授治学是各种相关政策法规的重要精神，建立学术委员会、教授会等以教授为主要组成人员的学术治理机构，参与学校治理，与党委领导和校长治校一道共同担负起管理和办理大学的责任，已经成为大学改革的重要导向。① ④ 以院系自主办学为基本原则的大学内部校院系之间的新型关系。院系是大学内部基本办学单位，扩大院系办学自主权，改变学校集权管理制度，使院系能够尊重各学科专业特点办学，为相关改革政策文件所倡导，部分大学已经开始推进院系自主办学改革。⑤ 以参与治理为基本原则的大学

---

① 别敦荣，唐世纲. 论教授治学的理念与实现路径 [J]. 教育研究，2013（1）：91-96.

总序

与社会之间的新型关系。为了适应社会问责、管办评分离、合作办学的要求，建立大学与社会直接对接的办学互动机制，保证大学办学能够满足社会需要，已经为大学所广泛接受，并受到政府的鼓励。上述五个方面所涉及的主题重大，构成了我国现代大学制度的基本形态。

第二，党和政府是我国建设现代大学制度的主要动力源。我国建设现代大学制度的动力既有来自大学层面的，也有来自党委和政府层面的，但总体而言，主要还是来自中共中央和国务院以及相关职能部门。自1985年以来，中共中央和国务院发布了一系列指导高等教育发展和改革的政策文件，提出了许多重大政策主题，其中，现代大学制度建设一直是题中之意。比如，1985年发布的《中共中央关于教育体制改革的决定》提出了扩大大学办学自主权、简政放权、加强教育立法的政策。1993年出台的《中国教育改革和发展纲要》提出了高等教育要逐步形成以中央、省（自治区、直辖市）两级政府办学为主、社会各界参与办学的新格局；改革高等教育体制，解决政府与高等学校、中央与地方、国家教委与中央各业务部门之间的关系，逐步建立政府宏观管理、学校面向社会自主办学的体制等。1999年公布的《中共中央国务院关于深化教育改革全面推进素质教育的决定》提出了进一步简政放权，加大省级人民政府发展和管理本地区教育的权力以及统筹力度，促进教育与当地经济社会发展紧密结合；切实落实和扩大高等学校的办学自主权，增强学校适应当地经济社会发展的活力；加强对高等学校的监督和办学质量检查，逐步形成对学校办学行为和教育质量的社会监督机制以及评价体系，完善高等学校自我约束、自我管理机制等政策。2010年颁布的《国家中长期教育改革和发展规划纲要（2010—2020年）》提出了推进和完善学分制，实行弹性学制，促进文理交融，创立高校与科研院所、行业、企业联合培养人才的新机制；完善中国特色现代大学制度，完善治理结构；各类高校应依法制定章程，依照章程规定管理学校；尊重学术自由；探索建立高等学校理事会或董事会，健全社会支持和监督学校发展的长效机制；鼓励专门机构和社会中介机构对高等学校学科、专业、课程等水平和质量进行评估等政策。此外，根据国家法律和政策要求，教育部还制定了一系列的行政法规和政策文件，以推进现代大学制度建设，比如，《高等学校章程制定暂行办法》《高等学校学术委员会规程》《普通高等学校理事会规程（试行）》，等等。这些政策规定的出台表明党和政府高度重视建设现代大学制度。

第三，建设现代大学制度是根据我国国情提出的高等教育体制改革任务。改革开放以来，党和政府的工作重点转变到了经济建设上，各项社会事业发展渐入正轨,经济社会现代化建设持续推进,高速发展,且取得了重大的成就。仅就经济规模而言,1978年我国国内生产总值(GDP)为3678.70亿元,2015年我国国内生产总值达到676708亿元,成为世界第二大经济体。[①] 我国大学和高等教育发展因此有了用武之地,现代大学制度建设不断深化。为了达到多出人才、出好人才的目的,1985年的《中共中央关于教育体制改革的决定》提出了扩大大学办学自主权的改革要求。20世纪90年代初,市场经济初步得到发展,经济增长表现出高速发展的强劲势头,经济发展对各级各类高层次人才的需要日益旺盛,《中国教育改革和发展纲要》提出了要建立政府办学为主、社会各界参与办学的新体制,确立了民办大学制度建设的政策依据。世纪之交,我国经济社会发展持续高速推进,比如,1999年国内生产总值达到82054亿元,经济总量达到了一个很高的水平,排世界第七位。[②] 生产的大规模发展对高等职业技术人才的需求更为迫切,不仅数量庞大而且种类多样,为此,国家出台按新的管理模式和运行机制举办高等职业技术教育的政策,拓宽了我国建设现代大学制度的空间。21世纪以来,全面建设小康社会和基本实现现代化进入攻坚阶段,经济社会发展成果共享成为时代主题,实现国家治理体系和治理能力现代化成为党和政府的重要议事日程。在我国现代大学制度建设中,治理理念、治理结构和治理能力建设成为政策热点,建立和完善评估认证制度、问责制度、协同合作办学制度等得到发展。

第四,学习和借鉴其他国家的经验仍具有现实意义。改革开放以来,我国开始了建设现代大学制度的新探索,与以往相比,这一时期并没有确定哪一个国家的现代大学制度为我国的范例,但确实参考和借鉴了高等教育发达国家的经验,而且这种学习和借鉴常常是理念性的,而非具体形式的,是一种与我国国情和高等教育发展需要相结合的学习与借鉴。比如,20世纪70年代后期和80年代,我国建立起了满足成年人接受高等教育需求的自学考试制度和函授教育制度,虽然不能排除参考了英国大学校外考试制度和空中大学制度的可能,但也不乏我国自身的创新。为了改变我国高等教育过于刚性、过于专业化的状况,我国大学逐步建立了选课制度、转专业制度、双学位制度、学分制、弹性学制、通识教育制度等,这些制度的建立或多或少都受到了美国现代大学制度的影响。为了满足社会高层次专业人才深造的要求、加强我国经济社会

① 统计公告. 国家统计局 [EB/OL]. http://data.stats.gov.cn/search.htm?s=GDP.
② 国家统计局. 中国统计年鉴 [M]. 北京:统计出版社,1999(18).

发展的创新能力建设,我国学习美国和其他有关国家的经验,建立了专业学位制度,立足自身培养学士、硕士和博士专业学位人才。21世纪以来,部分大学探索建立书院制,为大学生营造更优良的学习和生活环境,英国牛津大学和剑桥大学的经验发挥了积极的影响。在互联网和信息技术日益发达的今天,发达国家,尤其是美国利用互联网和信息技术发展起来的虚拟大学、慕课、云课程等对我国的影响越来越广泛。我国政府和相关大学积极行动起来,建立我国自己的线上线下相结合的教育制度,不但加强了我国高等教育的现代性,而且壮大了我国高等教育的潜力。

(二)新时期我国建设现代大学制度的时代使命

从清末到现在,我国建设现代大学制度的探索经历了一个多世纪,特别是改革开放以来,不但初步勾勒出了我国现代大学制度的基本架构,而且在现代大学制度建设的各方面都进行了积极的尝试,取得了重要进展。正因为如此,才有了我国高等教育事业的快速发展,超大规模高等教育的举办和运行才有了基本保证。不过,应当承认,我国现代大学制度建设是一个长期的任务,也是一项系统工程,未来的建设任务依然艰巨。

1. 我国现代大学制度存在的主要问题

近40年来,我国高等教育体制改革解决了建设一个什么样的现代大学制度的问题。但由于现代大学制度建设与社会变革本身具有高度的相关性,现代大学制度建设不是在一种真空条件下的项目设计和实践,所以,现代大学制度建设不但取决于高等教育系统内部各方面关系的改善与调和,更涉及大学与社会,包括大学与党政组织之间关系的重新调整和定位。由于高等教育内外各种复杂因素的影响,我国现代大学制度仍存在明显的不足,不能很好地适应经济社会发展要求。

第一,大学制度与高等教育发展的要求还存在较大差距。21世纪以来,我国经济社会发展进入了向全面小康社会冲刺的阶段,大规模的经济体、转型发展的经济生产、走向现代化和全球化的社会生活对高等教育发展提出了新的要求,发展大而强的高等教育,实现高等教育由大众化向普及化的过渡,提高国民的整体受教育水平,造就数以百万计、千万计的创新创业人才,是我国高等教育发展必须完成的答卷。

第二,过度行政化严重制约了大学功能的发挥。行政化问题是一个长期困扰我国现代大学制度建设的问题,改革行政化倾向的要求提出来已经有一定时期了。在过度行政化的影响下,学术决策成为行政决策,学术计划成为行政计划,学术目标成为行政目标,学术活动必须依靠行政体制才能得到开展。大学功能俨然如行政功能,只要服从行政程序和行政指令,就能得到所需要的结果。实则大不然,过度行政化不但没有带来大学功能的优化,而且还使大学办学偏离了正常的轨道。

第三,大学的法人地位未能得到落实。我国大学的法人地位问题是20世纪末提出来的,《高等教育法》对此做出了明确的规定,但是,有法不依导致大学的法人地位并没有得到落实。我国大学虽然拥有法律意义上的法人地位,在实际办学中仍然扮演了各级行政部门执行机构的角色,实质性法人地位的缺失导致我国大学制度难以发挥应有的作用。

第四,大学作为学术组织的特性在内部治理中未能得到充分张扬。我国大学不但在处理外部关系时表现出遵循非学术逻辑的特点,而且内部运行具有鲜明的行政化色彩,学术组织的特性未能得到彰显。在大学内部,权力集中于行政部门,教师发挥作用的空间十分有限。尽管自20世纪中期中央就提出了大学内部民主管理和民主监督的要求,21世纪又提出了教授治学的要求,且明文规定大学必须建立和完善学术委员会制度,使教师成为大学内部学术治理的重要力量,但权力的重新分配和新旧制度的博弈都不是简单的算术加减法,不仅需要时间,更需要勇气和智慧。

第五,大学内外社会治理机制仍不完善。社会参与大学内外治理是20世纪后期以来国际高等教育界发展起来的一种共同趋势,我国大学顺应这种趋势,在现代大学制度建设中逐步发展社会参与治理机制,包括建立评估认证制度、理事会制度等。客观地讲,这些制度与人们的期望相比还存在较大距离,社会中介组织、第三方机构、协同合作办学机制等还处于初步发展中。作为新时期高等教育发展的主要利益相关方,在现代大学制度建设中,社会参与治理机制还有待不断完善。

2. 新时期我国建设现代大学制度的主要任务

建设现代大学制度非一日之功,需要持续不断地努力和积淀。新时期我国大学发展的起点发生了重大改变,目标和任务都增添了新的内容,我国已经摆脱了经济社会发展水平积贫积弱的状况,成为世界上有重要影响的国家。我国不仅发展起了世界上最大规模的高等教育体系,而且人才培养水平和科技创新能力都得到了显著提高,实现了立足于国内培养我国经济社会发展所需要的各类高级专门人才、立足于国内科技创新实现经济社会的转型发展。现代大学制度建设要紧扣时代脉搏,抓住发展主题,争取新的发展和突破。

第一,进一步落实大学法人地位,建立自主办学体制。自主办学体制是现代大学制度的基本要素,自主办学体制与大学的法人地位相辅相成,无法人地位便谈不上自主办学。[①] 落实大学法人地位是我国现代大学制度建设的核心。我国已经通过法律明确了大学的法人地位,且通过持续不断的改革,不断扩大大学办学自主权,这是不可否认的事实。但大学的法人地位未能得到落实,大学办学的自主性仍然非常有限,也是不争的事实。大学与党政组织之间关系的调整和改善仍然是我国现代大学制度建设的主要任务。

第二,深化改革行政化倾向,建立学术化的大学办学制度。学术的行政化和学术组织的行政化是大学的两大病灶,行政化易使高等教育规律失效,使大学的逻辑错乱,使大学的价值和精神异化,尤其是过度的行政化,更会使大学不像大学,大学的功能难以得到发挥。如果说以往尚不具备解决我国大学行政化倾向问题的条件,那么,随着政府管办评分离改革和"放管服"改革的不断深化,大学改革行政化倾向的环境和氛围将越来越适宜。改革行政化倾向的主导权在党政组织,落脚点在大学。这并不意味着改革行政化倾向大学完全无能为力,只能等待。实际上,在大学内部,尤其是在大学基层和学术事务上,淡化行政色彩,更多地发挥学术的力量,运用学术的方式,包括研究、讨论、协商和评议的方式来处理教学和科研及相关事务,还有很大空间。上下用力,通过改革行政化倾向,用学术逻辑引导和规范大学办学,建立现代大学制度的基础。

第三,完善党政学共治制度,强化大学学术组织特性。大学是学术组织,但在举办和管理大学的时候,其学术组织的特性往往被遮蔽了,而更多地表现出政治性和行政性组织的特性。教师在大学事务的决策及执行过程中基本没有发挥作用的空间,学术委员会或教授会制度改革不到位,发挥的作用非常有限。在我国现代大学制度中,党委和行政制度已经非常健全完善,教师参与治理制度还非常薄弱。没有学术力量作用的发挥,我国现代大学制度不可能扎根在学术基础之上,现代大学制度的基本逻辑也不可能包括学术逻辑。新时期现代大学制度建设应当在如何更好地发挥教师的作用上下功夫,变两种力量治理为三种力量治理,建立党委、行政和教师共同参与治理制度。

第四,进一步扩大开放办学,完善社会参与大学治理制度。开放办学、社

---

① 别敦荣. 我国现代大学制度探析 [J]. 江苏高教,2004(3):1-3.

会参与主要涉及两个方面,即社会参与办学和社会参与治理,二者既相联系又相区别。在我国现代大学制度建设中,社会参与办学机制建设的难点主要在相关企事业单位,而社会参与治理机制建设的难点则在大学。新时期我国高等教育发展将面临普及化阶段的到来,高等教育与社会的联系将日益紧密,进一步扩大开放办学,加强社会参与,是我国现代大学制度建设不能忽视的主要任务。大学应当不断强化治理理念,以更加开放的眼光和心态看待社会参与,建立健全社会参与治理制度,构筑大学办学与社会对接的桥梁,从而有效地保证人才培养、科技创新,更好地满足经济社会发展的需要。

我国建设现代大学制度的任务绝不只是这几个方面,还有很多其他方面的任务,包括非常重要的制度理念建设。制度理念建设不能孤立地进行,需要与其他具体的制度建设相结合。应该说,我国现代大学制度建设已经在理念建设方面进行了积极的探索,比如,自主办学理念、学术自由理念、教授治学理念、社会参与理念等,已经逐步为各方所认同和接受。在新时期我国现代大学制度建设中,应在推进各项具体制度建设的同时,将制度理念的创新与践行结合起来,达到制度的形式与实质同生共荣,发挥现代大学制度应有的功效。

3. 新时期我国建设现代大学制度的主要路径

改革开放以来,我国现代大学制度建设主要采取了自上而下的路径。显然,这与我国高等教育体制和现行的国家政治、社会制度及其改革路径是相吻合的。新时期我国现代大学制度建设的环境和条件更加有利,使命和任务有了重要变化,建设路径也应进行相应的调整和完善。

第一,加强顶层设计,构建我国现代大学制度建设蓝图。我国现代大学制度建设缺乏整体蓝图设计,不同政策措施的出台缺乏有效的衔接,有"摸着石头过河"的意味。进入新时期,现代大学制度建设应当汲取以往的经验教训,加强顶层设计,绘制我国现代大学制度建设的蓝图、路线图和时间表,对未来发展图景有一个清晰的认识,整体设计,分步实施,层层深入,形成系统、完整、协调和有效的现代大学制度体系。

第二,落实法律精神,依法建设现代大学制度。现代大学制度建设应当避免随机性,避免颠覆性的推倒重来。新时期应当进一步加强高等教育法制建设,使现代大学制度的法律体系更加完备,各种制度之间衔接更加协调。与此同时,不断强化依法治教精神,将现代大学制度建设与法律规范的落实紧紧地联系起来,加强执法检查和督导,建立违法必究的问责机制,是保证我国现代大学制度建设权威性和有效性的根本路径。

第三,建立共促机制,发挥党委、政府、大学和社会四个方面的积极性。继续发挥各级党委和政府的主动性和能动性,对推进我国高等教育体制改革,确保改革的顺利进行,建设现代大学制度,具有重要意义。同时,调动大学和社会的积极性,让大学和社会更加积极主动地参与现代大学制度建设是必要的。应当建立四方共促机制,将党委、政府、大学和社会置于共治的框架下,使四方的努力形成合力,共同促进我国现代大学制度建设。

第四,调动教师的积极性,加强学术力量的影响。建设高等教育强国,建设世界一流大学和一流学科,让各级各类大学办出特色、办出水平,为社会培养数以千万计的创新创业人才,促进经济社会转型发展和现代化国家发展目标的实现,我国大学必须回归学术逻辑,改变传统的办学方式。学术逻辑和大学的内在价值主要由教师所代表,充分重视教师的作用,更好地发挥学术力量的专业智慧,对党和政府、对社会都是有益无害的事情。

五、现在大学制度研究的新起点

现代大学制度研究是一个现代话题。它伴随着现代大学的产生而产生,伴随着现代大学的变革而不断发展。洪堡和费希特等人关于创立柏林大学的相关论述可以看作现代大学制度研究的滥觞,纽曼关于大学理念的演说则往往被看作为古典大学制度的辩护。现代大学及其相关制度的探索在两个多世纪里支撑了现代大学的成长和发展。

我个人的高等教育研究是从管理切入的,一则是因为我硕士阶段是研究教育管理的,二则是因为我参加工作后的第一项任务就是承担"高等教育管理"这门课程的教学任务,所以,很早就开始关注现代大学制度。后来指导研究生,也有意识地引导他们以现代大学制度为选题进行专门研究,因此,我和我的团队在现代大学制度研究方面着力甚多,也取得了一批研究成果,比如,就博士学位论文而言,就有郭冬生的《论大学本科教学管理制度及其改革》(2003年)、秦小云的《大学教学管理制度的人性化问题研究》(2005年)、米俊魁的《大学章程价值研究》(2005年)、陈亚玲的《论我国学术转型与现代大学制度的建立》(2007年)、吴国娟的《大学制度伦理反思》(2008年)、赵映川的《我国高等学校教师津贴制度研究》(2009年)、彭阳红的《"教授治校"论》(2010年)、张征的《新自由主义背景下大学制度变革研究》(2011年)等。

2012年底,我担任厦门大学高等教育发展研究中心主任。考虑到自己以往的研究基础和中心的有利条件，我想对现代大学制度做一个比较全面深入的研究，便于2013年组织中心内外的研究力量成立了一个团队，申请了全国教育科学规划课题"现代大学制度研究——历史与现实的反思"，部分研究工作同步进行。2013年底课题得到批准，2014年3月举行开题报告会，全面启动各项研究工作。经过三年的研究，最初计划的各项研究任务基本完成了，取得了比较丰硕的研究成果，发表了一批学术论文，团队中的博士和硕士生完成了几篇学位论文。据不完全统计，近三年课题组发表了30多篇期刊论文，其中，有15篇发表在C刊上，有七篇博、硕士学位论文通过了答辩。可以说，比较圆满地完成了课题研究任务。

为了展示"现代大学制度研究——历史与现实的反思"课题研究的成果，我将团队研究成果中的部分博士学位论文和我个人的研究成果选编出来，出版一套丛书，从一个侧面反映"十二五"期间厦门大学高等教育发展研究中心关于现代大学制度研究所取得的成果。我与中国海洋大学出版社进行了协商，出版社领导十分重视，给予了积极的响应。海大出版社非常重视高等教育学术著作出版，是全国有重要影响的高等教育学术著作出版单位，与我合作一向非常愉快。

这套丛书由九部著作组成，包括别敦荣著《现代大学制度：原理与实践》、唐世纲著《大学制度价值研究》、徐梅著《大学行政组织机构及其改革研究》、彭阳红著《"教授治校"论》、刘香菊著《治理视野下的大学院长角色研究》、石猛著《民办高校治理能力及其现代化》、唐汉琦著《高等教育治理改革的价值研究》、汤俊雅著《现代大学治理中的教师角色研究》和陈梦著《大学校长遴选制度研究》。除了《现代大学制度：原理与实践》涉及面较广外，其他八部著作都选取现代大学制度的一个方面进行专题研究，所以，比较深入透彻。

课题研究任务虽然完成了，但现代大学制度的研究不会终止。结题是一个新起点，我还会与团队成员一起在这个领域继续耕耘下去，尤其是将在我国现代大学制度的理想范型与现实诉求的关系中去探求平衡之策，以推进我国现代大学制度的完善和建设。

别敦荣
于厦门大学海外楼工作室
2017年2月27日

总序

目 录

第一编　现代大学制度原理

现代大学制度：原理与实践

第二编　现代大学制度实践

现代大学制度：原理与实践

第一编

现代大学制度原理

第一章

现代大学制度的基本范畴

现代大学制度是围绕现代大学的地位及其职能活动所形成和建立的协调其内外关系和办学行为的规范、准则、习惯等的总称。它们支撑了现代大学的存在,并维持其正常的办学秩序,促进其功能的实现。它们发源于西欧主要国家,是在古典大学制度传统的基础上,经过长期的酝酿和选择,在持续不断的创新探索中逐步固化下来的。自 19 世纪中后期以来,现代大学制度从西欧向世界其他国家扩散,成为世界各国所共有的学术制度财富。由于世界各国国情差异很大,高等教育发展基础、传统和水平不同,所以,现代大学制度除了拥有共同的精神元素外,还拥有各国独特的理念和具体的表现形式。因此,任何试图将现代大学制度标准化、统一化的努力都是不切实际的,在理论上也是站不住脚的。但这并不意味着不可以从理论上讨论现代大学制度的基本范畴,因为范畴是一种对存在物的最广义的分类,现代大学制度的基本范畴只是一种最一般的类的分析,它并不试图去建构一套标准或原则。笔者曾经根据我国大学制度的现实状况,结合现代大学制度的精神特质,提出我国现代大学制度的四大基本范畴,包括独立的法人制度、服务性的行政组织制度、人性化的教育制度和自由的精神。[①] 如果将我国现代大学制度建设要解决的最急迫的问题暂且放到一边,我们将眼光放到自 19 世纪初期到 21 世纪初期的两百余年里世界各国在现代大学制度上所做的建设性变革,可以发现,现代大学制度是一个十分庞杂的人为存在物,几乎找不出任何两个国家实行一套共同的现代大学制度的案例,也没有哪个国家能够预设一套完整的现代大学制度,然后,一项一项地去逐步建立和完善。尽管如此,从最一般的类的角度看,各国

---

① 别敦荣. 我国现代大学制度探析 [J]. 江苏高教, 2004(3): 1-3.

第
一
编
现
代
大
学
制
度
原
理

现代大学制度的基本范畴大致包括了制度精神、法人制度、行政制度和职能制度四个方面，[①] 每一个方面都有丰富的内容。

第一节　现代大学制度精神

制度是一种社会规范，用以约束、引导和激励人、组织及其相关的行为与活动。它不但有表现形式，而且往往还包含了精神意蕴。比如，激励制度就有物质激励、精神激励、职务晋升激励等多种表现形式，但这些激励形式的背后，还包含了对价值的认同、对追求的看重等精神意蕴。由于制度的表现形式往往具体而且刚性，给人强烈的规范暗示，因此，有时候人们往往更重视制度的形式要求，而忽略了其精神价值。现代大学制度也是一种社会制度，既是有形的，又是无形的；其有形的规定要求表现在各种政策法律规章文本上，其无形的精神价值意蕴对办学发挥着无言的促进或保障作用。

现代大学制度不是凭空产生的，是在继承古典大学制度传统的基础上，人们根据新的社会环境要求和现代大学所承担的使命制定出来的。因此，现代大学制度的精神既包括了从古典大学继承下来的能够适应新时代要求的精神，同时又包括了具有时代意义的新精神。古典精神与现代精神的统一，不仅使人类制度文明得以一脉相承地发扬光大，而且还能随时代的不断进步而推陈出新。尽管人们对现代大学制度精神的内涵可能有不同的认识，但对于自治、自由、民主和治理等精神，可能不会有太大的分歧。

自治是大学与生俱来的精神传统。学者行会的出现标志着大学的滥觞，而学者行会最重要的精神就在于自治。作为法人组织，大学不受教会、城市国家或其他任何法人组织的干预。不论是教师行会还是学生行会，大学事务都由教师或学生自主决定。[②] 到后来大学的学术底蕴加深以后，人们更多地采用学术自治或大学自治的表达。在古典大学时期，自治精神不但使大学能够在与教会、世俗政权之间的矛盾冲突中勉力周旋，而且强化了大学的主体认知，塑造了大学的独立个性。古典大学的自治精神在大学制度形式上主要表现为迁徙制度、大学司法裁判制度、免税和免除兵役制度等。现代大学制度一方面继承了自治精神，另一方面也根据社会环境条件的变化，在自治内涵上进行了

---

① 别敦荣. 论现代大学制度的基本范畴 [J]. 现代教育管理，2013（10）：1-9.
② 别敦荣. 中美大学学术管理 [M]. 武汉：华中理工大学出版社，2009：60.

必要的取舍,在表现形式上则进行了各种新的探索,形成了一系列比较有效的自治或自主制度。现代大学存在和发展的环境与古典大学有了很大的不同,大学与政府之间逐步建立了不可割裂的联系,哪怕是在大学传统最深厚的国家,大学办学也离不开政府财政资助和国家政策扶持;与此同时,政府的重大社会项目和战略的实施与推进,越来越依靠大学的文化科学技术和智慧。所以,现代大学摒弃了自治精神中我行我素、独步天下的自我封闭元素,融入了大学与政府、大学与政治等之间保持的适度张力,尊重大学履行其职能所必需的基本权利等更具现代意义的要求,从而使现代大学避免了走向另一个极端而成为政府的附庸、政治的奴仆,维护了现代大学的身份认同,保护了现代大学的尊严。

　　自由是与现代大学共生的制度精神,是现代大学学术活动的必然要求和前提条件。① 有人认为,自由是现代大学从资本主义的自由政治理念中借鉴而来的制度精神,笔者更愿意相信,它是与科学相伴相生的一种精神。现代大学是科学与人性的培养联姻的产物,是科学教育制度化、教育科学化的结果。科学在其现代发展过程中,逐步建立了一套独特的范式,它不承认先知先觉的存在,不承认绝对真理,只相信事实,相信事实发现和逻辑推理所获得的结论。这就要求从问题提出到研究发现过程都要有相对的自由,这种自由既包括客观环境的自由,又包括研究者个人心灵的自由。古典大学曾经是基督教神学的领地,在启蒙运动中,科学的价值逐渐为人们所认识和接受,古典大学也开始有限度地引入科学知识的教学,但科学在古典大学还未能拥有自由的天地。现代大学给予了科学从未有过的地位和权利,科学教育建制化,为科学服务、按照科学的范式和规律改革和建立相应的制度,不仅使大学与时俱进,适应了时代发展的要求,获得了前所未有的生机与活力,而且极大地促进了科学和教育的繁荣。但世事变化无常,当古典大学从神学的羁绊中解放出来、转型成为现代大学之后,高等教育大众化在许多国家陆续得到实现并进一步走向普及化,现代政治和经济的发展、政府公共事业管理职能不断加强,使现代大学也从社会的边缘走向社会的中心并成为轴心组织,在这样的背景下,现代大学又陷入了与政治组织、行政组织和经济组织等的对立统一关系之中。后者对大学学术自由权利的干涉甚至剥夺,对现代大学的教育和科学职能的实现有着直接而重要的影响。因此,将学术自由精神融入与大学办学相关的各种政策

① 别敦荣.论学校管理的三原则 [J].清华大学教育研究,2001(1):69-75.

法规、行政条例以及大学与相关社会组织之间的双边或多边关系制度之中,对现代大学在纷繁复杂的现代社会中保持自身的属性,有效地履行社会职能具有十分重要的意义。

民主是现代大学从现代社会政治中吸收的制度精神。尽管民主并不是一个现代词汇,现代以前也曾出现过民主政治的尝试,但毫无疑问,基于全社会平等和自由的民主是现代政治最重要的精神之一,体现在各种政治和政府组织制度之中,也渗透到了其他各种社会组织制度。古典大学制度难言具有民主精神,一方面当时社会的民主性十分有限,大学制度缺乏必要的社会文化基础;另一方面,大学及其教育建立在少数特权阶层需要的基础之上,民主的空间十分逼仄。在现代大学发展之初,其制度并不包含民主精神,它的基本组织形式是精英化的、学术寡头制的。随着学术专业化的发展与繁荣,知识领域不断扩大,大学的办学规模与日俱增,在校学生人数数以千计,甚至数以万计,大学的高级和中低级学术人员数量持续增加,各级各类行政管理人员队伍越来越庞大,少数几位学术精英或寡头不可能包办现代大学头绪繁多、负担沉重的学术和行政事务,大学办学及其管理运行不能再沿袭传统的制度,必须建立体现民主精神的新制度。学生权利意识的觉醒和普通的学术与行政管理人员对民主权利的诉求,极大地推动了现代大学制度从形式到精神的革新,从而使现代大学及其制度更具凝聚力,在更大范围调动广大师生员工的积极性,增强办学过程的生机活力。

治理是现代大学从当代社会思潮中吸纳的制度精神。当代政治学和企业管理学对国家治理和公司治理进行了富有成果的研究,治理已经成为国家管理、政府行政、公司经营和社会事业单位管理制度和运行机制的重要精神,它注重参与,追求透明,尊重平等,强调责任,目的在于维护公正性,保护多样性,使相互冲突的或不同的利益得以调和,实现可持续发展。作为社会学术组织,现代大学早期的职能是比较单纯的,20 世纪以来,尤其是 20 世纪中后期以来,大学的职能不断拓展,社会作用不断增强,市场化浪潮不断冲击大学,大学内外的利益相关群体和组织的诉求越来越强烈,他们不满足于只是被动地接受大学办学的结果,而且还要求主动地参与办学过程,影响办学行为。面对来自内部和外部的治理要求,大学不应该也不可能将自己封闭起来,必须开放办学,在各种利益关系中协调各种冲突与矛盾,达到合作办学、共同发展的目的。这就要求现代大学制度从形式到精神体现治理精神,保持必要的弹性,具有更大的开放性和包容性,保护多样性,促进利益共享和共同发展。

现代大学制度的自治、自由、民主和治理精神产生的时间有先有后，价值导向各不相同，相互之间甚至还可能存在矛盾冲突。这种现象正是现代大学及其制度的复杂性的表现。制度精神上的矛盾冲突，一方面对现代大学保持其传统的属性、强化其传统身份认同无疑有重要影响；另一方面，也正是这种矛盾冲突，现代大学的现代性身份得以与时俱进，办学的适应性不断得到增强，社会职能得到更有效的实现。

第二节　现代大学法人制度

大学作为社会法人本来就是古典大学的重要传统。欧洲的中世纪大学往往要获得教会或国王颁布的特许状之后才能取得法人资格，获准开办。古典大学的法人性质比较单一，属于行会性质，包括教师行会和学生行会。现代大学已经不再是行会法人组织，而且数量众多，类型多样，开办方式也变得现代而多元，有政府财政拨款举办、民间筹资合股举办、企业法人开办、公民个人创办、社会公益团体兴办，等等。从获取办学资格的方式看，有注册举办的，也有政府立项举办的，还有审核批准举办的。正是因为开办方式和取得办学资格的途径差别很大，所以，现代大学法人制度远比古典大学复杂得多。现代大学法人制度突出地体现在现代大学章程上，章程对现代大学法人性质及其治理架构等都要做出明确、具体的规定，以保证现代大学使命的实现。按章程对法人性质的规定可以区分现代大学法人的种类，总体来讲，各国现代大学不仅有公共事业法人、行政法人、财团法人等之分，还有公法人和私法人之分。不同的法人制度对大学办学有着重要影响。

很多现代大学具有公共事业法人的性质，其举办者为政府或政府附属部门，其日常经费来源于公共财政拨款，其他主要项目经费也主要来自政府或政府部门。大学主要根据政府法律或行政主管部门要求办学，服务于公众的一般教育需要，成为所谓的公共事业组织。世界上大多数国家的大学都主要依靠政府财政拨款办学，早期现代大学，如柏林大学所开创的政府负责提供办学经费、聘任教授，学校自主办学，崇尚学术自由的传统，已经为大学与政府之间千丝万缕的联系所取代。作为公共事业法人，现代大学的自我认知既建立在大学的传统之上，又建立在政府的办学目的和公众对办学的期待之上。所谓的服务型大学、地方大学等就典型地反映了后者影响下的大学的身份认同感。作为公益性社会组织的现代大学，其自主办学和学术自由精神在其身份认同中不可避免地面临着矛盾与冲突。公共事业法人制度是调节现代大学与政府关系的缓冲器，其法人制度精神价值导向决定了这些大学具有现代大学的属性，具有现代大学的身份认同，能够发挥现代大学的作用。

现代大学可以具有行政法人性质。这类大学由公共财政支持，是一种公法人社会组织。它们接受政府委托，在大学中行使某些行政职能，包括部分项目的行政审批、行政资源配置与使用调节、行政处罚与奖励等。在履行政府委托的行政职能时，大学所扮演的角色已经超出了其应有的身份定位。作为行政法人，大学可能根据行政逻辑办学，不但建立层次等级严格的行政科层管理体系，而且按照下级服从上级、行政权力高于专业权力的价值导向处理各种办学事务，由此将使大学的行政职能不断增强。作为行政法人，大学履行行政职能是不可避免的，但从大学的社会组织属性看，却超出了其职能范畴，代行了外部政府部门的某些职能。由法人性质带来的大学价值冲突是显而易见的，行政法人制度不但是这种价值冲突的产物，而且也是协调冲突的手段。如何避免行政化在大学的各层面、各方面有节制地发挥影响，使行政职能与学术职能之间的关系保持在可以接受的范围之内，使行政法人身份认同能够包容并且尊重大学的学术理想和价值取向，是现代大学行政法人制度面临的重要挑战。

现代大学可以是公益性社会财团法人，其建校的原始资本既不是来自政府财政拨款，不是来自私人投资办学，也不是来自集体参股，而是来自个人或社会组织捐赠。有的个人或社会组织财力雄厚，有社会公益慈善心，除了能够给予大学建校和开办所需的各种投资外，还能为大学提供日常办学经费；更多的个人或社会组织除了提供建校资本外，难以负担大学沉重的日常办学开支，因而，大学创建后的办学主要依靠收取学费、其他渠道的捐赠或其他收入支持。在有些国家，政府对这类大学提供一定的公共财政资助，以支持和鼓励社会公益慈善事业发展。不论是哪一种情况，作为社会财团法人，这类大学都具有私法人性质。在高等教育走向大众化和普及化的背景下，为了鼓励社会资本、个人资本捐资办学，一些国家政府采取的政策往往是支持但不干预，鼓励这类大学自主办学，自我选择发展方式。社会财团法人制度将大学置于与政府平等的地位，使大学与政府之间的关系表现为平等互动关系。

公共事业法人、行政法人和社会财团法人是现代大学的几种主要法人制度。在现代社会背景下，尽管学者行会和学术共同体组织的某些制度形式，甚至某些理念仍然对现代大学具有一定的影响，但现代大学已经不再是学者行会组织,也不是纯粹的学术共同体。在很多学者的著述中,学者行会和学术共同体的制度形式和精神常常被赋予理想化的色彩,而被作为现代大学发展及其制度建设的重要依据和价值导向。实际上,与古典大学相比,不论是办学环境还是办学职能,现代大学都有了显著的差异,其内外关系都注入了新的内涵,现代法人制度是其协调内外关系的基础。伴随社会政治、经济、文化、科技的发展,现代大学在外部与政府、政治组织及社会其他组织形成了几乎无缝对接的关系,在内部形成了各类组成人员、各种职能活动之间错综复杂的关系,这些内外关系在很大程度上消减了早期现代大学的属性,同时也给现代大学注入了富有时代感的新元素。法人制度也因此得到了发展,不但制度形式变得多样化了,制度的精神与内涵也越来越丰富了。正是因为有了法人制度的变化,现代大学具有了适应新环境的能力。当然,现代大学法人制度也不是现代大学自身自然而然地形成和从内部生长起来的,而是现代大学在与社会有关各方的互动与博弈过程中逐步建立起来的。现代大学法人制度的建立取决于多种因素,首先是社会政治、经济、文化的现代化。这是现代大学法人制度法人精神得以产生、各种制度形式得以存在的前提条件;其次,是高等教育理念的现代化以及对现代化理念的坚守。这是现代大学法人制度能够发挥作用的内在条件。

第三节　现代大学行政制度

行政制度是现代大学发展的结果,尽管古典大学在办学中也存在与学术活动相关的各种事务性活动,但由于其组织规模微小、组织结构简单、事务活动单纯、办学成本低廉,古典大学往往不设置专门的行政机构,不聘用专门行政管理人员,各种事务活动都由教师或学生兼顾,所以,古典大学的行政制度尚处于制度化前期,既未成形又影响微弱。现代大学与古典大学的一个不同之处在于:古典大学是静止形态的,在数百年的历史中,它的组织形态和职能作用几乎没有什么变化,这与农业社会变化迟缓的特点是相吻合的;现代大学是不断变化的,在200多年的历史中,它的组织形态和职能作用始终处于变化之中,似乎从来没有停止过。现代大学规模越来越大,教职员工越来越多,学科专业结构越来越复杂,与社会的关系越来越紧密,其中,最为重要的是,现代大学内部出现了一个专职的行政管理人员群体,他们人数众多,体系严密,有专门的组织机构,承担专门的行政管理职能,在办学中发挥着重要作用。他们的职责范围不但包含了为人才培养、科学研究和社会服务等大学职能活动提供各种支持与服务，而且包含了从整体上对大学学术发展、资源配置、社会关系等做出各种决策、协调和控制，以引导和规范大学发展方向，维护大学办学秩序，促进大学职能的有效实现。正是在这样的背景下，现代大学行政制度逐步建立并得到了完善，对现代大学办学发挥了重要作用。

组织制度是现代大学行政制度的重要组成部分，它不仅包括了各种行政机构的设置，而且包括了各层次行政管理的协调与互动机制。组织制度是为现代大学职能服务的，而现代大学已经超越了古典大学，成为多元化的巨型大学。克拉克·克尔认为："多元化巨型大学是一个不固定的、统一的机构。它不是一个社群，而是若干个社群——本科生社群和研究生社群；人文主义者社群、社会科学家与自然科学家社群；专业学院社群；一切非学术人员社群；管理者社群。多元化巨型大学的界限很模糊，它延伸开来，牵涉历届校友、议员、农场主、实业家——而他们又同这些内部一个或多个社群相关联。作为一所学校，它要回顾过去，展望未来，并经常同现在发生矛盾。它服服帖帖地几乎是奴隶般地服务于社会——它也批评社会，有时不留情面。它提倡机会均等，但它本身就是一个等级社会。"[①] 在这样一种大学中，其组织结构是高度复杂的，不仅院、系、所等学术机构数量多、层次多、差异大，而且行政机构的数量不断增加，行政层次关系也越来越多样而复杂。在多元化巨型大学时代，现代大学的组织体系天然地拥有自我膨胀的内在动力，这不仅表现在大学内部的学术机构的设置上，而且表现在行政管理机构及其他各种相关服务支持机构的设置上。多元化巨型大学是世界各国现代大学的典型特征，所以，各国现代大学都建立了体系完备的组织制度。毫无疑问，组织制度对现代大学的正常运行和职能实现有着不可或缺的意义，既表现在维护办学的正常秩序上，又表现在保持组织自我膨胀的可接受性上。换句话说，组织制度使现代大学各类组成机构各安其位、相互协调，围绕办学职能，有效地发挥各自应有的作用；在学术和行政机构的扩张上，组织制度一方面予以必要的约束和限制，使机构增设保持理性，符合学术职能发展和行政管理效率的要求，另一方面机构增设后，调整现有机构与原有机构之间的关系，建立整个组织体系新的平衡，确保办学职能在新的平衡关系的基础上得到实现。

领导决策制度是现代大学更加晚近的行政制度。在早期现代大学，领导

---

① 〔美〕克拉克·克尔. 大学的功用 [J]. 陈学飞，译. 南昌：江西教育出版社，1993：12.

决策制度并不健全,对大学办学的影响也十分有限。比如,在欧洲各国大学,在19世纪中期以前,几乎没有大学校长因为其对大学的领导作用而名留青史的,因为当时的校长往往是因为其崇高的学术影响或社会地位而被推举为具有象征意义的大学校长职位,他对大学的影响更多的是礼仪性的,少有思想引领或行政决策性的。因为在当时,作为一个社会组织,大学更多的是一种联合体性质的组织,在学校层面大学几乎是无所作为的,几乎不需要做出领导决策,有限的协调和组织工作主要是由教授们集体商议决定的。现代大学的复杂化使领导决策成为影响学校办学与发展的关键之一,领导团队的出现,尤其是主要领导人行政权力的不断加强,使领导决策制度成为现代大学行政制度的一项基本制度。20世纪中期以来,现代大学面临着日益复杂多变的社会环境,战略规划、行政治理成为办学不能忽视的重要课题,领导决策的重要性更加凸显出来了。现代大学领导决策制度主要包括主要领导人和领导团队的权力运行制度、领导决策的程序与规范制度以及领导决策的执行与效能制度等。最初的领导决策制度主要表现为与大学决策机构和主要领导人相关的一系列制度,集中表现在一些内部重大问题的领导与决策上。随着领导决策重要性的不断增强,领导决策制度所涉及的范围越来越宽,除了在内部重大问题上的领导决策外,外向性的办学行为和校内外、国内外关系的处理成为领导决策制度发挥效力的重要方面。领导决策制度的不断完善使现代大学在应对全球化、国际化、数字化和市场化的大潮冲击时,能够慎重权衡、科学抉择、坚定取舍、主动适应,拥有源源不断的新的活力,履行时代所赋予的新的使命。

人事制度是现代大学不可或缺的行政制度。现代大学人员类别多,数量大,承担的职责性质不同,在办学中发挥的作用差别显著,因此,人事制度的内涵十分丰富,包括了教师和研究人员人事制度、领导干部人事制度、一般行政管理人员人事制度、工勤人员人事制度、学生助理人事制度等。现代大学因其法人性质不同,在人事制度上也表现出明显的多样性,其中,以公务员和非公务员制度最为典型。所谓公务员制度,是指大学教师、研究人员或行政管理人员享有国家公务员的身份地位,政府或大学依据国家公务员法规进行人事管理的制度。现代大学人事制度中的公务员制度起源于19世纪的德国现代大学制度,后来为其他一些国家所借鉴。所谓非公务员制度,是指大学教师、研究人员等其他各类人员不享有公务员的身份地位,大学根据国家有关法规或自身的章程进行人事管理的制度。非公务员制度由来已久,在不少国家长期得到实施,即便是在公立大学,其教职员也不拥有公务员的身份,其人事管理制度与政府公务员亦各不相同。不过,不论教职员是否拥有公务员的身份,在现代大学中,教师和研究人员与其他人员的人事制度是存在重要差别的,也就是说,学术人员与非学术人员在管理方式上是有显著差异的。在现代大学的实际办学中,人事制度面临着来自多方面的挑战,既有来自政府方面的,又有来自社会其他组织和公众方面的,还有来自大学内部各类人员的,人事制度中对自由的包容性与追求效率的导向性、办学资源的有限性与新需求的增长性之间的矛盾冲突日益明显。这些矛盾冲突对现代大学办学的影响越来越大,现代大学人事制度依然没有退路,只能推陈出新,以改革增强适应性。

除上述行政制度外,现代大学行政制度还有很多,比如,职能活动管理制度、学生指导服务管理制度、后勤保障管理制度等。职能活动管理制度是现代大学职能活动管理从学术活动中分离出来后,为保障职能获得正常开展而形成的一系列管理制度。现代大学拥有人才培养、科学研究和社会服务等多种职能,这些职能都是通过特定的各种活动实现的,人才培养职能主要通过教育教学等活动来实现,科学研究主要通过知识发现和应用等来实现,社会服务主要通过各种知识技术和人员直接服务社会的工作来实现。现代大学为了实现各种主要职能,开展的各种相关活动千头万绪、繁复多样、量大面广、琐碎细微,学术人员精力有限,不可能投入太多的精力来承担。这样,职能活动管理就成为现代大学行政工作的重要任务,职能活动管理制度也就成为行政制度的重要组成部分。学生指导服务和后勤保障都是现代大学行政的重要领域,高等教育大众化乃至普及化所带来的直接后果就是学生指导服务和后勤保障需求的大量增加以及行政职能的扩大,现代大学行政制度的范围也随之不断扩大,因此,行政所涉及的范围越来越广,几乎涵盖了办学的方方面面,行政的重要性不断增强,对办学的影响越来越大。正是因为行政制度所调节的范围的扩大和行政职能的增强,导致现代大学学术与行政的矛盾冲突越来越多、越来越大,维持学术价值与行政价值的平衡成为现代大学制度面临的重要挑战。

第四节　现代大学职能制度

现代大学职能多样,一般认为有人才培养、科学研究、社会服务等,这些职能都是通过相应的制度及其作用才得以实现的,所以,职能制度是现代大学制度的必要组成部分。职能制度与职能活动管理制度既有联系又有区别,从联系上看,二者都是为了保障现代大学职能得以实现的制度,都与各相关职能紧密相连。正因为二者之间存在直接的联系,所以,在一般人看来,二者就是同一种制度,不是两种制度。但如果仔细审查,就能发现二者之间确实存在重要的区别。从区别上看,二者所规范和调节的对象是不同的,职能活动管理制度是调节职能活动中人、财、物、事之间的关系的制度,比如,教学资源使用制度、教学评估制度、科研项目计划制度、科研考核制度等;职能制度是调节现代大学职能活动的各种内在关系的,比如,人才培养职能中的各种人才培养计划之间的关系,具体来讲,就是关于通识教育与专业教育、人文教育与科学教育、本科教育与研究生教育、学校教育与校外教育等之间关系的制度等。职能活动管理制度表现为一种行政制度,而职能制度更多地表现为一种运行体制和机制。在现代大学制度的构成中,职能制度具有隐蔽性。尽管制度精神也具有隐蔽性,隐含在其他各种现代大学制度形式之中,是各种具体的现代大学制度的灵魂,发挥着无形的作用,但职能制度并不因其隐蔽性真的就作用于无形,而是在现代大学日常运行与发展中发挥着一种有形的规范作用。职能制度的隐蔽性只是表明它不像法人制度和行政制度那样显形于外,受到人们的高度重视,而是内含在各项职能的实现过程之中,有时甚至被人们认为理所当然而较少受到关注。

人才培养制度是现代大学最重要的职能制度,也称教育教学制度,是现代大学得以存在和发展的主要保障。人才培养职能是大学之所以存在的缘由,是自有大学以来就有的职能,所以,人才培养制度是与大学相伴相生的。从古典大学到现代大学,人才培养制度尽管一脉相承,但也随时代的进步和社会要求的变化,而进行了现代化的改造和新建。尽管有的人才培养制度可以追根溯源到古典大学时代,但它们也具有了现代意蕴和表象。比如,通识教育制度是欧美现代大学人才培养制度的重要组成部分,但如果追溯其起源的话,可能与古典大学的普通教育或自由教育制度是有着不解之缘的,但毫无疑问,其现代性也是十分明显的。尽管现代大学从古典大学继承了诸多人才培养制度,但应该说现代大学人才培养制度整体上是新的,以班级授课制、习明纳(Seminar)等为代表的新的人才培养制度,不同于古典大学形式比较松散的人才培养制度。自科学教育制度在现代大学立足开始,人才培养制度就开始了其现代化之路,其成果主要表现为科学教育制度、专业教育制度、选课制与课程模块制、学分制与学分转换制、跨学科教育制度,等等。科学教育的制度化是现代大学与古典大学的分水岭,以古典学为代表的人才培养制度是古典大学的象征,而科学教育制度则是现代大学培养现代文化科学人才的根本制度。

现代大学的人才培养制度一直在不断发展中,随着信息技术和国际互联网的发展,信息技术在教学中的应用为人才培养制度的更新注入了新的动力,而国际化和全球化时代的到来,又将各国现代大学的人才培养制度置于国际化的大框架之下,融入了国际性的元素。现在各国大学流行的网络教育的制度化和国际教育与国际流动教育的体制化,开启了新的人才培养制度的建构之路。当然,在高等教育担负了为社会各行各业培养高级专门人才的使命之后,现代大学的人才培养越来越多地受到了来自社会各行各业的影响,这些影响反映了社会各行各业在人才培养上的利益诉求,利益的冲突与博弈由此成为现代大学人才培养不得不面对的考验,为此,人才培养制度既包含了利益冲突各方的价值取向,又包含了各方利益博弈的价值平衡选择。

科学研究制度是现代大学最具特色的职能制度,也称知识生产制度,是在现代大学将科学引入教学,并培育起科学研究的职能后所建立的新制度。现代大学的科学研究与人才培养最初是一体化的,科学研究的职能在很大程度上是人才培养的副产品,不具有独立性。这就是早期所谓的“科研与教学相结合”的原则。当科学研究的职能从人才培养过程中逐步独立出来,成为现代大学的专门职能之后,不仅越来越多的科研机构建立起来了,教学研究人员投入科研的时间和精力也越来越多,科研活动逐步成为现代大学的主要活动,在有的大学甚至超越了人才培养的地位,因此,科学研究制度不仅取得了独立地发挥作用的地位,而且其影响越来越大。科学研究制度不但具有协调现代大学与社会相关部门单位之间关系的作用,而且对规范与引导现代大学内部办学职能的关系和利益价值判断与选择具有重要影响。随着科技革命时代的到来,现代大学所承担的知识发现和应用的任务愈加重要,科学研究制度的影响与日俱增。知识发展和应用不仅能够丰富和完善文化科技体系,具有文化科学价值或普世价值,而且能够解决现实的经济社会发展问题,具有实际价值或功利价值。不仅如此,在科学研究和人才培养的关系上,由于科学研究往往能够带来即时的收益,而人才培养的效益具有延时性,且不具私人所有属性,所以,现代大学科学研究制度既要面对和协调知识发展与应用本身的价值矛盾,又要妥善处理科学研究与人才培养的关系,使科学研究职能得到健康的可持续发展。

社会服务是现代大学的第三职能。人才培养和科学研究是现代大学的第一和第二职能,都具有服务社会的属性,但在一定意义上,它们都是间接性和延时性的服务。现代社会发展对现代大学的要求还表现在直接提供知识、技术和人才服务上,这就是现代大学的第三职能。正因为开发了第三职能,现代大学实现了与社会之间的无缝对接,满足了社会各方面的知识、技术和人才需要,促进了社会生产和社会的文明与进步。与此同时,它也使现代大学的办学目的变得更加复杂和多元,使办学过程中的价值冲突更趋激烈。社会服务职能与其他职能并行不悖,其他职能制度不能适应社会服务职能的要求,为此,现代大学制定了专门的制度,用以规范和协调社会服务职能活动,比如,技术咨询服务制度、信息服务制度、专家指导或顾问制度、技术开发或应用服务制度等,都是社会服务职能制度。这些制度既具有规范现代大学社会服务活动或行为的作用,又能协调与受服务单位之间的关系,还能有效地处理社会服务中可能出现的各种价值冲突,保证社会服务职能的顺利开展,推动现代大学在更大范围更好地服务于社会,造福于社会。

现代大学是一个多元化的复杂的社会学术组织,其多元性表现在方方面面,学生、教师、学科、专业、课程、职能、制度等都具有多元性和复杂性。多元而复杂的制度是为维护现代大学的办学秩序、实现多元化和复杂化的办学目的服务的。现代大学制度的多元性和复杂性不仅体现在人才培养制度、科学研究制度和社会服务制度等的表现形式上,而且还体现在各种制度所包含的多元化的精神意蕴和价值导向上。现代社会的文明进步建立在知识和技术现代化的基础之上,现代大学不可能固守于围墙之内办学,其边界越来越模糊,其触角越来越广泛,其影响越来越无限。现代大学的发展态势要求其职能制度在改革与创新中增强适应性和有效性,更科学地进行价值判断和选择,更好地保障资源的有效配置和使用,不断提高人才培养、科学研究和社会服务的水平与质量。

以上对现代大学制度基本范畴的阐述只是一种理论上的归纳,实际上,尽管在现代大学发展中从来就不乏学者的理想构思,也不乏个别制度形式是遵循设计要求建立起来的,但是,整体的现代大学制度的建立不是科学设计的产物,也就是说,并不是在这样一个范畴框架下建立起来的。各国现代大学制度的建立具有明显的不同步性,先发国家的经验对后发国家具有借鉴意义,但后发国家可以通过自主创新,建立有本国特色的现代大学制度。正因为存在先后之分,所以,各国现代大学制度的基本范畴并非完全相同,一国之内各大学也不是一定拥有上述各范畴的制度。本书所阐述的范畴是综合各国现代大学制度的内涵和形式,通过归纳和提炼总结出来的,是一种理论的范畴。

第二章
现代大学制度的价值及其矛盾关系

任何组织的存在和运转都离不开一定的制度的维系与支持。在很大程度上，组织是制度化的社会机构，其制度既包括正式制度，如组织人员的聘任和管理制度、组织机构的设置和运行制度、组织财务的收支管理制度等，也包括非正式制度，比如，组织的历史传统、人们的工作习惯和处事常规等。组织制度还有微观与宏观之分，微观的组织制度是指组织内部的制度安排及其运行机制，宏观的组织制度涉及组织与其他外部利益相关方之间的制度规范。现代大学的良性运行和持续存在也是通过相应的制度规范维护和保障的，其制度架构不仅包括大学内部各种功能活动及其他相关活动的制度性规范，还包括大学外部各种社会关系的制度规则，可以说大学制度是内部制度与外部制度的有机统一。[①]

大学不是一个静止不变的社会存在物，而是一种动态发展的社会组织。19世纪初期冯·洪堡等创办的德国柏林大学是一个重要的分水岭，因为"柏林大学的建立不只是增加了一所学校而已，而是创造了一种体现大学教育的新概念"[②]的组织。在此之前的大学一般称之为古典大学，其后的则为现代大学。现代大学是在中世纪古典大学的基础上逐步发展而来的，现代大学制度也是与现代大学发展相伴而生的。需要指出的是，现代大学主要是从理念和精神层面对大学进行的一种判定，并不是说19世纪以来建立的大学都是现代大学，同样道理，现代大学制度也并不意味着就是现在的大学制度。从根本上说，现

---

① 别敦荣．我国现代大学制度探析［J］．江苏高教，2004（3）：1-3.

② 〔英〕博伊德，金．西方教育史［M］．任宝祥，吴元训，主译．北京：人民教育出版社，1985：330.

代大学制度是围绕现代大学的地位及其职能活动所形成和建立的协调内外关系与办学行为的规范、准则、习惯等的总称。就其合理性而言,现代大学制度不仅要求拥有完善的现代制度形式,更要求反映和体现现代大学的理念,始终彰显和维护现代大学的精神,保障现代大学使命的实现。光有一套"现代"的制度形式,仅仅关注工具性需要,对现代大学理念和精神却弃之不顾,甚至可能背道而驰,遏制现代大学理念的张扬,窒息现代大学精神的生命,这样的大学制度不是真正的现代大学制度。也就是说,现代大学制度是工具理性与价值理性的统一体。因此,探讨现代大学制度价值及其矛盾关系,追寻现代大学制度的价值合理性,是推进现代大学制度建设必须解答的重大理论课题。

第一节　现代大学制度的价值主体及其需要

大学制度是形式与实质的统一,换句话说,就是在大学制度形式的外表下,包含了价值的意蕴,而且制度的形式服务于价值实现的要求。如上所述,大学、大学制度都经历了一个从古典到现代的变化过程,与之相适应,大学制度的价值主体也是发展变化的。现代大学脱胎于中世纪大学。中世纪大学源自欧洲中世纪后期的同业公会,而早期现代大学因其比较典型的学者共同体组织特征而往往被人们看作理想的大学模型。事实上,自19世纪中后期以来,现代大学发生了显著的变化,其社会化特征不断强化,而学者共同体组织特征逐渐淡化,成为拥有众多利益相关者的社会学术组织。所以,现代大学的办学目的不再是纯粹的,它除了满足其自身存在的需要之外,还服务于内部和外部各种社会群体和组织的需要,且这种服务性愈益明显,对大学本身也愈益重要。

价值是一个关涉主体与客体之关系的概念。也就是说,它是主体需要与客体属性之间的一种特定关系,是一种关系性存在,其表征的是客体属性对于主体需要的积极效应。同样地,作为一种制度安排及其运行机制,现代大学制度的价值所体现的是制度功能属性对于大学制度主体需要的积极效应。事实上,尽管现代大学的利益相关者是多元的,但从总体上看,其核心的利益相关者大致有大学自身,教师、学生和行政管理人员,政府以及其他社会组织等,他们共同构成了现代大学制度主要的价值主体。他们的需要是现代大学制度价值的基础,从根本上说,现代大学制度价值是现代大学制度对这些主体需要的有效回应,因此,要明确现代大学制度价值,首先需要弄清楚这些主体的需要。

一、大学自身及其需要

在相当大的程度上讲，现代大学制度就是现代大学的制度。就性质而言，现代大学是社会大系统中的学术子系统，是一类特殊的社会组织。从学术性的角度看，与古典大学相比，现代大学不仅是传播高深知识的智力机构，也是创新和应用高深知识、传承和发展人类文明的社会机构。

作为一种学术组织，现代大学在现代经济社会发展中具有十分突出的地位和作用。对此，潘懋元教授进行过这样的对比："在农业经济时代，农业与手工业生产不需要高深知识，高等教育的地位游离于经济社会之外的'学府簧宫'或'象牙塔'中；在工业经济时代，高等教育逐步走进经济社会，为工业生产服务，也在一定程度上参与社会活动，但始终停留在经济社会的边缘；到了知识经济时代，高等教育的地位有可能成为经济以至整个社会的中心。"① 这个中心主要体现在大学的社会地位上。西方学者也指出，在后工业社会里，现代大学成了轴心机构，发挥着"社区服务站"的作用。② 然而，现代大学的上述地位和作用是以其各种职能活动以及其他各种活动的正常开展为前提的，换言之，现代大学的自我存续及社会功能的释放需要自主的社会环境和对其学术功能的坚守，否则，现代大学就会落后于时代要求，面临合法性危机，甚至最终被社会所遗弃。

第一，自主的办学环境。任何大学都是特定环境的产物。从这个意义上讲，现代大学要高扬学术和教育价值，发挥特有的社会功能，必须拥有自主的办学环境。"就大学为了追求和传播知识需要自由而言，当种种控制力量软弱分散时，大学知识之花就开得绚丽多姿。"③ 首先，宽松的政治空间。大学的存在与发展，与大学获得必要的社会政治空间有密切的关系。这种关系既是在现实社会—政治的整体空间中大学获得空间大小的问题，也是大学的宏观管理与微观管理合理分流的问题。④ 现代大学的学术逻辑要求它一方面需要在社会—政治的整体空间中获得足够的自主发展空间，另一方面需要大学的宏观管理

---

① 潘懋元. 多学科观点的高等教育研究 [M]. 上海：上海教育出版社，2001：224.

② 〔美〕伯顿·克拉克. 高等教育学新论——多学科的研究 [M]. 王承绪，等，译. 杭州：浙江教育出版社，2001：47.

③ 〔美〕伯顿·克拉克. 高等教育学新论——多学科的研究 [M]. 王承绪，等，译. 杭州：浙江教育出版社，2001：26.

④ 任剑涛. 全球化与中国大学的处境 [J]. 社会科学论坛，2006（1）：5-20.

与微观管理保持必要的张力。就后者而言,现代大学既要力避政府宏观管理的"越位""错位"和"缺位",也要规避学校行政对大学运行与发展进行事无巨细的管理。其次,充足的经费支持。办学经费短缺是一个世界性的教育问题,特别是随着大学办学规模的日益扩张,办学成本的不断上涨,大学所需的办学经费越来越多,加之大学是一个资源依赖型组织,在这种情况下这一问题显得更为紧迫和突出。这就需要社会和政府在经济和政策方面能够为大学提供强力支持,保障大学的正常运转及其发展。再次,包容的文化氛围。大学的学术卓越、学术成功与支持性的社会文化有着不可割裂的共生关系。在控制性的社会文化中,大学难以拥有自主的发展环境;而在支持性的社会文化中,大学发展则具有良好的文化条件。

第二,学术功能的坚守。现代大学的生存与发展除了需要自主的办学环境之外,还需要其对学术功能的坚守。在日益强大和普遍的市场化、官僚化的时代洪流中,大学不可能置身事外,不受其影响,部分大学甚至全面走上学术资本主义道路,成为公司化、企业化的大学;一些大学则在学术政府主义指引下,"投身"政府,刻意迎合政府需要,成为与政府运行逻辑一致的行政化的大学。但是,大学之所以是大学,根本之处在于它的学术性以及学术的相对独立性。克拉克指出,大学"是控制高深知识和方法的社会机构"[1]。因此,不管社会如何变化,大学都应该秉持学术信念,完善学术标准,追求学术卓越与成功。一言以蔽之,在变化的现代社会中,大学应有恒定不变的学术逻辑,即坚守其学术功能。

首先,树立以学术为本的办学理念。理念是大学办学的灵魂,先进的办学理念是大学获得学术成功的先导性条件。现代大学不仅要根据社会的发展变化不断创新办学理念,更要在复杂多变的社会中遵循学术逻辑,以学术为本,在充满各种诱惑的现代社会中保持本色,不迷失自我,避免陷入本体性危机。其次,完善以专业权力主导的治理结构。阿什比曾明确指出:"大学的兴旺与否取决于其内部由谁控制"[2],而大学"是一种以学科、专业为基础的'底部沉重'"[3]的学术系统。因此,现代大学必须在其治理结构的设计和安排上,在充

---

① 〔美〕伯顿·克拉克. 高等教育系统——学术组织的跨国研究 [M]. 王承绪,等,译. 杭州:杭州大学出版社,1994:11.

② 转引自〔美〕伯顿·克拉克. 高等教育系统——学术组织的跨国研究 [M]. 王承绪,等,译. 杭州:杭州大学出版社,1994:121.

③ 潘懋元. 多学科观点的高等教育研究 [M]. 上海:上海教育出版社,2001:342.

分尊重其他治理主体利益诉求的同时，聚焦于学术人员的根本追求，建立能够让学者潜心于学术的治理机制，不断完善专业权力主导的治理结构。再次，夯实服务于学术目标的物质基础。作为社会正式组织的现代大学，其学术目标的实现需要一定的物质基础，从这个意义上说，最大限度地夯实物质基础是大学学术发展的客观要求。

二、教师、学生和行政管理人员及其需要

现代大学是学术逻辑演化之组织化、制度化的现代形态。上文对现代大学的性质及其需要的探讨，主要是从组织学角度展开的。当我们由外及内，将探视的镜头对准现代大学内部的行为个体时，可以发现主要有两大群体：一类是学术人员，包括教师和学生；一类是行政管理人员。虽然这两类人员在工作信念、目标追求、行为取向等方面存在重大差异，但他们无疑是现代大学中不可割裂的利益共同体，没有学术人员，现代大学的学术内涵将被抽空，而没有行政管理人员，现代大学的正常办学秩序甚至生存都可能难以为继。

先看学术人员及其需要。现代大学的学术人员主要包括教师和学生，尽管从学术角色看，二者具有一定的差别，但这种差别主要是程度上的而不是性质上的。作为学术人员的教师和学生，无论在历史上还是现实中都是大学最基本的办学主体。现代大学在某种意义上是师生的共同体，其从业精神和专业能力在很大程度上决定一所大学的办学质量和学术声誉。正因为如此，世界各国大学无不竭尽全力延揽高水平教师、争夺高质量生源。然而，对于现代大学中的教师和学生来说，尽管其需要是多方面的，但归结起来，下述两方面的需要最为根本，也最为重要。

第一，专业发展。教师不仅仅是院校的形式合法的组成人员，而且从信念和行动追求来看，他们把自己的兴趣和关注的重心更多地聚集于特定的学科专业领域，也就是说，教师的学科专业忠诚更甚于组织忠诚。之所以如此，原因在于作为学者的教师，其学术兴趣和根本职志在于通过不懈的传播、研究和应用活动，逐步扩张和拓展该学科专业领域的疆域。注重学科专业忠诚的教师在日复一日的教书育人、科学研究等学术活动中逐步彰显自己人生的价值。这种价值既是教师的学术使命所在，也是教师的幸福所在。对于学生来说，情况则略有不同，因为他们主要是以学习者的身份进入大学的，学习是他们的天职。但是，这种学习不是漫无边际的，同样也是以一定的学科专业领域为基础的。在一定意义上说，特定的学科专业知识、技能和素养成为他们大学生活的

主要追求,而且院校还会通过相应的考评机制强化这一追求。这些特定的学科专业知识、技能和素养在很大程度上成为他们求职就业、实现其人生社会价值的重要基础,也是他们谋求人生幸福的基石。然而,无论是教师还是学生,其学科专业发展都需要适切的大学制度予以支持和保障,如办学资源的分配制度、教学管理制度、教师人事制度等。而所谓适切的制度,是指大学制度应当是公正的、民主的和鼓励卓越的,是以教师和学生的学科专业发展为根基的。

第二,自由发展。师生的学科专业发展主要有两种方式:一种是强控制方式,另一种是自由、宽容的方式。从这两种方式的特征及效果看,强控制式的师生学科专业发展往往是外部驱动的,其路径主要是自上而下和由外而内,较难获得主体的自觉认同,因而其积极效果即使有,也十分有限;自由宽容式的师生学科专业发展则从主体的角度出发,强调主体的主动性、创造性和自由选择,意味着外部控制的最小化,主张自下而上和由内而外的发展路线,所以其效果较为显著,是一种比较理想的师生专业发展方式。就自由发展与个性发展、全面发展的关系而言,自由发展是个性发展和全面发展的前提条件。没有自由,就没有主体的主动性和个性化选择,当然也就谈不上个性发展和全面发展;个性发展和全面发展则是自由发展的内容指向和目标追求。毫无疑问,师生的学科专业发展是其个性发展与全面发展的重要组成部分。

由上可见,自由发展对于师生的学科专业发展的重要性是不言而喻的。然而,自由发展又不能仅仅停留于理念层面,它需要现实地落实于大学教育教学实践活动中。这就要求在遵守党和国家法律政策的前提下,大学制度本身是追求学术自由和维护学术民主的,唯其如此,才能够保障师生共同体应有的学科专业发展。

再看行政管理人员及其需要。行政管理人员是随着大学组织目标多元化、任务艰巨化、规模扩大化、结构复杂化而逐步产生和壮大的,并日益成为现代大学发展不可或缺的一支重要力量。相比于早期大学,现代大学中的行政管理人员的出现不仅是必然的,而且其力量日益强大,成为与学术人员相对的、大学组织的主要利益攸关方之一。总的来看,大学行政管理人员的需要可归结为如下两方面。

第一,达成组织目标。与学术人员追求民主参与、学术自由不同,大学行政管理人员的基本使命在于高效率地完成各种行政化职责任务,实现大学组织的管理目标。因此,效率是行政管理人员重要的目标追求。现代大学由行政科层组织和学术组织构成,在组织结构上具有二重性。在行政科层体系中,组织目标被层层分解为不同的亚目标,并分配给不同部门和岗位的工作人员,不同行政管理工作者则必须在规定的时限内完成岗位职责任务,这样才能在整体上实现大学组织目标,推动组织的发展。因此,作为大学行政管理人员,首先需要履行岗位职责,高效率地完成上级安排的职责任务,确保组织目标的达成。

第二,实现个人抱负。作为社会正式组织,现代大学的行政管理人员在承担岗位职责、高效完成组织任务的同时,还有着自身的利益诉求,即在行政层级阶梯上不断攀升,实现个人抱负。"自下而上的行政级别令进入行政序列的人员不得不在漫长的行政层级阶梯上艰难攀爬,几乎每一个人都将大学行政科层的顶点视为奋斗目标。"[①] 应该说,这种利益诉求既是科层体制下行政管理人员的普遍心态,也是激励他们不断追求仕途成功的重要动力。事实上,在我国大学行政管理体制下,行政管理人员职务晋升的竞争十分激烈。然而,尽管行政晋升难度加大,但是多数行政管理人员并未因此丧失斗志,"更上层楼"的潜在利益促使其努力在陡峭的行政阶梯上攀爬前行。

在现代大学中,无论是学术人员还是行政管理人员都有其存在的合理性,他们彼此依托于大学组织而形成一种利益共同体关系。也就是说,离开了大学,他们就丧失了存在的意义和价值。这不是指他们的自然生命价值,而是指与大学作为学术组织相关联的生活价值。但是,他们的需要和诉求又具有较大差异,学术人员以追求真理、探究高深学问为根本职责,重视学术自由与学术民主,遵循认识论逻辑;行政管理人员则以高效率地完成大学组织的管理目标为根本追求,重视权力分工和行政权威,讲究行政效率与行政秩序,依循自上而下的行政逻辑行事。由此可以看出,他们之间事实上存在一定的矛盾冲突,这种冲突投射到现代大学制度上,则会演化为现代大学制度的民主与集中、自由与秩序等价值矛盾。

三、政府及其需要

从大学发展史来看,大学的发展演变始终伴随着与各种不同的社会力量的博弈与互动。中世纪时,大学主要受到教会势力的深刻影响,神学精神不但体现在办学理念上,而且渗透在具体办学过程中。16世纪以来,随着宗教世界

---

① 别敦荣,唐世纲. 我国大学行政化的困境与出路 [J]. 清华大学教育研究,2011(1):9-12.

的衰落、世俗力量的崛起,民族国家日益取代教会势力,成为构建地方新秩序的主导性力量。作为国家政治网络的执行体系,政府也逐步将大学纳入国家建设事业的整体框架之中,并随着大学对社会文明进步与经济成长的贡献不断增大,政府对大学的控制与影响不断增强。政府部门包括中央政府和地方政府在领导、管理和建设现代大学的过程中,会秉持一定的政治目的,蕴含着国家利益至上的观念。因此,政府对现代大学及其制度的需要可以从如下两个方面进行考察。

第一,控制现代大学的发展目标与办学方向。20世纪中叶以来,大学在社会发展中扮演着越来越重要的角色,发挥着日益显著的社会功能,逐步由社会的边缘走向社会的中心。因此,世界各国政府普遍加强了对大学的干预和控制。"这些轴心组织对社会的生存和繁荣是如此重要,以致它们越来越多地受中央政府的直接或间接的控制。"① 随着高等教育大众化甚至普及化发展,现代大学的规模不断扩张,各种开销越来越大,社会功能高度复杂化,其生存与发展越来越需要得到来自各级政府的大力支持。这无疑给政府管控大学打开了方便之门。世界各国政府往往通过财政拨款、制定政策、出台法规、行政问责等途径加强对大学的介入和干预,迫使大学的人才培养、科学研究和社会服务日益向国家和社会之现实需要的方向发展。例如,在我国,改革开放以来,鉴于大学在经济社会发展中的巨大作用,我国各级政府普遍加大了对大学的宏观管理。在此背景下,高等教育发展的政治论哲学逐步浸入大学运行与发展,引导世界各国大学的发展取向和目标追求。

第二,强化对现代大学日常运行的权力渗透。在现代社会,政府已经或正在强化对现代大学日常运行的权力渗透。首先,政府官员不断彰显自己的行政权威,有的甚至将自己的影响扩展到大学内部。比如,政府官员在美国州立大学的董事会结构中扮演着十分重要的角色,一方面他们促成了大学与社会联系的紧密化,但另一方面,他们也将政府的权力触角引入大学的日常运行中,成为影响大学内部管理与决策的重要力量。其次,政府结构高度同化大学结构,政府行政权力与大学行政权力同构。"大学被整合在这样一个官僚层级的体系之中,从最高教育行政机关到大学基本教学与学术单位,一元化的行政

---

① 〔美〕伯顿·克拉克. 高等教育学新论——多学科的研究 [M]. 王承绪,等,译. 杭州:浙江教育出版社,2001:45.

第一编　现代大学制度原理

23

权力通天贯地，天下英雄，靡不在其彀中。"①最后，政府制定有关高等教育的政策和法规，规范和决定大学的日常办学行为。从招生、培养到就业，大学教育的全过程及不同方面，政府都会出台相应的政策法规予以规范，借此影响大学的日常运行，限制大学自主办学的空间，使之朝着有利于国家和社会之现实需要的方向发展。

自20世纪中叶以来，世界各国政府普遍加强了对本国大学的干预和控制：通过各种"有形之手"掌控大学的发展方向、目标追求以及日常运行，限制大学的自主办学空间，使大学的教学和研究更好地服务于国家的政治目的。政府对现代大学干预和控制的诉求体现在现代大学制度的形式建构上，必然会增强制度的政府控制性和政府权力的集中性，而这与现代大学所要求的自主办学、民主参与明显存在矛盾冲突。

四、其他社会组织及其需要

所谓其他社会组织是指除政府、大学之外，与大学功能相关联的各种组织或组织形式，包括企业、社会中介机构、媒体、家庭，等等。其他社会组织是一个外延宽泛的概念，涵盖了多种不同的组织形式。虽然这些社会组织的目标追求和运行逻辑各不相同，但它们对于现代大学及其制度的需要无疑也是多种多样的。总体而言，下述两方面的需要可能是它们所共有的。

第一，高级专门人才。现代社会的发展和进步离不开人才特别是高级专门人才创造性的贡献，可以说，拥有足够数量和质量的高级专门人才队伍是一个社会得以可持续发展进步的基础条件。在当今全球化、信息化和市场化的潮流下，国与国之间的竞争越来越激烈，一个国家的竞争力越来越取决于建基在优秀人才之上的"国家软实力"，人才队伍的数量、质量及结构也越来越成为影响国家繁荣昌盛的关键性因素。与其他各种要素相比，高级专门人才显然是其他社会组织，如企业、社会中介机构等存在与发展水平的最为重要的影响因素。因此，作为培养各级各类高级专门人才的教育组织，对于其他各种社会组织来说，现代大学是不可或缺的，且重要性与日俱增。但是，现代大学要想培养出为其他社会组织所需要的具有创造性的各级各类高级专门人才，必然要求其制度安排紧紧围绕学术和教育价值来建构，亦即是说，现代大学制度应当始终维护和保障学术和教育价值，保持其民主性、自由性和公正性。

---

① 韩水法. 世上已无蔡元培 [J]. 读书, 2005（4）: 3-12.

第二，文化产品。这里的"文化"是广义的，既包括科技文化，也包括人文文化。与之相对应，文化产品不仅涉及无形的思想、道德观念及其物质载体，还涵盖科学技术及其产品。就科技发展而言，科学技术是第一生产力，是现代社会发展的决定性要素，现代社会文明需要与之相应的科技支持。与此同时，精神层面的文化是维系和支撑社会稳定与发展的深层因素，积极进取的精神文化有助于社会的持续进步与繁荣，而高质量的精神产品是培育、建设积极进取文化的重要条件。现代大学作为高质量文化产品的重要产出基地，在促进和提升其他社会组织的科技水平和文化软实力等方面发挥着至关重要的作用。包括科技产品在内的文化产品的生产，需要有一个良好的制度环境，需要大学制度合理化与合法化。很难想象，在大学内外制度不具有合理性、合法性的情况下，现代大学能够持续地产出高质量的科技和人文文化产品。

概而言之，现代大学制度的价值主体是多元的，不同主体的需要及其程度存在一定差别，这正是现代大学制度的价值差异甚至矛盾的根源所在。首先，从主体的角度看，现代大学制度的价值主体主要有大学自身，教师、学生和行政管理人员，政府及其他社会组织等。如果再深入考察，主要就是两类：一类是以学术、教育价值为根本追求的主体，如大学、教师和学生等；另一类是以学术、教育价值的现实有用性为核心追求的主体，如政府和其他社会组织等。其次，这些主体对于现代大学的需要，大体上可概括为两种：一种是以学术、教育价值本身为根本需要；另一种是以学术、教育价值的现实功用为核心需求。再次，基于维护和满足不同价值主体的不同需要，现代大学制度的价值取向和价值追求存在很大不同，甚至可能是相互对立的，而这些价值差别甚至价值对立，究其根源，背后的思想主要是理性主义与功利主义的矛盾与冲突。

第二节 现代大学制度的基本价值

要想真正揭示现代大学制度价值的奥秘，必须从主体的需要入手，"只有从主体需要的形成、性质及其变化这个角度入手，从主体这方面入手，才可能发现价值现象的秘密。主体的需要及满足是价值的尺度，是衡量一定对象有没有价值、有什么价值、有多大价值的尺度"[1]。尽管现代大学制度的价值及其系统非常复杂，其价值取向与价值追求具有多样性和发展性，但在其错综复杂

① 李德顺，马俊峰．价值论原理［M］．西安：陕西人民出版社，2002：142.

和动态发展的价值关系中,我们大体上可将现代大学制度的价值抽绎为两类八种基本价值:一类是基于制度本身的现代大学制度的价值,包括秩序、效率、集中、一致等;另一类是指向大学使命的现代大学制度的价值,包括自由、民主、公平、差异等。前者具有工具性和形式性,后者具有目的性和实质性。

一、基于制度本身的价值

(一)秩序价值

秩序是一种十分普遍的现象,既存在于自然界(自然秩序),又广泛地见之于人类社会(社会秩序)中,还经常出现于思维领域(观念秩序)里。虽然秩序具有普遍性,但其基本含义却并不清晰,不同学科的学者对其认识和理解也不一致。法学家博登海默认为:"秩序概念,意指在自然进程和社会进程中都存在着某种程度的一致性、连续性和确定性。另一方面,无序概念则表明存在着断裂(或非连续性)和无规则现象,亦即缺乏智识所及的模式——这表现为从一个事态到另一个事态的不可预测的突变情形。"[①] 可见,秩序在很大程度上表现为一种稳定性、可预见性和连续性。作为一种利益相关者组织,现代大学的利益相关者具有多元性,但是,无论哪一个利益相关者的高等教育利益的获得或实现,首要前提在于大学必须拥有一定的办学秩序。

大学办学秩序是一种社会秩序。相对于自然秩序,社会秩序更复杂。大学办学秩序的复杂性既表现在大学与政府、大学与社会、大学与大学等之间的外部秩序上,也体现于大学与院系、学术人员与行政人员以及教师与学生之间的内部秩序上,还见之于外部秩序与内部秩序的协同和耦合上。复杂的大学办学秩序的形成固然有很多种路径,诸如文化的、道德的、宗教的、市场的,但制度的路径却是最基本的,因为其他路径的达成最终都要依托于制度。没有制度的维护和保障,相关的路径要么停留在理念上,要么根本就无法付诸具体的办学实践中。

其实,大学本身就是一种制度化的社会组织,制度是维系和保障其办学秩序的基石。作为现代大学的源头,中世纪大学仿照当时手艺人行会的建制模式,建章立规,使之不被其他力量扼杀于摇篮之中。"中世纪大学的历史加强了这样的观点,如果要使智力活动的契机不被消散,那么在取得学术成就之

---

① 〔美〕博登海默. 法理学——法哲学及其方法 [M]. 邓正来,译. 北京:华夏出版社,1987:207.

后,必须迅速做出制度上的反应。"① 毫无疑义,行会制度模式维护和保障了中世纪大学的办学秩序,使它能够立稳脚跟,逐步走向现代。相较于中世纪大学,现代大学的制度体系更加健全和完备,运行机制也更为灵活。虽然世界各国现代大学制度存在重大差别,但是,就基本的制度形式而言,既有涉及大学与政府、大学与社会以及大学与大学之关系的宏观制度,也有大学内部的教学制度、科研制度、社会服务制度以及关于大学与院系、行政人员与学术人员、教师与学生之间关系的微观制度;既有反映大学观念和精神的内在制度,也有如大学具体规章的外在制度。它们共同维护和保障了世界各国现代大学的办学秩序。

所以,秩序是现代大学制度的基本价值之一。现代大学制度不仅要维护和保障大学的外部秩序,也要维护和保障大学的内部秩序,并使外部秩序与内部秩序有机统一起来,从而保障现代大学稳定而有序地发展。

(二)效率价值

效率是现代社会的一种基本价值理念。从经济学的角度看,所谓"效率"是指投入与产出的比率。比值越大,效率越高,反之,则越低。在现代社会中,人们之所以关心、重视、追求效率,在很大程度上是因为各种自然资源和社会资源的有限性。为了让稀缺的各种资源产生更大的价值、发挥更好的作用,人们越来越看重资源的利用效率以及由此而带来的社会效益,从而实现组织目标和社会目的。

制度与经济效率和效益的关系是制度经济学家们关注的中心课题。传统上,经济学家们主要看重土地、资本和劳动力等生产要素在经济结构中的地位和作用,也就是说,只要较好地处理和利用了这些生产要素,就一定能够有效地刺激和推动社会经济发展,这是古典经济学家们有关社会经济发展动力的共识。然而,这种逻辑很难解释在不同的制度框架下,即便拥有大致相同的上述生产要素,但其社会经济发展仍存在显著差异的现象。而在制度经济学家们看来,之所以出现上述经济现象,背后的原因在于不同的制度框架具有不同的经济效率和效益。这即是说,制度因素也是影响社会经济发展的一个关键变量。

经济制度尚且如此,更遑论大学制度了。其实,现代大学是一种资源消耗

---

① 〔美〕伯顿·克拉克. 高等教育系统——学术组织的跨国研究 [M]. 王承绪,等,译. 杭州:杭州大学出版社,1994:4.

型组织,但它自身并不具备提供自己所需各种资源的能力,需要从外部其他组织或团体获取所需的办学资源。很显然,在资源有限的约束条件下,现代大学必须树立效率意识,增强效益观念,在人才培养、科学研究和社会服务等活动中提高办学资源的利用效率与效益。这就要求大学必须拥有一套有效率和追求效率的制度安排及运行机制。换言之,现代大学制度应是一种有效率、追求效率的制度,应当能够降低各种办学主体的交易费用,保护合理竞争,提高资源利用率,增强"人才产品"和"智力产品"的供给能力,改善和优化大学办学结构、组织结构、人才结构和学科结构,激发大学组织及其学术人员的学术主动性和学术创造性,从而提高学术生产力和社会贡献度。

所以,现代大学制度应当是一种重视效率、追求效率的制度,效率应当成为现代大学制度的价值目标之一。这既是国家、社会对现代大学及其制度提出的客观要求,也是现代大学自我持存的必然选择。

(三)集中价值

权力适度集中是现代组织决策高效化的要求。从权力聚合的程度看,现代制度大致可分为两类:一类是权力高度集聚的制度体系,另一类是权力高度分散的制度体系。这两类制度体系各有自己的优长与不足。实际上,权力适度集中是现代国家政治制度的一个基本理念,是建设现代国家制度的基本要求。它有助于制度主体决策的高效化,避免"多头政治"而延误国家发展;有助于制度执行主体责任的明确化,规避权力分散带来的难以有效执行的风险。

权力走向集中同样是现代大学规模扩大化、事务复杂化和功能社会化的理性选择。中世纪大学不但规模小,人员数量有限,而且各种事务也不复杂,功能比较单一,因此,权力分散于各个学者手中,无论是学术事务还是非学术事务,其决策和管理都由学者共同决定。这是一种典型的学术主导的共同治理模式,学者治校理念深入到每一位大学人的内心中。但是,自20世纪初期尤其是中期以来,随着科学事业的不断变革、经济社会的日益进步以及教育世俗化、民主化浪潮的冲击,世界高等教育发展迅猛,一些发达国家自五六十年代相继进入高等教育大众化阶段,部分国家甚至开始踏上了高等教育普及化的路途。在此情形下,现代大学的办学规模越来越大,不仅学生规模不断攀升,教师规模、行政人员规模等也都在扩大,过去那种以培养精英人才为主的"学院式大学"逐渐被克尔所称的"多元巨型大学"所取代;现代大学的各种事务也日益复杂化,学术事务越来越纷繁多样,学科专业分化的速度不断加快,学术问题的解决需要越来越多的跨学科知识,学者接受学术训练的年限越来越长,等等;行政事务也越来越多,行政管理力量快速壮大,行政管理团队在日益专业化的同时,在大学中的地位和作用不断彰显,获得了越来越多的学术管理权力,包括一些原本属于学术人员的权力;现代大学的功能越来越社会化。在上述背景下,权力日益集中和上移在现代大学已成为一种普遍的趋势。

由上可见,与早期大学相比,现代大学发生了翻天覆地的变化,包括学科专业、办学规模、组织结构等,权力也日益向行政管理方面聚合。因此,现代大学制度不仅要维护和保障学术人员的学术自由权利和学术民主权力,还要维护和保障走向集中化的行政管理人员的学术行政权力。这既是现代大学适应高度复杂化的社会的需要、满足国家问责的需要,也是现代大学提高管理效率、更好地实现组织目标的需要。

(四)一致价值

"一致"意指事物多样性中的统一性、差异性中的同一性。制度作为行为规则或规范体系,本身就设置了能做什么、不能做什么,能怎么做、不能怎么做的基本规定,因此,制度的一致价值主要体现在两个方面:其一,就其形式而言,相同的制度或制度体系应该在任何地方都是一样的,尽管人们对制度的理解可能存在差别;其二,就其效力而言,这套规则或规范体系对于在此范围之内的任何行动者来说都是一样的,没有人能够享有特权或凌驾于制度之上。

大学是一种制度化的社会组织,既受到外部制度的深刻影响,又受到内部制度的制约,因此,常常表现出一定的受动性。当然,大学作为制度化的社会组织,也会在既定的内外制度约束条件下进行变革和创新,从而体现出主动性的一面。就其形式来讲,大学制度主要体现为一整套制度安排及其运行机制。从大学的教育过程看,这套制度安排主要表现为招生制度、培养制度和就业制度;从大学的组织属性看,这套制度安排主要表现为学术制度和行政科层制度;从大学的职能看,这套制度安排主要包括教学制度、科研制度以及社会服务制度;从大学内部办学主体看,这套制度安排主要表现为教师制度、学生制度、行政管理人员制度以及其他辅助人员制度,等等。由此可以看出,大学制度的具体构成是十分复杂的,但不管怎么说,作为这些制度形式的集合,无论是在形式方面还是在效力方面,大学制度都具有一致性,表现出一致的价值倾向。大学制度的这种一致性和一致价值可以从两个方面来理解:首先,从历时性角度看,大学制度尽管历经近千年的历史长征,受尽无情岁月的风吹雨打,但仍然岿然不倒,体现出极为相似的特征。其次,从共时性角度看,无论世界各国大学有多么大的差别,比如,中国大学、美国大学、德国大学、英国大学、法国大学之间就很不相同,但是,它们都有一个共同的名字:大学;都有基本相同的制度形式,以致我们能够很快地辨别出它是大学而不是什么其他机构。

现代大学制度既是历史的大学制度的逻辑延伸,又是新的时代背景下对旧有大学制度的创新和发展。现代大学制度无论是就其形式还是就其效力而言,表现出鲜明的一致性,具有一致的价值倾向,同时在发展和变革历程中,现代大学制度还积淀了一些共同的办学理念和学术精神,如大学自治、学术自由、教授治校等,这些共同的办学理念和学术精神成为现代大学制度的根基。

二、指向大学使命的价值

(一)自由价值

自由是人类孜孜以求的梦想。在某种程度上,社会发展史就是一部人类不断探问自由、追求自由的历史。自由之所以如此重要,之所以为人们苦苦追寻,根本原因在于它是个体存在和发展的先决条件:丧失了自由,个体也就丧失了存在和发展的基础,社会也难以有所进步、有所发展。

如同个体需要自由一样,大学也需要自由,而且大学本质上也是一个自由存在物。之所以说大学是一个自由存在物,是因为它是社会中的学术组织,具有学术性。学术性意味着大学是需要自由的,自由是探究高深学问、追求真理、造就英才的先决条件。可以说,作为传递深奥知识、批判现存知识、探索新知识的社会组织,大学应当遵循认识论逻辑,享有相当广泛的学术自由权利。然而,由于内外环境条件的复杂化,大学的自由权利时时、处处受到其他力量的威胁,甚至干预和侵犯。早在中世纪,大学尽管享有诸多特权,例如,招收学生或邀请学者的权力,自主制定教学内容和授课的权力,颁发教学证书或学位的权力,不受外来干涉自主管理大学教学、行政等其他一切事务的权力等,[①] 但是,它从来就没有真正摆脱过教会势力和世俗王权的干预和介入。自从民族国家形成之后,大学由于其突出的政治、经济、文化功能而受到国家力量越来越多的参与和干预,大学与国家的关系也日益复杂化。进入现代以来,大学不但受到政府力量的强力制约,而且受到市场力量的深刻影响,过去由“洪堡理想”支配的大学开始逐步转向学术资本主义。可以看到,自由与控制的矛盾关

---

① 黄福涛. 外国高等教育史 [M]. 上海:上海教育出版社,2003:64.

系贯穿于大学发展史,成为大学难以摆脱的"生命之痛"。

自由是大学生命活力之源,永远不能放弃。现代大学制度应当始终维护和保障学术自由,没有了自由的大学,只是徒具其形,不可能真正履行大学的使命。所以,自由是现代大学制度首要的实质价值。

(二)公平价值

公平是人类从古至今追求的社会价值。人类之所以从未放弃对公平的追求,深层次的原因在于人生来是平等的,与生俱来的公平权利神圣不可侵犯。中国自古就有"不患寡而患不均"的社会思想。一般而言,公平问题大多产生于社会分配领域,即怎样合理地分配"蛋糕"的问题。尽管把"蛋糕"做大即提高生产能力,产出更多的物质产品和精神产品也是非常重要的,但公平却是社会分配的基本原则之一。

从一定意义上讲,大学是由教师和学生所构成的学术共同体,同样需要将公平作为指导其办学行为的基本价值理念。作为学术共同体中的每一位学者都是相对独立的个体,应公平地享有与"学者"这一称谓相对应的学术权利。根据学者所承担的学术角色的不同,现代大学的"公平"大致表现在三个方面:其一,从学生方面看,具体表现为教育机会均等、课程公平、教学公平等。所谓教育机会均等,主要指学生应该有大体相同的接受教育的机会;所谓课程公平,主要指学生所学的课程不但在内容上应是指向公平的,而且在形式上也应是公平的;所谓教学公平,主要指在教学过程中,学生应有同等受到教师教育和关注的机会,教师不能偏袒部分学生而忽视其他同学的表现。其二,从教师方面看,主要表现为人才培养公平、科学研究公平等。所谓人才培养公平,主要指教师在人才培养上应拥有大致相同的教育权利,各种教育教学资源应公平地分配给每一位教师;所谓科学研究公平,主要指教师在科学研究上应公平地享有各种研究权利,包括申报科研课题、开展学术交流、评审学术成果等,不能将研究机会和资源集中于少数学者手中。其三,从院校层面看,集中表现为高等教育政策公平、制度公平、管理权力公平等。所谓高等教育政策公平,主要指国家制定的高等教育政策对所有院校都应是大致相同的;所谓高等教育制度公平,主要指对于所有院校来说,国家颁行的有关高等教育制度应该是普遍一致的,不存在特殊保护对象;所谓高等教育管理权力公平,主要指作为一类特殊管理机构的高等院校,应拥有大致相同的管理权力。

公平在很大程度上是一种理想价值,虽然在现实中很难达到完全公平,但却不能因此认为它是可有可无的。一旦严重忽视公平,它将爆发出一种强大的反作用力,"逆袭"过于差异化的大学。所以,现代大学制度应当是践行公平价值的制度,不仅维护和保障学生公平、教师公平,也维护和保障院校公平。

(三)民主价值

民主是一种古老而又现代的社会价值。事实上,民主不仅是社会建构的目标,也是组织决策和管理科学化的保障。民主的本质在于平等参与、共同协商、全员决断,反对少数人把持和控制组织决策权和管理权。在组织决策和管理科学化过程中,建立民主参与机制、民主议事程序,保证参与决策和管理人员的广泛性,使决策和管理建立在集思广益的基础上,就能避免少数人因追求一己私利而导致组织决策和管理的偏狭化、非科学化。民主还是一种重要的社会生活方式,有利于人们之间更好地交往和交流,可以为人们的思考打开多扇"窗户",开阔人们的学术眼光,避免思想贫瘠、视野狭隘;有利于形成社会的互助互惠机制,实现各社会成员的共同发展与进步。

毫无疑问,现代大学办学不单纯是学术人员的事,也不完全是行政管理团队的事,更不是校长或书记一个人的事,而是全体师生员工共同的事,是国家、社会和大学整体的责任。所以,大学治理应该是民主治理、共同治理、全员参与治理,而不是少数人治理,更不能是个人治理。实际上,作为现代大学的源头,中世纪大学实施的就是一种共同治理模式,当时学者团体仿照行会建制实行学者共同治校。就内部治理而言,中世纪大学师生不但拥有对课程设置、教学管理、学位授予、教师聘请等学术事务进行全面管理和决策的权力,而且学术行政事务也由学者完成;就外部治理看,当时教会势力或世俗王权基本上都给大学颁发了特许状,赋予其诸多自治特权。特许状实际上是教会或王权与大学之间订立的一种"契约"。随着现代大学的高度复杂化和职能的高度社会化,国家、社会以及学校行政力量逐步强化对大学权力的掌控,它们除了对学术行政事务拥有治理权之外,还将权力的触角延伸到学术事务。

民主是现代大学走向学术成功不可或缺的重要价值。没有民主,大学的治理权就会被少数人掌控,决策和管理科学化就会缺乏程序保障,大学的发展也就失去了内在的激励机制。所以,现代大学制度应当是一种维护和保障民主价值,努力追求和实现民主,不但护卫学术力量、行政力量共同参与大学治理,而且保障国家力量、社会力量和学校自身力量共同参与大学治理。彰显和维护民主参与治理、共同治理是现代大学制度的基本价值追求。

（四）差异价值

差异是世界的本然特征,与世界的丰富性、多元性和复杂性有着密切的关联。所谓差异,主要指事物的多样性、异质性。制度本身其实也充满差异,差异性是制度真实的样态特征。制度差异是客观的、普遍的,既表现在形式上,又体现在精神上,还表征于精神与形式的结合上。差异不仅是制度的实然样态,也是人们的价值追求。说到底,制度是人的制度,是为人的生存、发展服务的,反映人的本质要求和理性诉求。人与制度的关系表明,本质上是人的差异导致制度的差异,差异的人追求和实现与其目的一致的制度,而制度的差异反过来又形塑人的差异,引发人的追求的差异化。

作为一种特殊的社会制度,现代大学制度既有一般社会制度所具有的社会特征,也有因现代大学的精神和使命而彰显出来的个体特征:现代大学制度是科学教育与人文教育相结合的产物,是古典传统与现代品格的融合,是学术使命与国家责任的统一,是普适性与本土化的有机结合。[①] 一方面,现代大学制度有着一些共同的内核,体现现代大学的普遍追求;另一方面,由于现代大学的差异化,制度也表现出鲜明的个性,并随特定社会环境和大学条件的变化而变化。现代大学制度之所以具有差异性,一方面是因为各个国家和地区的现代大学面临的社会环境是特殊的,另一方面则是因为特定大学的文化传统与发展基础有着很大的差别。就前者来讲,虽然世界各国现代大学都或多或少、或直接或间接地受惠于 19 世纪初期的德国现代大学,但是,各国现代大学制度明显不同于德国现代大学制度;就后者而言,即使在大致相同的社会环境中,由于自身基础和条件的不同,现代大学制度也表现出很大的不同。可以说,差异应当是现代大学制度的基本价值之一,因为任何一所现代大学所面临的社会环境以及自身发展的基础条件都是独特的,不可能直接照搬照抄其他大学制度模式,即使勉强移植过来,也注定会水土不服。总之,现代大学制度应充满差异,差异是现代大学制度重要的价值。

第三节　现代大学制度的价值矛盾及其调和

现代大学制度的价值矛盾是不同利益相关方之高等教育利益冲突的折射和反映,它既可表现为手段性价值之间的对立,比如,秩序与集中、秩序与效

---

① 别敦荣,徐梅. 论现代大学制度的公正性 [J]. 山东社会科学,2012(8):110-118.

率、秩序与一致、效率与集中等的矛盾冲突；也可表现为目的性价值之间的对立，比如，自由与民主、自由与公平、自由与差异、民主与公平、民主与差异等的矛盾冲突；还可表现为手段性价值与目的性价值之间的冲突，比如，秩序与自由、民主与集中等的矛盾。自19世纪中后期以来，伴随科学主义范式的确立、工具理性的膨胀、市场化和官僚化的盛行，人们越来越重视显示度高的现实利益，重视追求实用目的，忽视长远利益和终极关怀，工具理性与价值理性的对立已成为制约和影响现代化进程最主要的社会矛盾冲突之一。在这样的社会背景下，现代大学制度的价值矛盾集中表现为秩序与自由、公平与效率、民主与集中、一致与差异的对立统一。

一、秩序与自由的对立统一

就个体或组织的行为来说，明确而稳定的制度能够给其带来理性预期，产生某种确定的效用。社会秩序的形成大体有两种路径：一是人为秩序或计划秩序，即个体、团体或组织通过具有明确指向性的努力所达成的秩序，其显著特点在于它是人为建构的，具有一定的计划性、自觉性和目的性；一是自发秩序，即这种秩序是在没有任何外在力量的干预下形成的，是一种自然而然的过程的结果，是自发建构的。自发秩序也被称为自由秩序，其突出特点在于它排斥任何外在力量、先在力量的干涉和控制，强调自生自发性。

秩序与自由是两种极为不同的价值：秩序强调整体，自由则主张个性；秩序是结构主义的，而自由则是行动者的；秩序具有受动性，自由则具有主动性。因为两者的取向和逻辑不同，所以，双方之间往往容易引发矛盾冲突。事实上，这对价值矛盾在中世纪的大学制度中就已经出现，到了现代，大学制度之秩序与自由的对立更为明显和紧张。与中世纪大学相比，现代大学的利益相关者更为复杂、多样，现代大学甚至成为典型的利益相关者组织。现代大学制度的价值矛盾关系既体现在与外部利益相关者如政府、社会等的利益纠葛中，也体现在内部各利益相关者，特别是行政力量与学术力量的利益冲突中。从外部看，基于整体主义的理性诉求，政府、其他社会组织等利益相关者总是有意无意忽视大学组织的特性，执意把大学纳入自己的秩序框架中，要求大学最大限度地为自己的利益诉求服务。而大学却从自己的特殊使命和知识品性出发，抵制外部利益相关者，使之不能将外部的人为秩序渗透和扩散至大学中来。为此，大学需要建立自己运行和发展的组织秩序，即自由秩序。从内部看，随着大学的高度复杂化和职能的高度社会化，内部行政力量变得越来越强大，逐步掌控了大学学术资源的话语权和支配权。其基于整体主义——实现大学组织目标的理性诉求,不但对大学的学术行政事务进行管理和决策,而且还将权力的触角伸向学术事务本身,并通过制度结构的规范和形塑作用,日益控制学术人员。另一方面,学术力量以学术作为安身立命之所在,强调学术民主与自由秩序。这样一来,现代大学制度之秩序价值与自由价值的关系就不可避免地越来越紧张了。

尽管从世界范围看现代大学制度的秩序与自由的矛盾非常突出,但现代大学毕竟是社会理性与学术理性的统一体,因此,现代大学制度应当把秩序价值与自由价值有机结合起来,既避免单纯的秩序主义,又避免绝对的自由主义。一方面,现代大学要想在错综复杂的现代社会中生存和发展,必须秉持社会导向的高等教育价值观,满足多元社会主体越来越强烈的利益诉求,实现大学的社会价值。所以,外部社会组织,如政府、其他社会组织等将大学纳入自己的秩序框架中,或者说这些人为秩序渗入大学组织中具有一定的合理性。学校行政秩序的存在同样也是不可或缺的,是必要的。但另一方面,现代大学依然是社会学术组织,这就要求它必须坚守学术导向的高等教育价值观,按照学术逻辑办学。现代大学的最高目的,在于更好地传承和传播知识、发现和创新知识以及应用和转化知识。从根本上说,现代大学只有实现了其最高目的,才能更好地服务社会,最大限度地实现各种社会组织的利益诉求。

二、公平与效率的对立统一

公平是一种崇高而伟大的价值,具有强大的号召力和凝聚力。效率则是一种现实的选择,其基本意蕴在于,在资源约束条件下,如何最大限度地利用现有资源,提高产出效能和效益,促进社会健康持续快速发展。在高等教育领域,在很长一个时期,接受高等教育是少数人的特权,大学制度维护和保障的也主要是这些人的权益,较少关照其他人的高等教育需求。大约自19世纪中后期开始,随着社会生产力的发展、人们思想认识的现代化以及高等教育民主化、大众化的开启,高等教育公平价值逐渐进入大学制度,成为大学制度的重要追求。所以,现代大学制度之效率价值与公平价值的矛盾越来越紧张。

我国大学制度是关注公平价值的,但总体而言,我国大学制度更多地表现出效率价值优先的特征。无论是宏观层面的重点大学制度,还是微观层面的学生入学仍然存在的城乡差别、地区差别,无不彰显了大学制度的效率价值取向。从学生方面看,来自大城市的学生、富裕和优势家庭子女占在校大学生的比例越来越高,尤其体现在重点大学中;而来自贫困、落后、边远地区的学生上大学则比较困难,上好大学越来越困难。从教师方面看,尤其是高校青年教师,专业发展之路非常艰难。自 1999 年高校扩招以来,由于相关制度供给滞后,青年教师承担了繁重的教学任务,但却缺少培训、提高自我的机会和平台,成为大学场域中的"游离部落"。

现代大学是理想与现实的统一体,不仅要烛照现实,注重效率价值,也要秉持理想追求,重视公平价值。因此,现代大学制度应当将公平价值与效率价值有机结合起来。一方面,维护和追求公平价值,使现代大学成为公平的场所,在不同学生之间、教师之间、院校之间保障各方享有基本的公平权利,成为弘扬和践履社会公平理想的社会组织。另一方面,现代大学制度也应当讲究效率,成为有效率的制度。因为办学资源总是非常有限的,现代大学制度只有追求效率,提高社会资源利用率和社会经济效益,最大限度地"产出"人才产品和科技文化产品,才能在竞争与发展中开拓生存空间,增强生命力,赢得更有利的发展机遇。

三、民主与集中的对立统一

在现代社会中,民主参与是组织决策和管理科学化的重要基础。民主参与不仅是提升组织成员主人翁意识的激励源、强化组织凝聚力和向心力的黏合剂,也是促成组织走向持续创新的激励机制。民主往往与组织权力分散化相伴而生,民主价值要求组织中的每一个成员都拥有与其职位角色相应的基本权利。集中则是组织决策和管理高效化的重要条件,组织权力向上集聚意味着组织具有一个坚强的领导核心,组织的统一性更强,其管理和决策的执行也更有效率。但是,集中与民主是相对的,权力的过于集中往往导致民主参与的相对缺失,而民主参与则意味着组织权力的分散化,所以,民主与集中成为现代组织运行与发展过程中难以消弭的一对基本矛盾。

作为一种复杂的社会组织,大学及其制度同样面临着民主价值与集中价值的矛盾冲突。众所周知,中世纪大学的组织形式能够较好地维护和保障学术共同体的学术利益。一般而言,行会式组织遵循两种运行机制:一是自愿机制,二是共同参与或民主参与机制。中世纪大学正是在这两种组织机制的基础上运行起来的:学者自愿加入或退出、共同参与大学的决策与管理。但是,随着组织规模的扩大化、事务的复杂化和功能的高度社会化,现代大学制度之民主价值与集中价值的对立日益凸显。一方面,为了应对社会和自身面临的挑战,现代大学需要一个强有力的领导核心,以提高管理与决策的效率和执行力。这样,势必引致大学权力的集中化。另一方面,学术事务本身是需要学者个体或集体通过民主参与的方式处理的,这样一来,现代大学制度之民主价值与集中价值的对抗也就难以避免了。

在我国,大学制度之民主价值与集中价值的冲突较明显。历史地看,我国大学不是学术逻辑自我演化之制度化的结果,而主要是政府基于外部压力被动建构的产物。政府及其附属机关创办大学的目的主要不是为了发展和传播真理,而是为了抵御外侮、振兴国家和复兴民族。在政府的积极参与和主动介入下,我国大学制度从一开始就彰显出政府主导的特质,大学权力高度集中于政府及与政府具有逻辑一致性的学校行政力量手中。中华人民共和国成立后,随着社会主义改造的全面启动,大学组织也相应地进行了政治化和行政化改造。大学完全成为政府的附属单位,教师成为国家干部,全面接受政府行政部门统一调配下的计划管理。与高度集中的计划经济体制相适应,我国大学制度也表现出高度集中的特征。从与政府的关系看,大学全面隶属于政府部门;从内部的行政与学术的关系来看,学术力量全面受制于行政力量。由于学校行政权力与政府行政权力具有高度的同构性,大学权力事实上高度集中于行政部门。改革开放以来,尤其是20世纪90年代初提出建立社会主义市场经济体制以来,我国大学制度权力高度集中的情况发生了一些变化,政府开始为大学松绑,学者开始有了一定的学术自主权。客观地讲,大学办学的自主权还比较有限,学者参与大学治理的范围还有待扩大,程度有待增强,因为,大学毕竟是学术组织,学术性事务是大学的中心事务,其治理离不开学者个体或学者集体的广泛的民主参与。"自治大学的教师是互相平等的同事,这意味着在组织和管理方面的民主哲学。"[1] 正因为如此,我国大学制度之民主价值与集中价值的矛盾仍较明显。

究其根本,现代大学是民主价值与集中价值的统一体。现代大学制度应当将民主与集中两重价值有机结合起来。一方面,维护和保障集中价值。因为现代大学已经成为主体多元的利益相关者组织,外部的政府、其他社会组织

① 〔美〕约翰•S•布鲁贝克. 高等教育哲学 [M]. 王承绪,等,译. 杭州:浙江教育出版社,
    2001:38-39.

等主体不但对学术有着巨大而多样的需求，成为学术利益的高度相关者，而且它们通过特定的制度影响和规范学术及其发展；大学内部的非教学人员，尤其是行政管理人员不但规模不断增长，而且地位日益增强，成为影响大学内部学术运行与发展的重要力量。^①毫无疑问，办学主体的多元化、办学规模的扩大化以及内部事务的复杂化无不要求大学权力适度集中，这是提高大学决策与管理效率的需要，也是更好地促进学术发展的客观要求。另一方面，维护和保障民主价值。现代大学无论内容还是形式都发生了很大的变化，但不管怎么说，现代大学依然是学术组织，传播知识和发展学术仍然是其核心任务。学术发展应当遵循学术逻辑，学术事务的决策和管理需要更多地发挥学者的作用。

四、一致与差异的对立统一

世界是差异与一致的统一体，一致性与差异性是世界的两种不同属性。一致性表明的是，世界万事万物都存在共同的属性。例如，尽管世间万物各不相同，但它们都是运动的，运动就是它们共同的属性；差异性则表明，一事物与它事物不管存在多么大的相似之处，但它们仍然是有区别的。比如，铅笔和钢笔虽然都同属于"笔"这一范畴，但严格地说，它们却属于两类不同的笔，是两种差异化的存在。

就现代大学制度而言，它既具有一致性，又具有差异性。说其是一致的，是因为无论哪个国家和地区的现代大学制度，例如，英国现代大学制度、美国现代大学制度、德国现代大学制度、日本现代大学制度等，都归属于"现代大学制度"这一概念，都具有一些共同的属性，比如，都追求学术自治和学术自由。说其是差异的，是因为每一国家和地区的现代大学制度又是独特的、专有的，其背后镌刻着特殊的文化传统和区域特征的深深印记。比如，日本现代大学制度不同于德国现代大学制度，美国现代大学制度也不同于英国现代大学制度，等等。

然而，作为两种不同的价值追求，现代大学制度之一致价值与差异价值时有龃龉，特别是 20 世纪中后期以来，这种对抗日益明显且不断尖锐化。历史地看，19 世纪初期创建的柏林大学通常被认为是现代大学制度的发轫，其核心在于科学研究，而不在于教学和考试。在柏林大学，形成了学术自治、学术

---

① 别敦荣,唐世纲. 论教授治学的理念与实现路径 [J]. 教育研究,2013（1）:91-96.

自由、教授治校等经典办学理念以及与之相适应的制度。由于拥有先进的办学理念和制度,柏林大学在很短的时间内发展成为当时世界上最优秀的大学之一,其办学经验成为欧洲乃至世界各国大学效仿的对象。① 基于此,一致价值成为世界各国现代大学制度的重要追求。但在简单移植之后,人们逐步认识到,镶嵌于特殊社会背景之中的德国现代大学制度并不完全契合本国的文化传统和社会环境,容易出现水土不服的状况,需要对其进行本土化改造,方能为我所用。于是,世界各国大学开始尝试根据本国社会环境和大学条件进行变革与创新。所以,进入 20 世纪之后,差异成为世界各国现代大学制度所追求的重要价值目标。对于我国来说,一致价值常常成为我国大学制度的首要追求,照搬、移植其他国家现代大学制度曾经深刻地影响我国大学。我国早期现代大学主要是移植日本大学制度。20 世纪二三十年代,蔡元培借鉴德国现代大学制度改造北京大学、郭秉文则借鉴美国现代大学制度改造东南大学。1949 年后,我国完全以苏联大学制度为蓝本,通过院系调整,建构新的大学制度。改革开放以来,我国现代大学制度建设将国际化作为重要的价值导向。在微观层面,我国大学制度的一致性追求也相当明显。例如,近来,我国大学大多编制了自己的章程,一部分大学章程获得了教育部和省级教育行政部门的核准。然而,通过对章程的文本分析,可以发现我国大学章程大同小异,共性有余,特色不足。

由于我国大学制度过分追求一致价值,忽视对差异价值的观照,且缺乏独创性,因此,我国大学制度看似拥有了"现代"的形式,但却并未能实质性地促进我国大学繁荣发展。可以肯定,没有对域外现代大学制度的本土化改造,没有基于本土实践的制度创新,没有对现代大学制度之差异价值的关注和重视,中国特色现代大学制度的建立和完善将难以达到预期的目标。

现代大学是同质性与异质性的有机统一,因此,应当将现代大学制度的一致价值与差异价值有机结合起来。一方面,尊重现代大学的同质性。无论哪一个国家和地区的现代大学,都具有某些共同的属性,其制度是能够为其他国家和地区现代大学借鉴和参考的。也就是说,现代大学制度具有普适性的一面。所以,现代大学制度建设应当追求一致价值,积极学习、借鉴其他国家和地区先进的制度形式和制度精神,并在此基础上进行本土化改造,为我所

---

① 别敦荣,李连梅. 柏林大学的发展历程、教育理念及其启示 [J]. 复旦教育论坛,2010
（6）：8-14.

第 一 编 现 代 大 学 制 度 原 理

用。另一方面,尊重现代大学的异质性。不同国家和地区的现代大学存在明显差别,即使同一国家和地区的现代大学,它们之间也是不同的。换言之,现代大学具有特殊性的一面,因此,现代大学制度应当追求差异价值,尊重文化传统和区域特质,强调本土实践基础上的大学制度创新。即使是学习、借鉴其他国家和地区现代大学制度的形式和精神,也要进行本土化改造,使之为我所用。

第三章
现代大学制度的公正性

我国高等教育发展进入了一个新时期,主要面临两大任务:其一是提高教育质量;其二是建立现代大学制度。其实,这两大任务也可以说是一个任务,因为建立现代大学制度既是目的又是手段。说它是目的,是因为百余年来,我国现代高等教育发展一直致力于建设适合我国国情的体制和机制,包括现代大学制度,它不但是解决我国高等教育现实问题的需要,而且是我国高等教育面向未来,实现持续健康发展的基础。说它是手段,是因为现行的大学制度难以实现提高教育质量,建设高等教育强国的使命。建立现代大学制度正是为了使我国大学摆脱平庸,走上快速崛起之路,赶超高等教育发达国家。所以,也可以说,建设现代大学制度,是我国大学提高教育质量的手段。① 不论是作为目的还是作为手段,建设现代大学制度都不能单纯从形式上解决问题。现代大学制度建设应当关注大学制度的本质,将本质与形式结合起来。在大学制度的本质中,公正是一个主要内容。公正是一切社会制度的核心价值,大学制度的根本目的在于维护大学的公正性。由于受非学术因素的干扰,长期以来,学术价值在我国大学没有被放在应有的地位,大学制度没有成为维护和保障公正性的手段,相反,还成为遮蔽学术价值的工具。因此,现代大学制度建设应当关注公正性问题,现代大学制度应当具有公正灵魂,反映现代大学本质的要求。

第一节　公正性与现代大学制度

大学之所以能够成为人类社会最恒久的组织,关键在于不同时代的大学

---

① 别敦荣. 现代大学制度建设必须服务于全面提高高等教育质量 [J]. 大学:学术版,
2012（1）:47-49.

制度都能紧扣时代脉搏，履行时代所赋予的精神使命。其中，大学制度坚持公正性，在大学自身的运行以及在与外界的互动中，保持大学应有的品格，拒绝被同化，拒绝被异化，拒绝被占有，维护灵魂与形式的统一，接受人类社会滚滚洪流的洗礼，在人类历史的演替中捍卫大学的存在，壮大大学的力量，使大学发挥了社会文明和进步价值轴心的作用。

一、大学制度的公正性

人类社会在发展过程中，逐渐形成了庞大而复杂的制度系统。一定的制度承载着相应的伦理价值，好的制度能够将人们的行为引向善，促进人类的文明与进步，相反，坏的制度则可能使善良受到压制，社会发展受到阻碍。正如邓小平所说："制度好可以使坏人无法任意横行，制度不好可以使好人无法充分做好事，甚至走向反面。"① 虽然不同时代人们对制度的价值考量有着不同的标准，但作为一种公共产品，制度的公共特性决定了它适用于所有人，社会在对制度进行设计、选择与实施时，是否遵循公正原则，决定了社会对权利和义务进行分配时的公正化程度和状态。当公正成为制度的核心价值追求时，社会才能确保其成员的基本权利和义务得到合理分配，制度也才能为全体公民所认同和接受。没有公正性，制度便没有了存在的意义与价值，公正性是制度的灵魂，是制度的首要价值取向。

大学是依靠制度维系其存在和秩序的，制度对于大学是不可缺少的，制度不单规制大学的秩序，而且倡导大学精神，保障大学功能的实现。大学制度的价值是多元的，在历史的演替中，大学制度随大学的变革而变化，大学制度的价值选择也因此而发生改变。在大学制度的诸多价值中，公正性是任何时期都不曾动摇的主要价值选择。公正是对大学精神的坚守，是对大学使命的捍卫，是对大学意义的弘扬。正因为有了公正，大学制度能够使大学历经数百年历史洪流的激荡而岿然不倒，将自身的意义发扬光大，让人类社会在曲折中实现进步，在愚昧中走向文明。

大学制度的公正性是大学永续的要求。在人类历史的长河中，大学既保有了其与生俱来的属性，又不断地充实新的内涵。在不同的历史时期，大学制度在保持其公正性的同时也是不断变化的，而且大学制度的公正性也随大学内涵的不断充实而不断更新，具有新的意义。古典大学制度的公正性就在于

① 邓小平．邓小平文选（第 2 卷）[M]．北京：人民出版社，1994：333．

维护大学作为文化的、神圣的、精英的、自主的、静止的属性，使古典大学的功能得以实现。现代大学制度的公正性随着大学从古典走向现代，其属性和内涵已经有了新的内容。因此，在现代大学的转型过程中，大学制度的变革既是现代大学属性和内涵的要求，同时也是促成现代大学形成的重要的动力。当然，大学制度的公正性也随现代大学的出现而具有了新的内容和意义。

二、现代大学制度的属性

现代大学是现代社会的必然，也是古典大学发展的自然延伸。哲学家、柏林大学首任校长费希特曾经说："教育首先必须培养人的自我决定能力，而不是要培养人们去适应传统的世界。教育不是首先着眼于实用性的，不是首先要去传授知识和技能的，而是要去'唤醒'学生的力量，培养他们的自我性、主动性、抽象的归纳力和理解力，以便使他们能在还无法预料的未来局势中自我做出有意义的选择。教育是全民族的事，要教育的是整个民族！"[①] 显然，费希特的教育理想已经与古典大学大异其趣，而更具有时代性。也正因为 19 世纪的德国大学准确地把握了新时代的脉搏，实践了这种教育理想，所以，德国大学能够开风气之先，创立了人类社会发展史上第一种现代大学模式，也是经典的现代大学模式。现代大学制度是与现代大学相伴相生的。

第一，现代大学制度是科学教育与人文教育相结合的产物。在古典大学中，由于科学发展水平有限，学科分化尚未成形，以人的感知和想象来看待人本身和与人相关的客观世界和社会成为古典学问的特征，所以，古典学问是人文的，古典教育也是人文的。现代社会的科学发展带来了学科的分化，当科学从人文学问中分化独立出来，成为与人文学问共同存在的一类学问之后，科学教育也从人文教育中分化出来，成为一种独立的教育形态。科学教育是经过了长期的、艰苦的斗争以后才逐步被获准在大学立足，直到现代大学出现，才完全制度化，成为与人文教育既相对独立又相互依存的教育形态。所以，科学教育与人文教育的结合是古典大学制度转变为现代大学制度的主要标志。

第二，现代大学制度是古典传统与现代品格的融合。现代大学制度不是凭空产生的，其根基和基础是有数百年历史的古典大学制度，另外，现代大学制度也不是其贡献者按照设计家们描绘的理想蓝图建造出来的，而是依托古

---

① 转引自李工真．德意志道路——现代化进程研究 [M]．武汉：武汉大学出版社，1997：52.

典大学制度,在经年累月的办学中,不断尝试创新逐步建立起来的。因此,在现代大学制度的理解上,不能简单地将古典与现代隔离开来,以为现代大学制度就完全是一套与古典传统没有任何关系的全新的制度。事实上,任何国家的现代大学制度都既包含了对古典传统的继承和发扬,又包含了具有现代适应性的现代品格。

第三,现代大学制度是学术使命与国家责任的统一。现代大学与古典大学的主要差别之一就是其学术性,现代大学几乎就是为了学术而存在的。制度是现代大学履行学术使命的保障和屏障,它使学术居于大学的中心,使学术成为大学的最高价值,使大学排除一切干扰和诱惑而致力于学术的繁荣。这正是现代大学先发国家能够出现一批世界一流大学的根本原因所在。但现代大学制度并没有止于这些,自现代大学产生开始,它就将自身的使命与国家责任紧紧地联系在一起。正如 20 世纪初期担任普林斯顿大学校长的伍德罗·威尔逊在其著名的演讲《普林斯顿——为国家服务》(Princeton in the Nation's Service)中所指出的:"一所大学能在国家的历史上占一个位置,不是因为其学识,而是因为其服务精神。在我看来,大学如果要正确地服务于国家,那么其所有的课堂都应该有处理各种社会事务的氛围。当国家走向成熟时,我们不敢超然物外,不能自我封闭。令人兴奋的发展已成过去,我们的生活日渐紧张和困难,我们未来的资源在于精密的思考,审慎的态度和明智的经济;学校必须成为国家的学校。"[①] 将学术使命与国家责任统一起来,是现代大学制度的发明,它不仅表现在大学的组织建制上,而且表现在大学运行的各种程序要求上。

第四,现代大学制度是普适性与本土化的有机结合。自 18 世纪后期以来,世界各国大学都走上了现代化之路。在这一世界性的变革中,各国大学都有着共同的标识,这就是现代大学制度的普适性特征。在如何保障学术的中心地位、如何保护学术人员的权利、如何使大学免除来自社会的非学术的干预等方面,各国大学都有一些共同的制度安排和要求。因此,现代大学在国际上有着高度的可辨识性。但与此同时,各国现代大学都是扎根本土的,没有哪一个国家能够完全移植一所外国现代大学,也没有哪一所现代大学不经适应性变革能够在不同的国家得到举办和发展。这种普适性与本土化的有机结合点就

---

① Princrton in the Nation's Service〔EB/OL〕. http://infoshare1. princeton. edu/libraries/mudd/online_ex/wilsonline/indn8nsvc. html.

是现代大学制度,它将现代大学的精神和价值与各国本土的文化和需求予以规范,使其在具体国家的现代大学中融为一体,从而能够在具体国家甚至世界中发挥其应有的功能。

三、现代大学制度的核心价值诉求

从现代大学制度的基本属性看,不能将现代的大学制度都纳入现代大学制度的范畴。在一些国家大学制度的建设中,其现代化转型并不彻底,有的还沿袭了传统的制度,有的杂糅了其他各种制度。如果不加区分地将这些大学制度都看作是现代大学制度的话,那就模糊了现代大学制度的界限,混淆了现代大学制度的精神。

现代大学制度既有一般的社会制度所共有的价值追求,又有其特殊的价值选择。与一般社会制度一样,它具有规制价值,是约束大学师生员工行为的准绳,是指导大学内部各种关系的准则,是平衡和协调大学外部关系的桥梁和"减震器"。它还具有激励和惩罚价值,对于对优异的绩效和先进的教职员工,它会给予应有的奖赏;对于失范的工作、不良的行为、拙劣的业绩,它也会给予相应的惩处。除了一般的制度价值外,现代大学制度还负有弘扬现代大学精神,实践现代大学理想,维护现代大学使命,捍卫现代大学尊严之责。这就是现代大学的特殊价值,即现代大学的核心价值诉求,也就是现代大学制度的公正性之所在。可以说,一般价值是现代大学制度的形式价值,核心价值是现代大学制度的本质价值。一个国家的大学制度是否具有现代性,既要看其一般价值的实现程度,更要看其核心价值的达成度。

第二节 现代大学制度的公正性原则

现代大学制度的公正性是以其是否保障了现代大学精神和理想的实现为原则,也就是说,在现代大学的实际运行中,制度应当从实现现代大学办学目的出发,协调各种办学活动和各种利益关系,使现代大学在各种利益关系的博弈中捍卫学术标准,并由此实现服务社会和国家,甚至整个人类社会的目的。

一、程序公正是基础

程序公正是现代大学制度公正性的外在表现形式,既体现在现代大学制度的制定过程中,又体现在其表达方式上,还体现在制度的执行中,具体地说,就是现代大学制度的公开性、参与性和公平性。程序公正是现代大学制度合法性的体现，^① 也是现代大学制度公正性的基础。

公正的现代大学制度应当首先是公开透明的。没有公开性，制度便形同虚设，也无所谓违反制度。现代大学制度的公开性与社会的民主进程是相联系的，置身于现代民主社会的现代大学，每一个人都是民主精神的倡行者与捍卫者；每一个人都是大学制度的执行者与规范者；每一个人都是大学利益的相关者。所以，每一个大学人都应当了解现代大学制度，既知晓其形式要求，又理解其实质内涵。坚持公开透明，形成阳光办学的风气，是现代大学制度程序公正的要义。

公正的现代大学制度是具有高度的参与性的，体现在让其成员和利益相关者参与到制度的制定、实施、评价、监督全过程中，也就是让有关主体能够充分地行使自己的民主权利，受到充分的尊重。现代大学制度不应当是由上级强加的，也不是大学的某种集权机构单方面指定的，更不应当是集权体制下主要领导人个人的意志的展现，而应当是在充分协商的基础上形成的为人们所共同认可的制度，具有高度的可信性和认同度。所有大学人和利益相关者既是现代大学制度的实践者，也是评价者和监督者，任何破坏现代大学制度的行为和人员都会为大学人所不齿，而成为大学制度制裁的对象。

程序公正还表现为现代大学制度的公平性。公平性要求现代大学制度秉承人人平等的原则，不搞特殊化，不为个人或特定群体预留特殊权利，不给破坏或违反制度的行为和人员以豁免权。现代大学不是特权领地，不论大学内外，制度面前一律平等。在现代大学办学过程中，不仅涉及学术制度，而且涉及行政制度，不同的制度所调节的事务是不同的，其要求各有不同，但在公平性上，却没有差别。任何人，如果违反了制度规定，应当接受制度的惩处，而不能因为身份地位等原因而免除或逃避制度的制裁。公平是权威的保障，缺乏公平的现代大学制度是不可能具有权威性的。

二、实质公正是本质

实质公正是指现代大学制度内在的公正性，即实质的公正性。公正的现代大学制度是将意识形态的公正理念融入现实的制度中，并通过相应的法律法规和运行机制予以实现，它不仅反映着现代大学制度的目标导向，而且反映

① 别敦荣，吴国娟. 论大学制度的公正性 [J]. 教育研究，2006（7）：17-23.

着现代大学制度有关各方的利益关系。实质公正是现代大学制度合理性的体现，^①也是现代大学制度公正性的本质所在。

现代大学制度必须保障学术目的的实现，这是实质公正的第一含义。大学是不同于其他社会组织的学术组织，现代大学承担着培养人才、科学研究、服务社会、传承和创新文化等学术使命，这些使命都是通过师生的学术活动实现的。在现代社会，不论实行什么体制，不论社会政治、经济对大学提出什么要求，大学制度必须捍卫学术的品格和学术的尊严，必须能够防范和抵制来自内部和外界的对学术的干预和干扰，在学术价值与其他价值之间筑起一道不可逾越的"防火墙"，使学术价值在大学得到彰显，使学术目的得到实现，从而使大学能够履行社会所赋予的根本职能，发挥其作为社会轴心机构的作用。^②

第二，现代大学制度必须保障学术人员的权利能够得到实现。学术是现代大学的生命线，离开了学术，或学术不能成为核心，现代大学也就不复存在了。教师，包括研究人员，是学术人员的主体，学生是正在成长中的学术人员，学术的活动和功能都直接地体现在学术人员的行为中，大学师生以学术为纽带，在学术活动中实现大学的学术目的。因此，在现代大学中，学术人员能否居于大学的中心位置，真正成为大学的"主人"，是否拥有对学术及相关问题的决策权和掌控权，是现代大学制度完备与否的主要标志，是现代大学制度是否具有实质公正的主要表现。

第三，现代大学制度必须有效地调节内外部各种利益关系。现代大学已经发展成为复杂的社会组织，其复杂性不仅超越了古典大学，而且超越了其他几乎所有社会组织。现代大学也不再是独立的利益团体，在其自身的学术利益之外，还具有广泛的社会利益，在现代大学内部和外部，各种利益关系纵横交错、错综复杂，各种利益相关者在利益博弈中有竞争也有合作。现代大学制度必须能够有效地协调这些关系，合理调节各种利益关系，在保障大学的学术价值和利益不受侵害的同时，尽可能地满足各方面的要求，使现代大学与社会各方保持良性互动的关系。

第四，现代大学制度必须捍卫大学作为学术组织的存在。学术组织是大学的身份标记，是社会识别大学与其他社会组织不同身份的特性。但在大学的建立和发展过程中，其学术组织的身份时常会出现模糊化或身份替代。在

① 别敦荣,吴国娟. 论大学制度的公正性 [J]. 教育研究, 2006（7）: 17-23.
② 别敦荣. 我国现代大学制度探析 [J]. 江苏高教, 2004（3）: 2.

非常时期，大学常常成为社会的"焦点"，大学的人员、场地环境、科学研究等常常受到特别的"关照"，成为利益攸关的各方争夺的对象。在稳定时期，社会政治组织希望大学成为政治组织或准政治组织，社会经济组织希望大学成为市场化的组织，但大学必须保持和坚守其固有的身份，大学不能由此变成军事组织、政治组织、经济组织或其他文化公益组织，这是根本之所在。现代大学是学术组织，制度必须具有能够捍卫其身份的功能，能够使大学正常地弘扬学术使命，最大限度地实现其学术组织的价值。否则，就不是现代大学制度，就没有发挥现代大学制度应有的作用。这就是现代大学制度实质公正性的体现。

三、程序公正与实质公正的统一

程序公正和实质公正的统一是现代大学制度的效度的表现，只有二者统一才能保证现代大学制度发挥其应有的作用。程序公正具有工具性意义，它从"纯粹"规则的意义上体现现代大学制度的公正价值，保证在办学过程中师生员工及其他相关人员享有正当的权利，维护他们正当的利益诉求，限制各种利益相关方面对大学的功能性活动进行不正当干预或干扰，以减少制度制定和执行过程中的技术性失误，使制度能够有效地服务于健康有序的办学秩序，从而达到办学的目的。实质公正则具有目的性意义，它不但自身就是目的，而且还是程序公正的目的。任何程序都是为了达到一定的行为结果，是达到预期目的的手段与方法，所以现代大学制度的程序公正最终指向是实质公正。缺乏实质公正的大学制度，即便程序再公正，也会因偏离学术而使大学的学术使命难以完成，其自身也失去了存在的价值与意义。因此，程序公正与实质公正是现代大学制度公正性不可或缺的两个部分。在现代大学制度的制定和执行过程中，既要追求程序公正，又要追求实质公正，只有二者高度统一，现代大学制度才具有较高的质量，才可能更好地服务于学术的发展。

第三节　现代大学制度的公正性危机

现代大学制度的公正性是其固有的属性，但这并不意味着具有公正性的现代大学制度不会遭遇危机而使现代大学丧失其制度的公正性，也并不必然意味着现代的大学一建立就能使其制度具有公正性。这种公正性危机在任何国家都可能出现，是世界现代大学制度面临的共同挑战。

一、公正理念的深层危机

现代大学制度的公正性是伴随着现代大学制度的建立而形成的,而现代大学制度的公正理念则是在现代大学的发展过程中逐步得到完善的。回顾现代大学 200 多年的历史,其制度公正性危机往往首先表现在公正理念的危机上,也就是用其他的理念来影响或取代公正理念,尤其是 20 世纪后半期以来,现代大学制度的公正理念受到了越来越严重的挑战,以至于现代大学制度的公正性市场面临被消解的危险。

在现代大学后发国家,制度的公正理念本身缺乏牢固的高等教育基础,也缺少必要的社会文化背景,所以,其在现代大学制度形成过程中的确立及维护本身就是一个难题。我国是现代大学后发国家,现代大学制度的公正性一直是我们所期盼的,从 19 世纪后期至今,众多教育家和大学内外的有识之士为此做出了不懈的努力,但至今仍存在诸多不尽如人意之处。从《国家中长期教育改革和发展规划纲要(2010—2020 年)》(以下简称《规划纲要》)提出的"完善中国特色现代大学制度"的要求看,我国大学建立现代大学制度的任务仍十分艰巨,从其着眼点而言,在现代大学制度的公正理念问题上,我国大学还存在很多的不足。

二、公正主体的边缘化

现代大学制度不仅存在制定者和执行者,而且存在现代大学所涉及的多重利益的拥有者、分享者或代表者。现代大学面临内外多方面主体的利益博弈,同时也在进行主动或被动的判断与选择。正是在这种博弈与选择中,现代大学制度也在进行适应性变化,有的是积极的,有的是消极的。制度积极的变化使现代大学更具有适应性,能在更加纷繁复杂的内部关系以及与社会的关系中保持自身的公正性,更好地履行学术的使命。制度的消极变化则导致大学的现代性遭到消减,制度本身的公正性受到侵蚀,学术的地位发生偏移,公正主体被边缘化。

公正主体边缘化的现象在不同国家的表现是不同的,原因也各有差异。在现代大学先发国家,主要表现为公正主体地位向边缘转移的趋势,社会其他利益相关者对公正主体地位的侵蚀或替代。其主要原因包括:社会政治变革、国家出现极端的政治统治、国家通过法律和财政手段调控以及市场的渗透等。但在现代大学后发国家,主要表现为制度公正性的不确定或发生偏移或被替代。其主要原因包括:社会文化传统、政治体制、政府管理方式以及市场化的渗透或市场的强力干预等。在现代大学先发国家,制度本身具有较强的自我调节功能,当制度公正主体地位发生转移的时候,制度本身会启动纠错机制,通过自身的调控能够使这种转移回归原位,或在公正性原则下建立新的平衡。但在现代大学后发国家,制度本身不具有纠错功能,当公正主体发生偏移的时候,它只能依靠外部力量来进行矫正。我国是现代大学后发国家,现代大学制度本身的不完善使其公正主体长期处于偏移状态,难以发挥制度本身应有的积极作用。现代大学制度建设应当借助外部力量,在高等教育管理体制改革中,逐步消除大学制度公正主体地位偏移的问题。

三、程序公正与实质公正的背离

现代大学制度是程序公正与实质公正的统一,二者的背离不但将使制度本身丧失其功能,而且将使现代大学违背学术使命,异化为"准"其他社会组织,或徒具学术组织之名,实则以其他社会使命为自身的目的。程序公正与实质公正相互背离的现象主要有两种表现:一是程序公正背离实质公正,即程序公正不能服务于实质公正,成为现代大学制度实现实质公正的羁绊。这一背离主要是现代大学制度程序公正所要求的公开性、参与性和公平性等与实质公正所包含的保障学术目的、捍卫学术人员的权利、调节各种利益关系、维护大学作为学术组织的存在等要求不相匹配,尤其是在参与性和公平性等方面不能保障学术人员应有的权利。二是实质公正背离程序公正,即单纯地为了实现学术目的,不顾程序公正的要求,或违背程序公正的要求,强力推行某些政策。两种背离都会影响现代大学制度的有效性,影响现代大学制度的工具意义与目的意义相互依存、相互支持关系的存在,从而使程序公正和实质公正都难以达到应有的要求。

第四节　现代大学制度公正性的实现

尽管现代大学制度的公正性具有某些普遍的特征和要求,但要解决公正性危机问题,不仅要遵从那些普遍的特征和要求,而且还应当结合具体国情和社会文化传统与现实,从大学制度公正性危机的实际表现和原因入手,探讨相关的因应之策。

一、树立公正价值理念

建立现代大学制度,就是要树立公正价值理念,解决制度的本质性问题。

树立公正价值理念不是大学单方面的事情，应当从内外两方面着手。就大学内部而言，在制度改革与建设中，一方面，应当从确立学术的中心地位入手，巩固和强化学术的影响力，落实和保障学术人员应有的权利；另一方面，从制度方面增强办学的公开性，践行阳光办学，使所有办学行为不仅为广大师生员工所知晓，而且全员参与性和代表参与性都能得到有效的保障。就大学外部而言，在制度完善中，一方面，应当进一步明确大学不同于政治组织、政府机构、经济组织的身份，遵循高等教育规律，从制度上落实大学相对独立的法人地位，赋予大学自主办学的权利，改变全方位包办代替的管理方式，减少乃至杜绝直接的行政干预和干扰，使大学回归其本来角色，自主履行学术的功能；另一方面，改革办学体制和管理体制，建立以大学自主办学为基础的各方利益相关者治理机制，建立开放机制和信息公开制度，增强大学办学的透明度，维护各方的公平关切。总之，树立公正价值理念，就是要在观念上进一步明确大学制度程序公平和实质公平的价值导向，使现代大学制度建设朝着正确的方向进步。

二、落实公正主体的地位

落实公正主体的地位，是建立现代大学制度的基本要求。《规划纲要》提出："推进政校分开、管办分离。""政府及其部门要树立服务意识，改进管理方式，完善监管机制，减少和规范对学校的行政审批事项，依法保障学校充分行使办学自主权和承担相应责任。"这是从外部落实大学制度公正主体地位的重要举措。但如何才能将"政校分开"，实现政党、政府与大学的适度分离，除了需要改进管理方式外，还应当进一步明确定位政党、政府和大学的身份，用必要的制度规范它们各自的行为，使其在其特定的范畴发挥功能，减少相互干预或干扰，从而使大学能够在制度的框架下，发挥应有的社会功能。从内部来讲，大学应当通过制度创新，逐步建立和完善一套以学术人员为核心的、由各类组成人员共享管理权力的治理机制，使学术人员、行政人员及其他相关人员各归其位，各司其职，殊途同归，共同为实现现代大学理想而工作。建立服务于学术发展的运行机制，建立教授治学的组织机制，为充分发挥学术人员的学术修养和专业智慧的作用创造有利的条件。①

---

① 别敦荣，徐梅．去行政化改革与回归现代大学本质 [J]．中国高教研究，2011（11）：16.

三、保障程序公正与实质公正的统一

建立现代大学制度,必须解决程序公正和实质公正相背离的问题,实现二者的统一。要达到这一目的,在现代大学制度建设中,首先,应当使程序的公正性和实质的公正性得到保障,只有二者本身的公正性得到保证,二者的统一才具有可靠的基础。否则,即便形式上统一了,还是难以发挥应有的作用。第二,应当使程序公正服从并服务于实质公正。现代大学制度的公正性是完整的,不是相互割裂的。建设现代大学制度,应当坚持程序服从于实质,手段服务于目的,在制度设计上做到民主化,让各利益主体平等参与,体现制度的原则公平、起点公正;在制度执行上做到科学化、规范化,使制度的执行过程不偏离大学的学术价值与学术目标;在制度监督上做到广泛性、合理化,将制度的严格执行与普遍公开的监督结合起来,最大限度地减少制度执行过程中人为的不公平现象。第三,应当使实质公正完整地融入程序公正之中。实质公正要反映在有形的制度上,需要有必要的制度保障其实现。建设现代大学制度,既要坚持实质公正,坚持学术逻辑与学术标准,使大学精神得到践行,学术价值得到张扬,学术理想得到尊重,又要坚持形式与内容的统一,在制度的制定和执行中,将实质公正的要求融入其中。只有将捍卫学术的地位,保障学术人员的权利,保证学术价值的张扬等与大学制度的公开性、参与性和公平性结合起来,才能真正实现程序公正与实质公正的统一,才能维护学术的尊严和价值,使大学能够按照其自身逻辑办学,从而达到弘扬学术、服务社会、造福人类的目的。

第四章

现代大学制度之现代性

　　大学制度是大学办学与发展的规制。古语说，成也萧何，败也萧何，此语用在大学制度上真的是再贴切不过了。人们通常认为，制度优则大学卓越，制度劣则大学平庸，将大学的成功归结为制度的成功，将大学的平庸归结为制度的平庸。进入现代社会以来，世界各国大学办学和发展都无一例外地受到各种新的形势与挑战的困扰，人们对大学制度的关注程度超过了以往任何时期，往往首先从制度角度提出责难和变革希冀。所以，在现代社会，面对发展高等教育事业的旺盛需求，几乎所有国家都曾经或正在面对现代大学制度建设的吁求。我国正在致力于建设现代大学制度，完善大学治理结构，改善大学管理，以优化高等教育体制机制，为高等教育健康快速持续发展创造更有利的环境条件。与其他一些后发国家一样，在探讨现代大学制度建设问题的时候，在相关理论研究和改革实践中，我们也面临建立哪些制度的困惑，不仅如此，还面临建立什么样的制度的困惑，即现代性的困惑。究其原因，在于现代性本身具有不确定性，人们对现代性与古典性、传统性和当代性之间错综复杂的关系存在很多模糊不清的认识。有人认为，现代大学制度就是现代的制度，与古代大学制度没有关系，与古典大学制度也没有联系；还有人认为，19世纪的德国大学制度就是典型的现代大学制度，其他的都不可谓"正宗"；还有人简单地将现在的大学制度都作为现代大学制度，因为如果不这样看的话，岂不是在现代社会建设了非现代或超现代的大学制度了？各种观点莫衷一是，令现代大学制度建设的改革实践无以为据、无所适从。因此，破解现代性之惑，把握现代大学制度的特质，有着重要的现实意义。

第一节 现代性与古典性

现代大学制度不是凭空产生的，它的出现是大学历史发展的必然结果。这就是说，要理解现代大学制度，不能就现代大学制度谈现代大学制度，而应将其置于大学发展的历史时空背景去理解。在学术研究中，存在古典大学理念与现代大学理念、古典大学制度与现代大学制度的分野，也就是说，做到了将它们分开来理解，但二者是否具有统一性的一面则少有涉及。因此，现代性与古典性的关系成为关于现代大学制度性质的认识中颇令人费解的一个谜团。如不深究，表面看来，二者之间的关系好像再清楚不过了：古典是过去完成时，现代是现在完成进行时；古典性代表了过去，现代性代表了现在；古典可能是过时的，现代则是时尚的；古典可能是落后的，现代则是进步的。其实，二者之间的关系并不是这么简单的二元对立关系。不论是哈贝马斯所理解的现代性造就了一种注重现在的精神气质的启蒙哲学主张，还是马克斯·韦伯所认为的现代性就是理性化的历史——社会学解释，都难以解答现代大学制度的现代性与古典性之间的关系。要将二者之间的关系弄清楚，还需要将"古代"这个概念引入进行讨论。在人类历史发展进程中，从古代与现代的时序看，在人类历史发展的某一个时刻，人们终结了古代的延续，同时开创了现代的生命。历史就是如此，在其永无止境的流逝中，将古代与现代无情地割裂开来，划分出不同的时代。因此，在时序上，现代与古代是有先后次序的两个历史时段，古代在前，现代在后，泾渭分明，互不包含。如果就历史发展的延续性而言，上述观点具有一定的合理性，但如果将其用于分析大学制度的现代性与古典性之间的关系，那就太过简单化了。因为它过于简单化地肢解了大学制度的现代性与古典性之间一脉相承、协同共进的关系。

现代与古典，既有时序的意义，但又不是单纯的时序概念。如果说我们可以确定现代的起点的话，却没有办法确定古典的终点，也就是说，现代不是在古典的终点上开始的。而且现代除了表征人类历史发展自现代社会以来所具有的特征外，还包含了人类有史以来所积淀下来的文化底蕴与文明基因。从这个意义上说，现代之中包含了古典。但毕竟现代与古典是不同的，二者的差异是在历史演进中萌生的。历史从来是连续的，历史不可能有真空地带，尽管不同的时代总会有新大学诞生，但它并不意味着老大学就会消失或一夜之间变得与新大学完全类同。正如英国和美国的情形一样，牛津大学、剑桥大学并没有因为伦敦大学的创立而作古，哈佛大学、耶鲁大学等并没有因为弗吉尼亚大学和后来大批赠地学院的出现而丧失生命力,相反,新大学的创立不但为老大学树立了新的参照,而且为其提供了新的伙伴,使大学呈现出现代性与古典性和谐共存、交相辉映的图景。

　　大学制度的演变也是如此。现代大学制度的出现标志着古代大学制度已丧失了其对现代社会的适应性,但并不以替代古典大学制度为目的,而是以适应新的社会经济、文化和科技的变化和发展需要为目的,现代大学制度的发展是大学制度的现代性与古典性有机融通的过程。毫无疑问,19世纪以前的高等教育属于古典高等教育,当时的大学属于古典大学,当时的大学制度属于古典大学制度,无论从哪个角度讲,当时的高等教育和大学制度都不具有现代性。19世纪以后,现代大学在世界各国先后建立起来了,现代大学制度逐步得到了完善和丰富,现代性成为大学制度的主导特征。与此同时,古典大学在坚守其相沿成习的传统的同时,经历了艰难而痛苦的变革和转型,将现代性的制度引入进来,并逐步将其内化为自身的核心元素,使之成为其现代生命的萌发之源。不仅如此,现代大学也并非以与古典大学决绝的姿态出现,而是在古典大学制度的基础上,经过现代化转型而发展起来的。所以,大学制度的现代性与古典性之间的关系,远不是非此即彼的关系,而是相互融合、彼此共存共生的关系,并由此塑造了现代高等教育的精神支柱。

　　第一,现代性是对古典性的发展。古典性是古代大学的典型特征,主要表现为大学制度的宗教化以及与之相适应的一系列制度的特征;现代性则是现代大学的典型特征,主要表现为大学制度的世俗化以及与之相适应的一系列制度的特征。古代大学与现代大学是两个不同历史范畴的教育组织,在古代大学与现代大学的交替中,制度的更替是不可避免的,制度由古典性向现代性转变是大学的社会适应性变革的结果。宗教化和服务神学是古代大学最重要的特性,因此,大学制度的古典性弥漫着宗教化的色彩,主要表现为大学特许状由教会颁发,教师从牧师中聘用且需得到教会批准,教学制度宗教化,神学被置于神圣化的地位,教育教学的目的宗教化等。也就是说,这样的大学制度完全是为了宗教的目的,且是与教会制度及其仪轨相一致的。"教皇会撇开大学自己来制定有关教学大纲、课程、教材和执礼仗者的薪水、互助金、大学官员和学生纪律、服装和住宿方面的规定。"[①] 科学取代神学的地位是现代大学发

---

① 〔比〕希尔德·德·里德－西蒙斯.欧洲大学史(第一卷):中世纪大学 [M].张斌贤,等,译.保定:河北大学出版社,2008:124.

展的革命性成果,一整套为世俗的科学服务的制度的建立奠定了现代大学的基础。现代大学制度是世俗化的,主要表现为大学由世俗的政府批准设立;教师由大学从学者中聘用且不必得到教会的批准;各学科平等,曾经神圣不可动摇的神学被置于与其他学科同等的地位;各种宗教仪轨不再被作为教学和管理制度,各种直接服务于学生、教师和学术目的的制度建立起来了,等等。大学制度由古典性向现代性的发展不是偶然的、自发的,而是必然的,是适应社会政治变革、宗教改革和科学革命的结果,也就是说,是由现代社会变革所推动的一种适应性变革。

第二,古典性是现代性的基础。现代性是大学制度创新发展的结果,但创新的基础在于古典的大学制度。大学历经数百年历史的洗礼,在人类社会的演进中发挥了人才培养和文化传承的重要作用,促进了社会文明延续、发展与文化进步。在大学制度的现代化转型中,大学并没有完全抛弃古典的制度,也没有改变自身作为社会教育组织的根本属性。现代大学继承了古典大学培养人才和传承文化的职能,但拓展了人才培养的领域、范围、层次和类型,使人才培养逐步由精英教育走向大众和普及教育;增加了科学研究和社会服务职能,使文化科学技术的传承、创新和应用集于一体,更强化了自身作为社会文化教育轴心组织的地位。大学制度的现代性不但包含了精英教育制度和文化传承制度的价值,而且继承了许多相关的形式和规范,比如,现代大学的学位论文或毕业答辩制度便是由古典大学制度中的辩论考试制度演变而来,学位授予制度也承袭了古典大学制度的形式和各种程序要求,大学的各种组织建制包括理事会、校长、学部(学院)、院长等都是一脉相承的,等等。大学制度的这种继承性不仅使许多历史悠久的古典大学在现代社会的办学和发展中保持了其历史的传统与身份认同,丰富了现代大学制度的历史文化内涵,而且使许多新大学的制度建设有了更多的选择和参照。

第三,现代性的发展不排斥古典性的继续存在。大学制度的现代性是不断发展、变化和累积的。现代大学制度的出现已有 200 余年的历史,在这段不算太短也不算太长的历史中,大学制度的现代性并非是静止不变的,也不是一蹴而就的,而是不断发展、不断完善的。这种发展既包括了不同国家高等教育环境中的现代大学制度的发展,也包括了各个国家不同政治和社会体制下现代大学制度的演变;前者可以理解为现代大学制度的国家特色的发展,后者可以理解为现代大学制度内涵的扩充与更新。不论是在现代大学制度肇始的 19 世纪初期还是在当代,现代性并没有排斥古典性的存在,也就是说,大学制度的现代性不是古典性的替代性属性,在现代大学制度中二者之间的关系是共生关系,是辩证统一的关系。在现代大学制度中,我们依然可以看到很多具有鲜明的古典性的大学制度,它们在现代大学的功能实现中依然焕发出鲜活的生命力,发挥着重要的影响。比如,形成于牛津大学和剑桥大学的住宿学院制和导师制不仅在英国现代大学中依然存在,而且在其他一些国家的现代大学制度中都能或明或暗地看到其影子;在美国,尽管巨型大学得到了充分而有效的发展,社区学院遍布全国各地,但以精英教育为宗旨的文理学院制度依然保留至今;在法国,尽管培养工程师的大学校制度广受追捧,不仅在法国而且在国际上具有重要的影响,但古典的大学制度仍然保持了顽强的生命力。现代大学制度既包含了对大学制度的古典性的继承和发扬,又包含了具有现代适应性的品格。[①] 在现代大学制度中,古典性和现代性并行不悖,相融共生,共同保障现代大学履行其历史和现实的使命。

第四,现代性与古典性的相容共存丰富了大学制度的文化底蕴。大学是人类智慧的结晶,是人类所创造的促进社会文明进步的、最重要的自我发展机制。大学及其制度发展原本是绵延不绝、持续不断的,在人类历史的演进中,大学与文明相伴始终,人们赋之以古典、现代之名不过是从其时代特征出发进行的命名。从这个意义上说,现代大学既是新生的,又是传承的,现代大学制度是人类历史积淀的产物,汇聚了古典性与现代性,是古典与现代的统一体。正如地层的变化一样,在地球的地质变化中,不同时代的地层变化是分层累积的,切开地层的剖面,就能清晰地看到不同时代的地层结构及其变化情况。现代大学制度的形成与变化是历史的扬弃,其内在的脉络是一以贯之的,而并非中断的,正因为如此,现代大学制度的内涵是丰富的,底蕴是深厚的。现代大学制度的复杂性和历史底蕴超过了其他任何社会组织制度,它既包含了一些原初的大学制度,又包含了许多最新的大学制度;既展现了各个不同历史时期的烙印,又标示了最新的变化与创新。比如,不论科技革命和知识爆炸如何丰富和拓展学科专业领域,不论大学教学环境和条件如何更新和改善,现代大学在不断改革和完善教学制度、增强教学制度的现代性的同时,仍然延续了大学原初的以知识为媒介、以师生互动为基本组织形式的教学制度。芝加哥大学的百部名著计划、哈佛大学的通识教育制度等,都使现代大学制度散发出浓厚的古典意味。

---

① 别敦荣,徐梅. 论现代大学制度的公正性 [J]. 山东社会科学,2012(8):108-116.

第二节　现代性与传统性

在关于现代大学制度属性的讨论中，人们对现代性与传统性的关系莫衷一是。如果说现代大学制度是现代性与传统性的统一，很多人可能觉得难以理解；但如果说现代大学制度有着坚实的传统，人们大都持认同态度。那么，究竟应当如何理解现代大学制度的现代性与传统性之间的关系呢？它们之间是矛盾关系还是共存关系？从语义上看，现代与传统似乎是一对矛盾关系，二者之间往往表现出相互排斥的关系。但就大学制度而言，其现代性与传统性本身并不构成一对矛盾关系，因为从一般意义上讲，现代大学制度源起于19世纪初期，且至今仍未见其终止发展之势，因此，现代性是大学制度在特定的历史时期所具有的属性，而大学制度的传统性不仅难以界定其起始时间，而且其终止时间也具有显著的不确定性。所以，二者之间的关系并不像现代性与古典性那样具有明显的承续关系或历史逻辑关系。从大学制度的内在属性看，现代性与传统性是相互交织的，传统性是凝聚大学制度之魂的属性，是大学制度超越时代、持续发挥积极影响的基础；现代性是大学制度适应时代变革、在现代社会焕发生命与活力不可缺少的品质，而且某些现代性品质在长期的办学实践中会逐步沉淀下来，成为现代大学制度传统的组成部分。现代性与传统性之间的有机联系是现代大学制度能够传承既往、立足现实、面向未来、发挥积极作用的根本保证。现代大学制度的传统性与古典性既相联系又相区别，其联系表现在古典大学制度可能成为现代大学制度的传统，其区别表现在现代大学制度的传统的来源除了古典大学制度外，还包括了现代大学制度本身。

现代大学及其制度既有对现代性的开拓，也有对传统性的坚守，在新的时代和新的环境下，传统中富有生命力的元素得到了继承和弘扬，与此同时，富有时代精神的现代特征更成为现代大学及其制度的标识。[①] 在现代性与传统性的关系上，有人可能望文生义，认为现代性是积极的，传统性是消极的，二者是大学制度的两个方面，是非此即彼、相互否定的矛盾关系。其实不然，从现代大学制度的产生和发展过程看，现代性与传统性并不是相互矛盾的关系，而是一种相互交集的关系。现代大学制度的发展既是大学自身伴随着现代社会的发展不断进步的结果，也是大学适应社会变革、不断调整自身社会关系的策

---

① 别敦荣，徐梅．去行政化改革与回归现代大学本质 [J]．中国高教研究，2011（11）：13-16.

略选择。大学在其演进的不同历史时期,将一些具有超越时代品质的制度保留下来,并使其在新的时代或新的环境中继续发挥积极的作用,由此而不断积淀和丰富大学制度传统。进入现代以来,大学制度传统的形成方式依然保持不变,大学制度传统因此得到持续不断的丰富和强化,传统性更成为现代大学制度的一个显著特性。这样一来,现代性与传统性就成为现代大学制度特性的两个重要表征。

第一,传统性包含于现代性之中。建制化是大学存在的基础,现代大学的建立以制度的形成为标志,大学制度的现代性正是在现代大学建立的过程中获得的。在现代大学形成之前,大学已经存在了多个世纪,大学制度在社会的演进中不断变革,大学制度的传统也在不断积淀。现代大学建立以后,虽然大学制度获得了现代属性,但传统并没有随着历史的逝去而消失,而是伴随大学的延续而嵌入了现代大学的生命。如果将传统从现代大学制度中抽取出来,现代大学将成为空心之物,既不可能履行其现代之职能,更不可能发挥大学与生俱来的作用。比如,在现代大学职能的实现中,与招生、课程、教材、讲授、考试、毕业等相关的教学制度对人才培养发挥着基础性的作用,尽管这些制度都具有现代元素和意义,但从根本上说,它们都是大学与生俱来的制度,只是在不同的历史时期其表现形式发生了某些适应性改变而已。正是这些自大学产生以来的制度传统铸就了其现代性的根基。因此,现代性与传统性之间不是一枚硬币的两面之关系,而是不可剥离、不能拆解的内在相融关系,传统存在于现代之中,传统性包含于现代性之中。

第二,现代性是传统性累积的不断延伸。现代大学制度的形成是现代社会的客观需要与大学制度相互作用的结果,也就是说,其现代性的获得离不开两个因素:一个是现代社会的客观需要。人类进入现代社会以后,随着文化科学技术的进步及其应用的不断拓展,现代大学的社会价值越来越为人们所认识,尤其是现代大学对促进社会公平正义、经济繁荣和国家综合实力增长、可持续发展的作用,越来越受到很多国家政府的高度重视。社会对现代大学的要求越来越多,期望越来越大,现代大学不能无视社会发展与进步的客观需要。二是大学制度的适应性变革。大学制度是绵延不断、不断发展的,随着时代的进步,一部分大学制度因不能适应时代要求而被废除或终止,另一部分大学制度因其超越时代的适应性而得到保留和继承。大学制度的传统就是在适应不同历史时期社会发展需要的过程中逐步累积形成的,但各不同历史时期累积起来的传统对现代社会需要的适应性是有限的,所以,大学制度还需要创新,进行适应性变革。这就是说,现代大学制度也是大学制度传统适应社会变革的产物。这种适应性变革实质上是大学制度传统累积的不断延伸,它表明大学制度的现代性是其传统性的进一步发展,二者是大学制度连续线性发展过程性征的反映。比如,现代大学的学科专业制度不仅脱胎于古代大学初始的学科分类制度,而且完善于现代以来各不同时期的大学学科专业发展制度,既有古往今来的相沿成习,也有与时俱进的扬弃维新。

第三,现代性与传统性的交集是现代大学制度之所以彰显其价值的保证。现代性与传统性的统一是现代大学制度的内在属性,没有现代性的大学制度可以是古代大学制度或古典大学制度,也可以是其他什么大学制度,但不是现代大学制度;没有传统性的现代大学制度,只能是异化了的大学制度,或者是从社会其他领域或部门照搬来的制度,不可能发挥现代大学制度应有的功能。只有同时具有现代性与传统性的大学制度,才能促进现代大学价值的实现,使现代大学成为现代社会不可缺少的精神场所之所在。现代大学不但继承了古代大学的人才培养职能,而且开创了科学研究和社会服务职能,现代大学制度的价值就在于保证现代大学以履行其职能为己任,抵御各种不当诱惑与侵蚀,高扬大学精神,致力于追求学术卓越和社会公平正义。试想,如果没有大学制度的传统,现代大学很可能在滚滚的市场洪流中迷失自我,而深陷于功利主义的泥沼不能自拔;当然,如果大学制度不具有现代性,现代大学很可能自溺于既往的历史中,陶陶然而无视其应有的现代使命,最终为现代社会所抛弃。正因为现代大学制度集现代性与传统性于一身,所以,现代大学能够在守望与开拓中不断前行,适应各种复杂多变的社会环境,保持与政治、经济、军事、宗教等各种社会组织既相联系又相区别的良性互动关系。因此,现代性与传统性的交集是现代大学制度保障现代大学在错综复杂的现代社会履行其使命的可靠屏障。

第二节 现代性与当代性

在关于现代大学制度的研究中,常常令人深感困惑的是现代性所涵盖的时空背景,也就是现代大学制度所存在的历史时段。这里,现代性与当代性的关系是理解现代大学制度不能回避的问题。表面上看,大学制度的现代性与当代性确有某种历史逻辑关系,因为就历史分期来讲,现代在前,当代在后,所以,现代性是先于当代性获得的,当代性是在现代性之后形成的。由此甚至可能引申出这样的观点：当代性优于现代性，现代性代表过去一段历史时期大学制度的属性，当代性是在大学制度现代性的基础上发展而来的最具进步性的属性。尽管从历史分期的时序看，上述观点有一定的合理性，但它却完全不适于解释社会变革的现代性与当代性的关系。因为尽管当代或当代社会确已成为人们日常普遍采用的概念，但在关于社会历史发展的研究中，现代仍然只有起点尚无终点，当代只是人们在解释最近数十年来的某些社会现象时所采用的概念，或者说，它所反映的依然是社会的现代性，只是为了突出地表现现代社会历史发展过程现今与过往的差异。从这个意义上说，当代性与现代性并不矛盾，当代性在本质上还是现代性。这一思想既适应于我国社会发展分析，也适应于欧美国家社会发展分析。

就现代大学制度的发展而言，现代性与当代性之间不存在相互矛盾的关系，可以说，在大学制度研究中，当代性并没有成为一个严谨规范的概念，更没有成为一个与现代性相提并论、用以表达具有本质差异性的大学制度特征的概念。所以，在关于大学及其制度的研究中，只有现代大学和现代大学制度，还没有出现当代大学或当代大学制度之说。即便有，也大多是在不太规范或严谨的语境中使用的。在大学制度演变的历史分期中，只有对古代与现代的分期，而不存在现代与当代的分期，当代的大学制度是包含在现代大学制度范畴之中的。尽管当代性并非大学制度的基本属性，但它仍然可以用来揭示现代大学制度的某些表现和要求。在一般的语义用法中，当代用以表示当今和未来的一定时期，当代大学的制度尽管属于现代大学制度的组成部分，但它也反映了当今社会的现实需要，具有强烈的现实适应性。从这个意义上说，现代大学制度也具有某种当代性，只是这种当代性与前述各种属性并不在同一个意义上，它们所表达的意思也难以放在同一个范畴进行比较分析。

另一个问题是，后现代性是否又能作为讨论现代大学制度的现代性的一个概念范畴来使用呢？我们知道，后现代性是与当代性有关的一个概念，尽管在时序上很难说它与当代性有多大联系，但从其所包含的意蕴看，后现代却是对现代的否定，后现代性与现代性也表现为对立的统一。不论是否定性（解构性）的后现代性还是建设性（建构性）的后现代性，或者是虚假（迪斯尼式）的后现代性，它们都是为了"终结"包括现代性在内的所有传统，以寻求面向未来的"不拘泥于形式和不追求确定结果的自我突破的创造性"的态度和方式。[①]

---

① 崔伟奇. 论现代性与后现代性［N］. 光明日报，2007-07-10（11）.

后现代性的面向未来是以否定现代性为前提的，所以，与前述现代性本身的向未来延伸具有完全不同的含义。尽管有学者探讨后现代高等教育①和后现代大学问题②，但尚未见关于后现代大学制度的研究。这也反映了在大学制度的变革中，后现代思潮尚未浸入，大学制度尚不具有后现代性征候。因此，可以认为，在现代大学制度特性的探讨中，后现代性还没有成为挑战现代性的合理性的一种新特性。

与当代性相关的另一个问题是，现代社会的大学制度，包括现在的大学制度，是否都具有现代性？是否都可以被归入现代大学制度范畴？比如，我国自清末开始进入社会现代化时期，具有现代意义的大学也自此开始得到发展，在百多年的历史进程中，曾经实行了多种价值导向及与之相适应的大学制度。这些制度是否可以被称为现代大学制度呢？还有，我国现行的一整套大学制度是否具有现代属性，是否可以归入现代大学制度范畴？要解答这些问题，需要进一步理解现代性的内涵。现代性是一个源于西方思想史研究的概念，所表征的是西方启蒙时代以来新的世界生成体系的时代所具有的一种属性，它不仅包含了一种持续进步的、合目的性的、不可逆的发展观念，而且还包含了民族国家的历史实践、民族国家政治观念和法制观念的形成、高效率的社会组织机制的建立以及一整套以自由、民主、平等、正义为核心的社会价值理念。当西方社会宗教、政治、科学和文化进入现代之时，大学及其制度并没有同时获得现代性，仍然表现出鲜明的古典性。现代性是在19世纪西方现代社会发育趋于成熟之时大学及其制度才逐步获得的新属性，而且在初期也并不占主导地位。毫无疑问，德国现代大学制度是当时世界各国大学制度变革的典范。③当用现代性来描述大学制度属性的时候，它不但包含了大学制度对现实社会的适应性，而且更重要的是，表征大学制度具有维护现代大学价值、坚守现代大学精神、捍卫现代大学使命的功能。尽管现代大学制度具有极大的包容性，甚至自早期大学所形成的一些传统至今仍然发挥着影响，但现代性从整体上宣示了其进步性。诚然，由于各个国家社会文化差异显著，社会现代化进程有先有后，大学发展历史也各有不同，但现代大学制度却有着共同的内核，现代

---

① 方展画，颜丙峰. 后现代视野中的高等教育 [J]. 教育研究，2003（8）：68-72.

② 〔英〕安东尼·史密斯，弗兰克·韦伯斯特. 后现代大学来临 [M]. 侯定凯，赵叶珠，译. 北京：北京大学出版社，2010：72.

③ 别敦荣. 我国现代大学制度探析 [J]. 江苏高教，2004（3）：1-3.

性就是各国现代大学制度共同的性征。自清末以来,我国对现代大学及其制度建设进行了艰苦卓绝的努力,尽管不能说没有成效,但由于社会政治经济长期变化不定,社会现代化水平较低,现代大学及其制度建设命运多舛,虽然在某些具体制度建设上不乏效果,但时至今日,整体上看,现行的大学制度离现代大学制度还有很大差距,大学制度的现代性尚未得到彰显。正因为如此,《国家中长期教育改革和发展规划纲要(2010—2020 年)》提出了完善现代大学制度的任务,并勾勒出了我国现代大学制度的轮廓。由此可以说,我国现代大学制度建设仍然任重道远。

综上所述,现代性是大学制度发展进入社会历史的现代时期后所获得的一种属性,是此前的大学制度所不具有的一种属性。相对于古代大学制度,现代大学制度是一种进步的制度,是一种创新的制度,这种进步和创新集中表现在其现代性上,但大学制度的现代性并不排斥古典性,恰恰相反,现代大学制度是在古典大学制度的基础上建立起来的,现代性不仅包含了古典性,而且吸收了古典性,发展了古典性。现代性与传统性是相互交集的关系,传统存在于现代之中,传统之所以富有绵延不绝的生命力,能够发挥恒久的作用,就在于它被内化到了现代大学制度之中,成为现代大学制度的基本元素。所以,传统性并非落后性的代名词,并不表示任何消极的意义,现代性与传统性不是矛盾关系,现代性是大学制度的传统性的延伸和发展,在大学制度的现代性的延展中,其传统性也在不断地累积中。当代性一般不作为阐释现代大学制度属性的概念,也不作为与大学制度的现代性相对应的概念来使用,但现代大学制度不仅存在于当代,而且还面向未来发挥作用,这说明它对当代社会需要具有强大的适应性。

第五章

中国现代大学制度之特色

就现代高等教育发展而言，我国是后发国家。自 19 世纪后期以来，在 100 多年的历史中，在发展现代高等教育的过程中，我国从未停止建设现代大学制度的探索，曾经先后学习和模仿英国、法国、日本、德国、美国和苏联等国家的大学制度。但遗憾的是，在学习和模仿之后，往往是以全面否定收场，再开始新一轮的探索。所以，时至今日，仍然没有能够建立起一套适应我国国情的现代大学制度。毋庸置疑，探索中国特色的现代大学制度是我国高等教育改革与发展的必然选择，但现代大学制度的中国特色不应只具有单方面的适应性，也就是说，它不能只适应和满足我国国情的要求，还应当具有世界各国现代大学制度的共性要求，体现现代大学制度共有的价值。因此，现代大学制度的中国特色是我国国情与共有价值相结合的产物，也就是说，中国特色是现代大学制度的普遍性与特殊性的统一。

第一节　我国建设现代大学制度的历程及其特点

我国文化教育历史源远流长，与世界尤其西方国家的文化和商贸往来交流历史悠久，但清末我国建立现代大学制度的探索却并非是在平等的文化教育交流中进行的，而是在遭受西方列强欺凌的形势下被迫进行的变革。正因为如此，我国建立现代大学制度从一开始就走了一条借鉴和模仿之路，且由于时局变幻不定，世界列强政治经济实力此消彼长，我国的借鉴和模仿对象国也不断变化，从而导致现代大学制度建设总是处于变动状态。

一、我国建设现代大学制度的历程

我国建设现代大学制度肇始于清末鸦片战争以后洋务学堂的开办，纵观一个半世纪的历史，建设历程可以划分为三个阶段：第一个阶段是1862年至1949年以前；第二个阶段是1949年至"文化大革命"结束；第三个阶段是"文化大革命"结束以来。各阶段国际社会背景截然不同，国内政治、经济、文化、科技教育发展水平差异巨大，现代大学制度建设的进展和表现也各不相同。

第一个阶段纵跨清末和民国时期。之所以将这两个时期划入同一个阶段，是因为两时期的现代大学制度建设具有逻辑的一致性。19世纪60年代初期，清政府兴洋务，办学校，引进西方文化科学技术，开始进行建立西式现代大学制度的探索。到民国建立前，清政府已经建立多样性的现代大学格局，包括国立大学——京师大学堂（1898年）、地方大学——山西大学堂（1902年）、部门大学——北洋西学学堂（1895年）和南洋公学（1896年）、教会大学——圣约翰大学（1879年）等。尽管西式大学建立起来了，但由于现代文化科学技术尚处于引进之初，基础十分薄弱，难以有效地支持现代大学制度发挥其功能，加之社会政治仍是封建专制体制，所以，客观地讲，清末建设现代大学制度只是试水之举。

民国时期，资本主义民主、自由思想得到了比较广泛的传播，现代科学技术已经得到了一定程度的发展，现代大学制度建设取得了重要进展。民国初年的《大学令》到《大学组织法》《大学规程》等法令的颁布，可以说明两点：其一，民国时期对现代大学制度的认识比前一阶段有了实质性的进步；其二，民国时期在宏观层面进行了持续不断地建立现代大学制度的探索。在大学层面，除了继续完善前一阶段建立的现代大学格局雏形外，以北京大学、清华大学、东南大学为代表，微观层面的现代大学制度建设取得了显著成就，兼容并包、思想自由、教授治校等成为大学制度的主导理念，院系科教育建制成为基本的教育教学组织形式，学分制、选课制、导师制等得到了推广，研究院所（学会）、学报等学术研究平台得到了发展，现代大学的功能开始在学术和社会多方面得到实现。

第二个阶段持续了30多年时间，这是一个特殊的时期。中华人民共和国成立初期，在对大学进行社会主义改造的同时，对前一阶段建立起来的现代大学制度进行了彻底的否定和全面的改造。基于政治正确价值选择，苏联大学制度成为学习的楷模，1952～1953年的大规模院系调整以及几乎同时进行的移植苏联教育教学制度,使现代大学制度建设经历了一次休克性重构探索。从校委会制到党委会制,大学开始被全面地置于党委领导之下,教师参与大学管理的权力不复存在,甚至从事教育教学的权利常常得不到保证。尽管20世纪六七十年代社会政治动荡不定,但50年代建立起来的大学制度理念和体系基本得到了维系。

第三个阶段是近30多年,揭开了建设现代大学制度的新序幕。"文化大革命"结束后,经过一个短暂的恢复期,高等教育发展走上了改革开放之路。选课制、主辅修制、学分制等弹性教学制度的推行,使学习苏联建立的高度刚性的教学制度得到了突破;专业调整与改革、学院制的推行、研究院所中心的建立,使大学的功能与功能活动得到拓展,大学的社会作用得到提升;扩大和下放办学自主权,触及了大学与政府的关系,使大学作为政府附属机构的地位开始得到改变;尊重知识,尊重人才,尊重学术自由,实行教授治学,使教师的学术权利得到承认,参与大学管理有了依据;法律规定大学拥有法人资格,依法享有民事权利,承担民事责任,使大学的主体地位得到承认,为解决复杂的党、政、校关系问题确立了基本原则。这些改革的目标指向都是现代大学制度,虽然有的还有待深化和完善,有的还只是刚刚实行,还有的只是提出来了,但毫无疑问,建设现代大学制度已然成为高等教育改革与发展的大趋势。

二、我国大学制度的现代性缺失

我国建设现代大学制度的探索都是在特定的、复杂的国际国内社会环境中进行的,第一个阶段尽管经过了"中学为体,西学为用"向中西融合、体用合一的过渡,现代大学制度的精神和形式在一定程度上得到了实践,但由于残酷的国际反法西斯战争和错综复杂的国内政治矛盾斗争,现代大学制度并没有在我国社会深深地扎根。第二个阶段的探索本身并非大学的主体选择,而是政府和政治权力的干预,所以,它也注定了随着社会政治形势的改变必将发生改变。第三个阶段的探索总体上可以看作是对第二个阶段的否定之否定,一方面试图突破第二阶段探索所形成的制度理念和形式,另一方面又受到政治权力和行政权力的影响,而难以迈开改革的脚步,从而使现行大学制度的现代性并没有能够得到显著改善。概言之,我国建设现代大学制度,先天不足,营养不良,历经波折,积累甚微,大幕再启,任重而道远。

总体而言,我国大学制度存在明显的现代性缺失问题,主要表现为"四强四微":一是工具价值过强,主体价值式微。大学制度以保障社会政治和经济价值为目的,不论是在宏观上还是在微观上,主要是为了落实党对大学的统一领导,保障政府对大学的集中管理,加强财政拨款和专项资助以引领大学办学方向。所以,在党的领导体制、政府的直接管理、行政的统一指挥上,大学制度发挥着毋庸置疑的作用。但是,在学术价值的保障上,大学制度却难有发挥作用的空间,亦缺少施加影响的手段。二是外适性过强,内适性式微。大学制度是精神和形式的统一体,以工具价值的实现为目的的大学制度,其精神是工具性的,其形式只能源于政治和政府行政制度,不可能有内生于学术、体现学术精神、彰显学术价值的形式。三是强制性变迁影响过强,自主性变迁式微。大学制度变革是大学增强适应性、更好地履行其使命的要求,但我国大学制度变革主要是受外部压力影响而进行的,是一种不得不遵从的被动行为,少有自主选择,缺乏自发性。四是行政化过强,学术性式微。从大学制度的属性看,行政化色彩浓厚,几乎所有制度都表现出彻底的行政性或行政决定性,学术性元素要么几乎看不到,要么只具有象征性。因此,可以说,我国大学制度就是一套行政制度。

第二节　现代大学制度的国家特色与共有价值

现代大学制度是围绕现代大学的地位及其职能活动所形成和建立的协调其内外关系和办学行为的规范、准则、习惯等的总称,发端于德国,成熟于欧美发达国家,为世界其他国家所效仿,是世界共有的现代文化教育财富。由于各国社会政治经济体制不同,民族文化教育传统相异,高等教育发展程度不一,所以,现代大学制度表现出鲜明的国家特点,比如,法国具有中央集权性,英国具有自治性,美国具有地方分权性,德国具有中央与地方合作性,等等。尽管如此,各国现代大学制度还拥有共同的价值,表现出"家族"性征的相似性。

一、现代大学制度的国家特色

现代大学制度是对19世纪以来发展起来的一类大学制度的统称,最初特指以柏林大学制度为代表的德国大学制度,后来泛指具有现代性的各国大学制度。毫无疑问,各国现代大学制度不但在形式上而且在内涵上都存在一定的差异,表现出明显的国家特色。比如,在德国,19世纪的现代化改造使其大学制度成为世界典范,包括大学传统深厚的英国、法国都不得不以德国为师,将探究性的研讨班教学制度奉为经典,将科学教育制度引入传统的人文大学。但在向德国学习的过程中,各国并没有一味地模仿,而是将德国经验与本国国情和大学制度相结合,开创了自身现代大学制度的先河。在英国,古典大学的传统深入人心,在德国现代大学制度的冲击下,尽管曾经有过激烈而持久的论战,但学院制、导师制、教考分离制以及大学复杂的管理机制等传统的制度仍然得到了保留,在传统大学成功转型后持续发挥着重要作用。在美国,英国的学院制在殖民地时期发挥了开发民智的作用,19世纪以后,在学习德国现代大学制度的同时,在本国实用主义哲学和地方分权政治体制的基础上,建立了庞大而多样的州立大学体制和私立研究型大学制度,极大地开发了大学服务于社会公众、服务于经济社会发展的功能。由此可以看出,尽管有德国现代大学制度在先,英国和美国先后都向德国学习,但并没有建立英国、美国的德国现代大学制度,而是建立了包容自身传统的、富有各自国家特色的现代大学制度。

现代大学制度是在具体国家建立起来的,正是具体国家的国情打造了其国家特色。国情本身是一个复杂的概念,既包括文化历史传统,又包括先进社会文明与形势;既包括政治经济体制,又包括教育科技发展需要;既包括国家对世界的影响力与影响方式,也包括接受国际和世界影响的程度与渠道;既包括大学外部状况,又包括大学内部发展水平与诉求,因此,现代大学制度的国家特色并不是单向度的,而是多向度、多层面、多形态的。正因为如此,人们往往难以准确把握其实质。一般而言,现代大学制度的国家特色主要表现在四个方面:一是对现代大学制度精神的包容性。制度精神是现代大学得以存在的根本,国家在多大程度上能够接受和容忍现代大学制度精神,正是国家特色的展现。二是对现代大学制度价值的认同性。现代大学制度的价值是多元的,既有工具价值,又有本体价值。什么价值能够被认同,认同到什么程度,又在多大程度上得到实现,都取决于国情的影响。三是对现代大学制度形式的选择性。制度总是通过一定的形式发挥作用的,制度形式是为履行大学使命服务的,国家赋予大学什么样的使命,必定选择什么样的制度形式。四是对现代大学制度变迁的影响力。现代社会变动不居,大学制度也在发展变化,现代大学制度变革的动力和主导力量来自何方,是外部还是内部,大学是被动被迫改变还是主动适应变革,都与国情密切相关。可以说,有什么样的国情,就有什么样的国家特色。

二、现代大学制度的共有价值

现代大学制度的国家特色表明,在不同国家,大学制度所发挥的作用及其作用方式存在显著差异,但若深入考察各国现代大学制度的内涵,剖析其作用的性质以及作用方式的要求,可以发现,其存在诸多共性,尤其在制度价值层面,若干共有价值为各国所尊重,并在实际中得到践行,正可谓形异神同。就这些共有价值而言,主要包括以下几个方面。

一是确认大学自主办学地位,规范大学内外关系。现代大学既是相对独立的学术组织,又与社会政治经济部门有着千丝万缕不可割裂的联系,尤其在现代政治体制下,如何处理与政党、政府、企业的关系,维护自主办学地位,有着特别重要的意义。各国现代大学制度无一例外地将实现自主办学作为核心价值,并在这一前提下构建大学内外关系,约束影响大学自主办学的组织行为。

二是保障学术自由发展,协调利益相关者的诉求。现代大学的生命在于学术成长,只有学术成长,才能有高质量的人才培养、文化科技创新和先进的社会服务,才能保证利益相关者现实和长远的利益诉求。但客观上利益相关者往往囿于及时和偏狭的利益需求,干预或破坏学术的自由发展,使大学背离其应有的办学轨道。现代大学制度的作用就在于隔离、疏导、协调或屏蔽各种消极影响,保障学术自由发展,一方面使现代大学最大限度地追求学术自由发展,另一方面在可能的条件下满足各方利益相关者的利益诉求。

三是保证专业权力发挥作用,建构理性的治理结构。现代大学不再只是专业权力的领地,而成为现代社会政治权力、行政权力等的作用范围,此消彼长,在权力博弈中由于专业权力主体的弱势地位,专业权力常常存在被消解或弱化的危险。现代大学制度既要维护专业权力主体的地位,保证其发挥应有的作用,使大学能够正常履行其职能,又要协调各种权力主体关系,规避权力主体越位或替代风险,规范各种权力主体行为,使其在可接受的范围内对大学办学发挥积极的促进作用。

四是发挥自律功能,捍卫学术组织的属性。现代大学已经走出了象牙塔,进入了社会中心,与社会建立了全方位的互动关系。社会需求多种多样,有些是符合大学办学目的的,但也有很多是可能影响大学正常办学的,有的可能还会误导大学发展方向,使大学迷失自我,背离其组织属性。显然,现代大学不可能指望某种外在的力量来维护办学秩序,保证办学目的的适切性,只能依靠制度实现自律,巩固办学的定力,抵御各种不当需求的影响,将各种不良诱惑与大学隔离,使大学与社会保持良性互动关系。

第三节　我国现代大学制度的个性特色

现代大学制度是具体的,是共有价值与具体国情相结合的产物。世界上既不存在抽象的现代大学制度,也不存在缺少共有价值、只具有国家特色的现代大学制度。我国建设现代大学制度,既要防止单纯考虑国情,片面强调与其他国家的差异性,又要避免不顾国情,简单生硬地理解共有价值,力图理想化地建设一套现代大学制度,还要摈弃某国化的思维,照搬他国的制度形式,要从国情出发,尊重共有价值,将国情与共有价值有机统一起来,唯其如此,才可能形成有中国特色的现代大学制度。

一、价值的工具性与本体性相结合

现代大学制度既具有工具性又具有目的性。一方面,维护和捍卫大学的学术组织属性,保障大学学术使命的实现,是现代大学制度的根本目的,是其本体价值之所在;另一方面,现代大学与社会政治、经济部门建立了千丝万缕的联系,社会政治、经济部门对现代大学有着多方面的需要,任何现代大学都不能忽视或无视社会政治、经济部门的要求,因此,现代大学制度在一定程度上要为大学满足社会政治、经济部门的要求服务,换句话说,就是现代大学制度也被用来作为满足社会政治、经济部门要求的工具,具有工具价值。保持本体价值与工具价值的和谐平衡,是现代大学制度消解价值冲突、发挥积极作用、促进现代大学多元办学目标实现的保证。

长期以来,我国大学制度忽视本体价值,过分重视工具价值,致使大学单纯地为社会发展经济等服务,背离了学术组织的使命。诚然,现代大学制度的价值构成中包含了工具价值,但如果工具价值成为大学制度的唯一价值或主导价值的话,这样的大学制度也就与社会政治制度或经济制度无异,它所发挥的作用便偏离了其应有的轨道,大学因此也难以成为学术卓越组织。这正是我国大学整体长期表现平庸的根本原因之所在。事实上,如果大学制度不能捍卫大学作为学术组织的使命,它也就只能简单直接地、低质量地满足社会政治、经济部门的要求,而不能在更高的层次上服务于社会政治、经济现实和长远的发展需要,比如,服务于建设民主自由、公平正义、文明进步、科技发达、产业创新社会的需要。建设中国特色的现代大学制度,必须高度重视回归现代大学制度的本体价值,在各种大学制度改革中融入学术元素,恢复学术主体在制度运行中的主导地位,保障大学尊重高等教育规律办学,从而不断提高办学水平和办学质量。

价值的工具性与本体性相结合是现代大学制度中国特色的主要表现之一。中国特色的现代大学制度既不能忽视工具价值,更不能抛弃本体价值,应当加强二者的结合,以本体价值塑造现代大学制度的灵魂,凸显大学制度的特殊性,使其区别于社会政治、经济制度,从而保证大学发挥其应有的社会作用;以工具价值增强现代大学的社会适应性,彰显大学制度的时代特征,使其能够保持与社会政治、经济制度的有机联系,保障现代大学作为社会进步的动力站发挥必要的推动作用。工具价值和本体价值是现代大学制度价值的两面,不可偏废,不能相互替代,但在二者之间的联系上,不是简单地一半对一半、各占50%的平行并列关系,而是主辅关系,本体价值为主,工具价值为辅,应当在弘扬本体价值的基础上开发工具价值,将工具价值的实现渗透在本体价值实践的全过程之中。

不过,要改变我国大学制度价值严重扭曲的状况,扭转工具价值占绝对主导地位、本体价值几乎无足轻重的现实,并非易事。它不只涉及大学内部各种制度关系的调整和重组,不只需要大学内部的努力,更重要的是,需要大学外部的各级党政部门真正解放思想,尊重大学作为学术组织的特性,将大学与社会政治、经济部门区别开来,解除附加于大学的各种不适当要求,切实解决大学制度与社会政治制度、经济制度同质化的问题,使大学制度回归其本来面目。

二、形式的外适性与内适性相结合

现代大学制度是内涵与形式的统一体。就内涵而言,现代大学制度包含了内在价值和外在价值;就形式而言,现代大学制度的表现方式既具有内适性又具有外适性。内适性与外适性的统一是现代大学制度维护大学作为学术组织特有的使命与满足社会政治经济部门现实要求的反映。19世纪初期的德国现代大学,改革学院制,废除神学院的领导地位,建立地位平等的学院制度,是为了适应对科学的探究和个性与道德的修养而建立的教育组织制度;教师的公务员身份制度是对古代大学教师身份制度的超越,是适应当时德国社会政治变革要求的产物。外适性与内适性相结合是各国现代大学制度在长期的发展演变中形成的不能忽视的形式要求。

我国大学制度外适性有余而内适性不足,看上去更像外部政治、经济部门的制度,而与大学应有的制度相去甚远。无论是大学领导管理体制,还是组织人事制度,抑或是教学科研制度,更不要说学生事务管理制度,都更像是社会政治部门或经济部门管理体制或制度，更多地表现为外部行政制度的形式，而缺少大学应有的制度形态。在大学各级行政管理人员的任用管理制度上，从科员到副部级官员的行政职衔制，典型地反映了大学制度的外适性特征，也使得大学制度为广大社会公众所诟病。不仅如此，在各种大学学术事务制度上，也主要采用了各种外部制度的形式。比如，大学学术委员会制度、学位委员会制度、教师职称评审委员会制度等都采用了行政委员会的组织形式和运行机制，使这些学术事务管理制度从形式到运行完全类同于各种外部行政委员会，没有发挥应有的作用。大学人才培养方案的制定和修订，科研项目的计划和评审，各种教学、科研工作的考核和激励等，无不借用行政管理制度或企业管理制度，使得本来应有的充分的学术讨论和协商没有用武之地。这种过度彰显外适性、内适性严重不足的大学制度不符合现代大学制度本质的要求，既无助于大学弘扬学术使命、组织资源谋求学术繁荣，也不利于大学保持与社会政治、经济组织之间应有的张力，在与其他社会组织的互动中，发挥不同但却是不可缺少的作用。

简单地抄袭或照搬外部社会制度使我国大学制度在形式上与外部社会制度完全等同，使大学能够在外部社会的直接影响下办学，并能直接为外部社会服务，但这却并不是现代大学制度的中国特色。现代大学制度的中国特色应当是进步的，是大学制度能够有效地促进大学科学办学、高质量发展、全面服务于社会经济繁荣和政治文明的。经验表明，片面地强调外适性不足以使大学制度成为"良制"，相反，还可能使其成为"劣制"，因而单纯的外适性不能成为现代大学制度中国特色的表征。建设现代大学制度，必须强化大学制度的内适性，使各种制度在形式上与大学的现代使命相吻合，使内适性与外适性有机地统一起来。改革行政化倾向是提升大学制度内适性的重要途径，但仅仅靠改革行政化倾向是不够的，还应当明确区分大学的学术与非学术事务的界限。在学术事务方面，严格地按照大学本质要求制定各种制度，使师生成为制度的主体，使制度规定要求及其运行有效地服务于师生教育教学和科学研究，从而保证大学的本体价值得到实现，并能在更大程度上满足社会政治经济发展的需要；在非学术事务方面，在保证其不与大学学术目的相抵触的前提下，可以借鉴社会政治或经济部门的相关体制和制度，以提高大学办学的效率及其社会适应性。这就是说，大学制度的外适性与内适性主要表现在不同内容的制度上，而其结合则是大学制度总的特征表现。

三、变迁的强制性与自主性相结合

大学制度是变化的,从动力来源看,分来自内部的和来自外部的。来自内部的动力即由大学自身基于内在发展要求所激发的制度改革动机,由此所引发的大学制度变迁具有自主性特征;来自外部的动力是指由大学外部的社会政治、经济部门所施加的变革影响,站在大学的角度看,由此所引发的大学制度变迁具有强制性和诱发性。一般而言,由来自社会经济部门的影响所导致的大学制度变迁往往具有诱发性,而由社会政治部门的影响所导致的大学制度变迁可能兼具诱发性和强制性。社会政治部门是权力部门,不仅掌握了公共财政的分配权,而且还掌握着各种大学事业的管理权,所以,由社会政治部门影响而导致的大学制度变迁既可能是诱发性的,也可能是强制性的。在不同的高等教育管理体制下,社会政治部门所施加影响的手段和方式是不同的,在分权管理的自主办学体制下,社会政治部门对大学的影响往往是间接的,因此,受社会政治部门影响而进行的大学制度变迁主要是诱发性的;在集权管理体制下,社会政治部门对大学的影响是直接而权威的,因此,大学制度变迁主要是强制性的。虽然诱发性的大学制度变迁受到了来自外部的影响,但这种影响仍然需要通过大学自身的判断和选择才可能产生效果,也就是说,在这种变革中大学在一定程度上也具有某种自主性。从这个意义上说,大学制度变迁主要面临的是自主性与强制性的关系。现代大学制度变迁不仅受到大学内在动力的推动,而且越来越多地受到来自外部政治、经济部门的影响,具有自主性与强制性相统一的属性。

我国大学制度变迁主要表现为过度的强制性,而大学的自主性较少得到体现。在传统管理体制下,我国大学缺乏自主办学权,尽管《高等教育法》规定了若干方面的自主办学权,但实际却没有得到很好的执行,不论是大学领导管理体制调整,还是大学组织人事制度改革,甚至大学各种教育教学制度更新,都受到党政部门的直接约束。除了国家法律对大学制度建设和变革有重要影响外,党政部门还常常以"规定""通知"或"意见"等方式发文对大学提出各种制度变革要求,法律和党政部门的制度变革要求是刚性的,大学不能不予理睬,不能有选择地执行,更不能拒绝和抵制。这就是为什么无论在哪个时期我国大学制度都表现出高度的雷同性、缺少个性、几乎一个模式的根本原因。由于过度强制性的制度变迁,我国大学制度还表现出多变性,任何社会政治形势的变化都会对大学制度变迁带来重要影响,引发大学制度随之发生改变。其结果就是大学制度总是在变来变去，似乎没有一个可以遵循的制度主轴，没有值得大学坚守的制度精神。这种制度变迁方式及其结果不利于大学建立符合自身逻辑的制度，不利于大学科学办学。

大学制度是为实现大学使命服务的，从内容到形式既要适应社会的要求，更要适应自身的逻辑。过度强制性的大学制度及其变迁方式，固然满足了现实社会政治的要求，但却并不能被视为现代大学制度的中国特色，因为其影响或结果并非是积极的，它无助于我国大学不断增强办学实力，提升学术水平，建设具有国际先进性的高等教育。尽管扩大办学自主权的改革使大学获得了一定的制度变革的自主权，但由于高等教育管理体制改革没有取得根本性的突破，大学所获得的自主权非常有限，制度变迁的主要动力仍然源自社会党政部门的要求。因此，建设现代大学制度，凸显中国特色，必须改革大学制度变迁方式，由过度的强制性转变为以自主性为主、强制性为辅的变迁方式，扩大大学对制度进行设计和变革的权力，激发大学制度变革的原动力，使大学制度的价值取向由单纯的工具性向本体性与工具性相结合转变，为我国现代大学制度的建立奠定可靠的基础。当然，要实现这种转变并不是轻而易举的事情，需要经过长时期的努力，更需要社会党政部门积极主动地调整与大学的关系，赋予大学完全的法人地位，使其能够自主地办理其内部事务，自主地谋划制度变革。

四、本质的行政性与学术性相结合

大学是社会的学术组织，其学术性具体而现实地体现在包括大学制度在内的各个方面，从而使大学在每一个方面都展现出学术性。大学制度的学术性主要有两方面的含义：其一，大学制度的根本目的在于促进学术发展与进步；其二，大学制度应当采用学术的组织形式或方式。学术性是大学制度的本质属性，它使大学制度与其他社会制度相区别，保证其身份认同。但与此同时，在适应现代社会发展要求的过程中，大学已经发展成为目标多样、规模巨大、体系庞杂、边界模糊的社会组织。除了庞大的学术体系外，大学内部还逐步建立了系统化的行政体系，成为与学术体系并存且并行的重要组成部分；在大学外部，大学的社会联系不只体现在维持其运转上，而且还体现在其功能的社会化上。复杂的社会关系的建立与维护既需要学术人员的参与，更需要行政人员的协调与保障。因此，在大学内外，行政性和行政化日益成为一个不容忽视的重要性征，包括大学制度在内，行政性制度和制度的行政化成为不可避免的主要趋势。因此，在现代大学制度中，学术性和行政性是其属性的两个重要方面,两者的结合反映了现代大学发展的必然。

尽管学术性和行政性都是现代大学制度的属性,但并非同等重要,两者的结合表现为行政性服务于学术的需要或学术性目的。所以,在成熟的现代大学制度中,学术性为其本质属性,而行政性则为其工具属性。但我国大学制度学术性较弱,行政性更强,与成熟的现代大学制度相比,还有较大差距。我国大学制度,不论是外部制度还是内部制度,更重视行政性目的,在某些时候,表现出更明显的行政色彩。

我国大学制度的行政性是大学异化的产物,建设现代大学制度,不但要扭转这种行政性属性,而且还要使大学回归本位,使其以社会学术组织的身份认同履行自身的使命。我国大学发展的社会环境是特殊的,其社会责任是独特的,我国所要建立的现代大学制度的中国特色,既要重视这种特殊环境和独特责任的要求,更要从大学的永恒价值出发,准确地把握我国现代大学制度现实与永恒的目的,将行政性与学术性有机地结合起来,创建我国现代大学制度的本质属性。在不同国家的大学中,行政性与学术性的结合有不同的制度安排,如果将行政性与学术性作为两种典型的不同的大学制度本质属性,分别置于一条连线的两端,那么,我国大学唯一的且必须的走向就是从行政性的一端向学术性的一端迁移,弱化行政性,强化学术性,使行政性融入服务学术的目的中去,实现行政性与学术性的有机结合。弱化行政性而不是消除行政性,既是现代大学制度共性的表现,也是我国特殊社会环境的要求。强化学术性,既是现代大学制度所必需的,也是针对我国大学的现实状况提出的根本要求。只有行政性与学术性有机结合才能表征现代大学制度的中国特色,才是我国现代大学制度属性的反映。

应当承认,我国现行的大学制度还不是现代大学制度,现行大学制度的特色也不能称之为现代大学制度的中国特色。我国的现代大学制度仍在建设之中,中国特色既是现代大学制度建设的价值取向,又是研究设计的目标对象。现实地看,我国大学制度在本质上是行政性的,在价值导向上是工具性的,在形式表现上是外适性的,在变迁方式上是强制性的,正是这些属性表明我国大学制度还不具有现代大学制度的性征,仍处于不成熟阶段。建设现代大学制度,就是要超越这些现实的属性,使我国大学制度既具有现代大学制度的共性,又具有鲜明的我国特色;既能与其他国家的现代大学制度一样,维护大学的永恒价值,彰显大学的学术精神,弘扬大学的学术使命,又能使大学服务于我国经济社会发展的现实和长远需要,满足我国经济社会发展的重大需求。

第六章

我国现代大学制度

最近一段时间,笔者受国内几所大学邀请,为学校干部和教师做关于现代大学制度的专题报告。这说明现代大学制度不只是学术界研究的一个热点问题,同时也是高等学校实际工作者关注的现实课题。在与学校领导干部和教师的讨论中,我们深切地感到,关于现代大学制度,还有很多问题需要从理论和实践方面加以澄清,以利于在高等教育改革与发展中创建我国的现代大学制度。

第一节　我国现代大学制度有其特定的内涵

很多人在谈到现代大学制度的时候,往往是从 19 世纪德国柏林大学的创办谈起。如果从世界高等教育发展的历史维度讨论大学制度的演进,把以柏林大学为代表的一批德国大学制度作为现代大学制度的典范,无疑是恰当的。在世界大学史上,19 世纪德国大学做出了开拓性的制度变革,使西欧各国中世纪大学在现代化的浪潮中,演变为适应社会转型和具有时代精神的现代大学。19 世纪德国现代大学制度是史无前例的!

但是当我们将视野从德国大学移开,考察一些相对后发国家大学的时候,就会发现在这些国家高等教育发展史上,现代大学制度无论在时空背景上还是在制度本身的内涵上,都与 19 世纪德国大学制度有一些不同之处。以美国高等教育发展历程为例,在整个 19 世纪,美国大学充其量只能算在学习和模仿欧洲大学的制度,尤以 19 世纪后期学习德国大学制度最具代表性。有人认为,约翰·霍普金斯大学的创办是美国第一所现代大学。笔者却以为,美国现代大学制度的建立是 20 世纪初期的事情,19 世纪后期都只能说是萌芽期。如果要说标志性事件,美国大学教授协会的成立可以看成美国现代大学制度形成的重要标志。虽然美国大学教授协会不是某一所大学的一项具体制度,但是,它的成立标志着:在美国大学,学者和学术活动开始受到社会组织制度的保护,传统上不受尊重的大学学者及其学术工作开始得到社会的承认,大学也开始在制度安排上尊重知识,尊重人才,大学教授因此开始享有比较充分的学术自由权利。很难设想,在一个学术不发达、学者不受尊重、学术专业地位卑微、学术活动缺乏基本制度保障的国家能够建立现代大学及大学制度。正是美国大学教授协会的成立以及由此所带来的学术自由等大学理念对大学制度变革的影响,美国大学开始焕发出旺盛的学术创造力,并借助天时地利人和在20世纪初期不太长的时间一跃而成为世界学术的中心。

在讨论我国现代大学制度的时候,人们一般都会从19世纪后期京师大学堂的创办开始。殊不知,京师大学堂成立后约20年时间,我国社会各种新思想、新思潮与传统思想、封建观念发生了激烈的冲突,社会在进步与倒退的多重变革中演进,但新办大学大都空有西方现代大学之形,而无西方现代大学之实。这一时期的我国大学基本上还是封建性的高等学堂,并没有培育出现代大学的精神,也就谈不上现代大学制度。

五四运动前后,以伟大的教育家蔡元培先生为代表的一批大学校长担负起了创建我国现代大学制度的使命。他们历尽艰辛,终于不辱使命,使我国大学完成了从封建的大学制度向现代大学制度的转型,解决了我国大学一贯被作为政府附属机构的地位问题,大学获得了相对独立的办学自主权,大学教师与大学生的学术责任和社会义务发生了根本性的转变,大学获得了相对宽松、自由的发展空间,大学的学术呈现出前所未有的繁荣。以北京大学为例,蔡元培先生主政初期,北大就确立了以研究高深学问为目的的办学宗旨,形成了学术自由的教育环境,建立了教授治校的管理体制,开创了开放办学、服务社区的办学模式。

我们今天所要建立的现代大学制度,既不是19世纪的德国大学制度,不是20世纪的美国大学制度,也不是20世纪二三十年代的我国大学制度,而是针对我国大学所承担的现实使命,在解决数十年来大学制度存在积弊的基础上,建立起来的新大学制度。冠之以现代,不过借用一个名词而已,表示与过去的不同。而这里所说的过去,在时限上应该是指从过去以来至今。如果一定要说它与前面所谈的大学制度有什么联系的话,它可能在大学精神上与前述大学制度有某些共同之处,但绝对不是等同的关系。因为今天我国大学所面对的社会环境、大学使命、大学的责任以及大学自身的内在矛盾与冲突都是独特的,大学制度是现实的,既为现实服务,也规范现实的表现。任何大学制度都是针对具体社会环境和大学条件的,离开了现实的、具体的社会环境和大学条件,再好的制度设计也只能是镜中花、水中月,不具有现实的可行性,不能成为现实的大学制度。

既然我们用了"现代大学制度"这个名称,那么,这个"现代"究竟是什么意蕴呢?这里首先要澄清一个可能的误会。有人可能有疑问:我们生活在现代,我们的大学也创办于现时代,难道现行的大学制度不是现代的?这里,"现代"一词已经超出了单纯的时限意义,而成为内涵更为丰富、意义更为广泛的某些特性的代名词。

在现代大学制度中,"现代"的意义应当包括以下几个方面:一是主体性。大学应当是独立的,应当以独立法人的身份承担社会责任,履行社会义务,完成自身的使命。二是开放性。大学应当是开放的,应当以开放的姿态接纳各种学术思想、各种学术流派,包容人类各种不同的文化,增进不同文化的交流与融合,促进文化互动、相互理解和国际化。三是人文性。我们的大学应当更加关注人性与人的发展,实现科学教育与人文教育的融合,致力于人与自然的和谐共存和社会与自然的可持续发展。四是卓越性。大学应当更加关注质量,更加关注效率,更加关注社会进步和文化发展的需要,用优异的人才、创新的科学成就和高品质的服务促进社会的进步。

第二节　我国现代大学制度有着丰富的内容

在阐释现代大学制度的时候,很多人认为,我国现代大学制度所要解决的核心问题是大学与政府的关系问题,因此,现代大学制度就是围绕大学与政府的关系所做出的新的制度安排。诚然,大学与政府的关系是我国高等教育改革与发展所面临的一个重大问题,大学制度改革与重建不得不高度重视大学与政府关系的变革,甚至大学制度本身就包括了有关大学与政府关系的制度设计。但是,大学与政府的关系只是大学制度的一个重要方面,并不是大学制度的全部,大学制度所涉及的范畴要比大学与政府的关系所涉及的范畴要广泛得多,它不仅包括大学外部各种社会关系的制度构架,而且更为重要的是,它应当回答大学内部各种功能活动及其他相关活动的制度性规范是什么的问题。也就是说,大学制度既包括外部的制度,也包括内部的制度,是大学外部制度与内部制度的有机统一。这种统一性,一方面表现为内部制度在外部制度的背景下发挥影响和作用,在一定条件下,内部制度的设计与建设受到外部制度的约束;另一方面,外部制度通过内部制度发挥其影响力,内部制度的构架对外部制度的影响具有放大和消减的双重作用。在什么情况下放大、在什么情况下消减,取决于内部制度的设计理念与大学运行传统,当然,也受到外部制度性质的作用。

常言道,没有规矩不能成方圆。大学制度的目标导向是使大学在一定的规范与基本要求下实现其功能。我们今天探讨建立现代大学制度的目的是要解决我国大学在现实和未来的办学与发展中面临的基本问题,保护大学的功能性活动,促进大学的有效运行,使大学建立起与政府和社会协调共进、良性互动的和谐关系,更好地发挥大学作为现代社会的轴心的作用。长期以来,我国大学制度变化不定,变化的动力主要来自大学之外。每当政治、经济形势发生变化,大学制度也会随之发生改变。当时在整个社会高度政治化的背景下,大学和大学制度也被政治化了,大学的办学宗旨、培养目标、课程体系、教育教学活动以及学生组织与管理无不深深地受到政治化的影响,大学制度更成为政治制度的一个组成部分,不论是大学与政府、政党的关系还是大学内部的制度构架都依照一定的政治思想和组织原则来定性和进行制度安排。大学制度的政治化曾对我国大学产生了深刻的影响,主要表现为:大学功能的工具化、大学使命的政治化、政治原则和标准成为大学办学的最高准则。

政治化的大学和大学制度没有使我国大学走上中兴之路。历史的教训是沉痛的、深刻的。改革开放以来,大学和大学制度去政治化的改革已经使我国大学开始走上正常发展之路,大学开始焕发出一定的生机与活力,学术事业开始呈现出繁荣的景象。但是,由于制度的改革并不是一朝一夕就能完成的,加之社会政治、经济变革也不是一蹴而就的事情,所以,我国大学制度依然存在一系列问题。突出地表现为:第一,大学的主体地位还没有完全建立起来,大学仍然处于附属地位;第二,大学的行政权力影响大,人才培养、科学研究等功能性活动都受到行政权力的影响;第三,大学的办学仍然按计划体制运行,教育教学、科学研究和社会服务并没有真正形成自身发展的逻辑与机制;第四,在与社会的复杂联系中,大学的定位趋于模糊不定,大学功能的泛化现象越来越严重;第五,大学依然没有形成自身成熟的独特的精神和文化传统,因而精神和文化对大学的作用尚未显现出来。

有鉴于此,我国现代大学制度应当包括以下几个方面的内容。

第一，大学法人制度。《高等教育法》赋予了大学自主办学的法人地位，但是，大学的法人制度并没有建立起来。比较《高等教育法》正式施行前后大学的地位以及大学与政府和政党的关系，人们预期的变化并没有出现。到现在为止，成文的关于大学法人权利与义务及相关保障制度的文件尚未出台，大学的运行基本上沿用以往的那一套制度、规范，很多大学都制定了章程，但大多没有发挥作用，聊胜于无。这种状况是无助于大学自主办学的，无助于改变我国大学"千校一面"的计划模式的。

第二，服务性的组织制度。改革开放以来，在"领导就是服务""管理就是服务"理念的推动下，大学的组织管理工作有了一定的改善，行政管理人员的认识和工作作风有了一定的改进，但是，由于大学组织制度并没有根本性的改革，所以，整个组织管理工作中存在的官本位做派并没有改观，学校的全部办学资源都掌握在各级行政管理部门和行政管理人员手中，他们享有大学资源的支配权，师生围着行政管理人员转，教学科研听命于行政管理部门和行政人员。这一积弊是不符合大学作为学术机构要求的，它的存在只会阻碍学术事业的发达。大学的组织管理工作不是学校的功能性活动，而是辅助活动，是为功能性活动的有效开展起帮助、支持和维护作用的，因此，相关制度应当是服务性的，组织管理的价值体现在服务于师生和师生的教学研究活动中，组织管理制度应当确保相关工作发挥其服务职能。

第三，人性化的教育制度。在计划体制下，我国大学形成了一套机械的教育制度，大学生的学习没有选择性，没有灵活性，教育教学讲求统一标准、统一要求，缺少针对性，缺少个性化，对大学生个人发展的可能和潜力缺少关注。改革开放以来，我国大学数度推行学分制，但困难重重，进展有限。如何让我们的大学围绕大学生的个性发展组织教育教学活动，设计人才培养计划，是建设现代大学制度不能回避的重大课题。大学的教育制度应当是人性化的，大学应当充满人文关怀。

第三节　我国现代大学制度应当是国际性与本土化的统一

现代大学制度是一个国际性话题。每一个国家的现代大学制度都是针对各国大学特定的社会制度和文化传统而设计和建设的，有着强烈的本国特色，因此，就有德国现代大学制度、美国现代大学制度、日本现代大学制度之说。不同国家的现代大学制度有没有共同性呢？要回答这个问题，得要理解大学的国际性。大学是一种既古老又现代的社会组织,不论是古代的大学还是现代的大学,都承担了亘古不变的使命——培养人才,传承文化。尽管不同时代各国大学存在和发展的社会环境各不相同,但是,在培养人才和传承文化方面,各国都有一些共同的制度安排。尤其是人类社会进入近现代以后,随着国际交往与交流日益广泛地推进,各国在大学制度上的相互学习也越来越多,先进的大学制度各国往往趋之若鹜地学习。比如,德国现代大学制度曾经影响了世界各国现代大学制度的变革,而且其制度精神至今仍然影响着世界大学;美国现代大学因其 20 世纪的辉煌成就而受到各国大学和学者的青睐,其大学制度也为各国所仿效。应当注意的是,在现代大学制度的国际学习中,各国并没有完全抄袭和照搬他国的制度,而是在尊重本国国情和文化传统的基础上移植了某些具有共通性的制度精神,建设性地学习和借鉴了他国的某些制度安排。因此,就有了美国学习德国现代大学制度,而形成了美国自己的现代大学制度,日本学习德国和美国的大学制度,造就了日本特色的现代大学制度。

创办现代大学之初,我国就开始学习国外现代大学制度。在一个多世纪的历史中,我们曾经学习过日本的大学制度、德法和美国的大学制度以及苏联的大学制度等。这些学习在当时都对我国大学制度的建立和大学的办学产生了重要影响,有些影响至今仍在。但是,我们今天要建立的现代大学制度与历史上曾经进行过的探索并没有多大的共同性,原因在于:首先,今天和未来我国大学的内外生存环境已经发生了根本的变化;其次,我国大学制度所要解决的矛盾是现实的,这些矛盾产生于现实环境之中,也只有在现实中才可能得到解决;再次,我国已经发展起了世界上规模最大的高等教育系统,高等教育正在走向大众化,大学所承担的社会责任绝不是以往任何时期的大学可以相媲美的。

当然,今天我们建立现代大学制度不能忽视国际经验,要从国外大学制度成功的经验中汲取于我有益的原则、规范、机制、标准、组织形式和大学精神等,把国外的经验融入我国大学的现实环境中去,并结合我国大学的条件使其中国化。只有这样,国际性的现代大学制度才可能在我国大学生根、发芽,成为我国大学繁荣发展的保障。

我国现代大学制度最终要靠我国高教界的智慧来创造和建立,国外大学不可能为我们预备一套现成的适合我国国情和文化的现代大学制度。大学制度本身是社会文化的再现,不同的社会文化为大学制度提供不同的文化特质,历史悠久、博大精深的中国文化是我国现代大学制度植根的土壤。当年蔡元培先生正是将西方现代大学制度与我国深厚的文化传统完美地结合起来,开一代风气之先,建设了一个新北大,使我国大学开始走上现代化之路。

国际性与本土化结合是建设我国现代大学制度的必由之路。没有国际性,我们的大学制度不可能获得现代大学自由之精神;没有本土化,我们要建立的大学制度可能丧失生命力。

第七章
教授治学的理念与实现路径

    大学是社会的学术组织,学术性是大学的本质属性。由于每个民族国家的历史传统、文化背景和教育基础不同,各国大学的学术属性的释放程度表现出很大差异。我国现代大学具有与生俱来的行政化色彩,中华人民共和国成立后又经历了全面的政治化改造,加上学者的双重所有制,学术性在我国大学并没有完全得到彰显。在过度行政化的大学中,很多学者不把献身学术作为职业理想,而竞相角逐一定的行政职位,以进入行政体系为依归。因此,有人认为,提倡教授治学,目的是让学者回归学术、潜心教学和探究学问,尽管不能说完全没有道理,但应该说,在很大程度上它是对教授治学的一种误解。究其根本,教授治学是我国现代大学一种重要的管理理念,所以,应当将教授治学放到一个更广阔的视野下来探讨。

第一节　教授治学是一种重要的大学管理理念

    在现代大学发展史上,西方大学主张教授治校;20世纪二三十年代,我国大学也曾经推行教授治校理念。教授治校和教授治学,虽然只有一字之差,但其所包含的意蕴却存在显著差别。教授治校是西方中世纪以来大学作为学者共同体传统的重要标志,但我国现代意义的大学从一开始就不是学者共同体组织,而且由于现代大学的高度复杂性和大学功能的高度社会化,即便西方大学也发生了深刻的变革,教授治校已经不再是其唯一的治校理念,国家干预、市场调节和学校行政管理都发挥了重要作用。因此,尽管教授治校在西方大学仍有其不容置疑的文化意义,但在我国,却不能对其进行简单化的移植。教授治学正是根据我国国情和高等教育改革与发展的实际需要所提出的适合我国大学的管理理念。

一、教授治学是大学的学术本质的要求

大学不是因为有行政官员才得以存在,而是因为社会不能没有学术而开办的。在我国大学管理中,由谁来管学,长期以来并没有得到很好的解决。从字面看,教授治学就是教授治理学术,它包括了三个关键要素,即教授、治理和学术。从实质看,教授治学是从大学本质属性出发,根据我国国情和国际先进的大学管理经验,所提出的新的重要的管理理念。

教授治学的核心是学术,其目的在于促进学术更好地发展。大学的学术有其特定的内涵。《新编汉语词典》对"学术"一词的解释是:"指有系统的、较专门的、理论性较强的学问"①;《辞海》对其的解释是:"指较为专门、有系统的学问"②;《中文大词典》对其的解释是:"统指一切学问而言"③。尽管这些工具书对学术的解释存在一定的差别,但是,其实质都是相同的,即学术包括了知识和知识活动,这是学术的内核,是大学不可或缺的构成要件。④ 教授是学术的化身,教授不但掌握了学术,而且还担负着将学术转化为学生的知识、能力和素质的责任。历史的经验教训表明,如果只是将教授的职责局限于掌握学术和教化学生的话,大学是难以遵循学术发展的要求,成就其卓越发展的目的的。

大学的成功系于学术的繁荣,学术的繁荣必须遵循学术的逻辑,这就是我国提出教授治学的基本依据。也就是说,教授治学是基于大学的学术本质而提出来的管理理念,其着眼点在于实现教授参与治理学术,使教授成为参与规划学术发展方向、合理配置学术资源、协调学术关系、评价学术成就的重要力量。

二、教授治学的核心是发挥教授作为大学办学主体的作用

在西方国家,大学曾经是学者的行会组织,⑤学者们自由结社,组织教学活

---

① 李国彦. 新编汉语词典 [Z]. 长沙:湖南出版社,1993:1107.

② 《辞海》编辑委员会. 辞海(中) [Z]. 上海:上海辞书出版社,1979:2576.

③ 中文大辞典编撰委员会. 中文大辞典(第九册) [Z]. 北京:中国文化研究所,1982:353.

④ 别敦荣. 高等教育管理与评估 [M]. 青岛:中国海洋大学出版社,2009:97.

⑤ 〔美〕伯顿•克拉克. 高等教育新论——多学科的研究 [M]. 王承绪,等,译. 杭州:浙江教育出版社,2001:29.

动,共同维持行会的运行,保护学者群体的权利。正是在这个基础上,西方国家形成了教授治校的大学管理理念和传统。大学发展到今天,已经超越了学者行会的组织特征,承担了人才培养、科学研究、社会服务、文化传承等诸多社会使命,成为具有重大社会影响的学术组织。所以,不论在西方还是在我国,大学办学主体多元化已经是一个不争的事实。

中华人民共和国成立以来,将教授作为大学办学主体来对待的问题长期没有得到很好的解决。改革开放以来,大学的办学秩序逐步得到了恢复,教学、科研和社会服务职能不断得到加强,尽管教授的政治和经济地位得到了提高,学术地位不断巩固,但在大学办学中的主体地位问题并没有完全得到解决。教授治学将教授置于学术治理的框架之中,使教授由学术管理的边缘人成为学术治理的主体之一。这不仅有助于让学术回归其本位,使大学更像大学,而且将凸显教授的专业价值,使教授成为重要的办学主体,从而彰显教授在大学办学中的主体作用。

三、教授治学是共享治理的现代学术民主精神的体现

现代大学不再是游离于社会之外的学术象牙塔,而是与社会建立了息息相关、唇齿相依的共生关系,大学内外诸多要素对学术的影响不断增强,从而形成了多要素参与、共同治理学术的局面。大学外部的政府、市场等要素不但对学术有着巨大而多样的需求,成为学术的高度相关者,而且通过其特有的体制和机制影响学术及其发展,甚至控制学术的命脉。大学内部的非教学人员不但规模不断增长,而且地位日益增强,成为影响大学内部学术运行和发展的重要力量。

在我国,党和政府是大学的领导,对大学行使统一领导权力。大学实行党委领导下的校长负责制,党委领导、校长治校、民主管理对我国大学办学发挥着决定性的作用。为了加强学术管理、发挥学术权力的作用,党和政府提出了教授治学的思想,这是适应我国大学发展要求的。所以,承认有关各方的利益及相关的权利,建构现代学术的共享治理关系,是现代大学制度建设的重要任务。教授治学正是从遵循大学的学术本质、维护大学的根本使命出发所提出的具有时代意义的重要管理理念,体现了现代大学共享治理的学术民主精神。

第二节　教授治学的内外在条件

提出并落实教授治学理念是我国大学回归本质，走向卓越的必然要求。作为一种新的大学管理理念，无疑需要有与之相适应的内、外在条件，否则，无论理念多么先进，都是难以在现实中付诸实施的。

一、教授治学的内在条件

教授治学是针对教授对学术的影响而言的，因此，学术和教授属于教授治学的内在范畴，学术的成熟程度和教授的发展状况与教授治学存在直接的、本质的、必然的联系。从教授治学的目的看，其内在条件主要包括以下几个方面。

（一）发展比较成熟的大学学科专业

大学是由众多学科专业组成的学术联合体，其社会功能是由各学科专业独立或共同承担的。学科专业的成熟程度与教授在学科专业问题上的话语权和治理权有着密切的关系，成熟度越高，教授的话语权和治理权越能得到承认和尊重，反之亦然。

我们知道，任何组织都是为了特定的目的而成立的，大学是为了履行人才培养、科学研究和社会服务职能而成立的学术组织，所有这些职能都是在学科专业的基础上实现的。所以，大学学科专业的成熟度与其职能的复杂性高度相关，学科专业的成熟度越高，大学所发挥的职能越复杂，办学所要解决的问题也更复杂和专业化；学科专业的成熟度比较低，大学所发挥的职能也相对比较单纯，办学所面对的问题也比较简单。教授是大学学科专业与其职能之间的中介，没有教授，学科专业无从履行大学职能；没有教授，大学职能就没有了主体，就无从得以实现。因此，大学的学科专业发展越成熟，其职能的实现就越依赖教授的专业权威。

历史的经验教训表明，在大学学科专业发展水平不高，大学的职能仅仅被局限在本专科教育，且很多时候正常的教育秩序还难以得到保障时，教授的权威性是不受重视的。改革开放以来，我国大学学科专业持续发展，学术积淀不断增加，水平不断提高，研究生教育、科学研究、技术开发、社会服务等职能不断加强，与之相适应，教授在学科专业领域的地位日益得到强化，在实现大学的复杂性职能中发挥着越来越不可替代的作用。

有了发展比较成熟的学科专业,教授治学就有了最可靠的学术基础。学科专业发展水平越高,职能越复杂,大学就越有必要发挥教授的专业权力,使教授参与到大学治理中来,与有关各方共同担负起发展学科专业、履行学术使命的责任,成为大学治理结构中不可缺少的重要成员。

(二)形成以学术为志业的教授群体

在教授治学理念中,教授的治理权是以教授的学术修养和专业智慧为基础的,教授以学术价值准则为依据,根据自身的学术经验和修养,对学术运行与发展问题做出专业判断,并从专业角度提出解决问题的建设性意见。因此,教授的学术修养和专业智慧是教授治学不可缺少的必要条件。

教授与学术有着天然的联系,教授的学术修养和专业智慧源于其以学术为志业的职业理想。只有以学术为志业,教授才能数十年如一日,不计功名地将学术作为安身立命的终生事业,潜心学问,在人才培养、科学研究和社会服务中不断提高自身的学术修养和专业水平,在大学的学术事务中不断提高自身的专业权威,从而增强其在学术运行与发展中的话语权和治理权。

大学不是世外桃源,我国的社会文化和市场经济体制对大学及其学术运行与发展有着重要的影响,教授生活在现实世界之中,也会受到文化和市场经济的影响。有的教授弃学从政,有的教授官学一肩挑,有的教授亦教亦商,"身在曹营心在汉",以教为辅、以商为主,还有一些教授为了生计入职,为了工作量和课时费奔波劳顿,缺乏学术理想和专业精神。所以,落实教授治学理念,必须形成以学术为志业的教授群体,保持教授群体的学术公平正义,使教授成为大学治理中维护学术价值、捍卫学术尊严的可靠力量。

(三)树立基于科学理性的共享治理精神

落实教授治学理念,并非只需教授参与到大学治理之中来就达到了目的。教授治学其实只是一种手段理念,并非目的理念。落实教授治学,是为了使大学的办学能够遵循学术发展的逻辑,回归正轨,以更高的水平履行大学的使命,因此,在大学治理中,必须树立基于科学理性的共享治理精神,将共享治理置于理性的前提下,从而保证教授治学真正能够达到目的。

大学需要科学理性,这既是大学本质的需要,也是落实教授治学理念的要求。只有树立基于科学理性的共享治理精神,教授的参与治理才可能真正发挥作用,教授的学术修养和专业智慧才可能受到尊重,教授才可能成为大学治理结构中与党务人员和行政人员共享治理权力的重要成员。

二、教授治学的外在条件

仅有内在条件，还难以保证教授治学理念的落实。作为一种新的大学管理理念，教授治学要在大学中发挥其应有的作用，还需要有相应的环境、资源和制度作保障，否则，其命运也可能如同过眼烟云，由于缺乏相应的环境、资源和制度保障其实施，一种好的思想观念尽管得到了提倡，但其对大学的影响就如同一阵风吹过，留不下什么痕迹。就教授治学理念而言，它所需要的外在条件主要包括以下几个方面。

（一）宽松的大学文化环境

落实教授治学，离不开宽松的大学文化环境。教授治学所不可缺少的科学理性只能在宽松的大学文化环境中才有生存的空间，教授的学术修养和专业智慧也只能在宽松的大学文化环境中来培育，更为重要的是，在共享治理的框架中，和谐、包容和自由的大学文化环境对发挥教授参与治理的作用具有至关重要的意义。

大学文化是其成员在从事各种活动的过程中所形成和传承的一种特殊的区域亚文化。它包括影响所有大学成员的价值观念、思想信念、规章制度、行为规范、生活方式、物质环境等要素，[①] 其核心是价值观念和思想信念。作为学术组织的大学，其文化价值和信念应当以尊崇学术至上为使命，以敬畏知识、弘扬人性为准则，以追求学术卓越为目的。秉承这样的价值和信念的大学，其文化必定是宽松的，其环境是和谐、包容和自由的。在这样的大学文化环境中，科学理性得到张扬，学术讨论、争鸣和创新成为校园文化的主流，教授的学术修养和专业智慧能够对学术运行与发展发挥积极的作用。

在大学共享治理的框架中，价值冲突是不可避免的，政治价值、行政价值、经济价值和学术价值之间的博弈将成为共享治理的主要形式。如果没有宽松的文化环境，政治价值或行政价值凌驾于其他价值之上，或者经济价值先入为主或优先考虑，都不可能实现真正的大学共享治理。因此，落实教授治学，应具有现代大学精神，构建宽松的文化环境，为落实教授治学创造适宜的条件。

（二）合理的大学资源配置

大学是一种资源消耗性组织，大学所消耗的资源主要由外部供给，其自身

---

① 别敦荣. 高等教育管理与评估［M］. 青岛：中国海洋大学出版社，2009：213.

不具有自给能力。大学的学术活动及其职能实现在很大程度上受资源制约，资源的可获得性和资源的配置方式对大学各院系、各学科专业以及各种职能的实现有着重要的影响。落实教授治学理念，要求大学采用合理的资源配置方式，根据大学职能需求决定资源的流向和流量，使科学理性主导资源配置，为教授的学术修养和专业智慧在共享治理中发挥应有的作用创造有利的条件。

教授治学的重要内容之一就是影响大学资源配置，使大学资源的配置符合学术发展的需要。因此，改革大学资源配置方式，合理配置大学资源，既是大学回归学术价值本位的需要，也是落实教授治学理念的要求。建立科学理性主导的大学资源配置方式，维护学术价值的影响力，就能使教授的话语权和治理权在大学学术运行与发展中大有用武之地。

（三）制度化的学术权利保障

学术权利是大学教师享有的从事学术工作的权利，既包括教师在校内从事教学和科研的权利，也包括教师在校外甚至在国外进行学术交流与合作、出版发表学术论著、演讲和发表专业言论、专业咨询与社会服务等的权利。因此，学术权利既是一种工作权利，又是大学教师所享有的一种特殊的专业权利，对大学教师有着至关重要的意义，其制度化保障不仅有助于解除大学教师职业的后顾之忧，而且能够为教授治学理念的落实奠定制度化的基础。

由于相关制度建设滞后，我国大学学术权利保障状况还不尽如人意。因此，个别教师弃学从官，或官学兼顾，还有个别教师背离学术价值导向，遵从政治价值、行政价值或经济价值行事，使大学的学术运行和发展与学术的逻辑渐行渐远。在这种背景下，教授治学是缺乏相关的制度基础的。加强学术权利保障制度建设，维护学术自由，保护教师的学术权利，激励教师潜心学术，使其将个人理想和人生价值寄托于学术而非政治、行政或金钱。在这样的制度和氛围下，教授治学才能获得整个学术职业的保障，教授的学术修养和专业智慧才能对学术运行与发展发挥重要影响。

第三节　教授治学的实现路径

教授治学是我国现代大学重要的管理理念，提出的时间不长，人们对它的认识还非常有限，在实践中也还没有获得成熟的经验。尽管欧美国家的教授治校传统已经比较成熟，且在不同国家都形成了典型的组织模式，[①] 但由于教授治学和教授治校本身是两种不同的大学管理理念，它们提出的社会背景、所包含的价值精神和大学的环境与条件都存在很大差异，所以，落实教授治学不能照搬欧美国家的教授治校的经验做法，必须立足我国大学实际，大胆探索，不断完善，逐步建立有中国特色的教授治学体系。

一、充分认识教授治学之于我国大学的重要意义

深刻认识教授治学的意义，准确解读教授治学的本质，是解放思想观念，落实教授治学的必要手段。教授治学理念是在新的历史时期，基于我国大学改革与发展的现实和长远需要而提出的。经过 30 余年的恢复和发展，我国高等教育发展已经步入了一个崭新的时期，迈上了建设高等教育强国之路。与之相适应，我国大学越来越注重内涵发展，越来越重视提高质量和水平。正因为如此，教授治学不仅有着重大的现实意义，而且有着深远的历史意义。落实教授治学，有助于推进现代大学制度建设，完善大学领导管理体制机制，建立新的多元共享治理模式，使学术价值回归大学主体价值，使大学按照其本质要求办学；有助于改变教师单纯的被管理者身份，使教师成为大学不可缺少的参与治理者，使教授作为教师群体的代表在大学学术运行与发展中发挥重要作用；有助于大学张扬学术本质，激励师生员工倾心向学，不断提高学术生产力和学术水平，追求学术卓越与优异。

二、大胆探索各种行之有效的组织体制机制

落实教授治学，大学需要建立相应的组织体制机制。各大学的情况和条件不同，落实教授治学的组织体制机制不可能完全一致，在不同层次和办学水平的大学，教授治学可以有不同的方式。有学者将成立教授会等同于教授治学[②]，有学者将党政领导退出学术委员会看作是教授治学[③]，还有学者将教学和科研的有关问题交给教师委员会研究讨论看成是教授治学[④]，更有甚者将教

---

① 〔美〕伯顿·克拉克.高等教育系统——学术组织的跨国研究 [M].王承绪，等，译.杭州：杭州大学出版社，1994：137-143.

② 张君辉.中国大学教授委员会制度的本质论析 [J].教育研究，2007（1）：12.

③ 罗曼，党波涛.华中师大校领导退出学术委员会 [N].中国教育报，2010-10-30（3）.

④ 郑晋鸣.改革从权力下放"突围"将治学权真正交给教授——南京师范大学对现代大学制度的探索 [N].光明日报，2010-11-11（2）.

（职）工代表大会发挥审议监督职能作为教授治学的方式。① 所有这些都是对教授治学的误解。从本质上讲，教授治学不是一种具体的管理措施，不是一个具体的管理机构，也不是一种具体的管理职能。作为一种大学管理思想，它的落实需要对整个大学管理体制进行再设计和再建构，在传统的党政二元管理体制的基础上，根据教授治学的要求，建构多元共享治理的大学管理新体制。也就是说，落实教授治学，应当改革大学管理体制，使教授成为大学管理的重要力量，在大学的各级各类管理组织机构中，建立健全教授参与制度，为在大学管理中充分发挥教授的学术修养和专业智慧的作用创造条件。各大学应当解放思想观念，大胆探索，勇于创新，在实践中发现和总结行之有效的教授治学的组织体制机制，以提高大学管理水平，促进大学科学发展。

三、建立彰显中国特色的教授治学体系

百余年来，在我国现代大学发展史上，尽管我们不断有自身的管理组织探索和创新，却少有管理思想的创新，更多时候我们是在借鉴和倡导欧美国家的大学管理理念。教授治学是根据我国国情和大学发展要求提出的大学管理新理念，是我国现代大学制度的主要内容之一，既有重大理论意义又有广阔的实际需要。落实教授治学不应局限于一时一事，而应着眼于我国大学管理的全局和大学发展的长远，从创新大学领导管理体制出发，进行理论设计和实践探索，形成一整套体系严密、内容丰富、体制完备、适用有效的富有中国特色的教授治学体系。为此，我们应当加强理论研究和实践探索，以理论研究支持实践探索，以实践探索丰富理论研究，重构管理组织体制机制，使教授治学成为根植于我国国情和我国大学，并对我国大学改革与发展发挥重大影响的"品牌"理念。

---

① 刘庆生，王小明，丁俊玲，蔡蓉，孙磊. 构建"教授治学"的现代大学民主制度 [EB/OL]. http://rec. snnu. edu. cn/show. asp?id=1212.

大学是社会的学术组织,学术性是现代大学的本质属性,也是现代大学之所以存在的价值所在。改革开放 40 年来,我国大学的学术性显著增强,大学在社会高级专门人才培养和文化科学技术进步方面发挥了史无前例的作用。但改革仍在路上,我国大学的现代性仍未得到充分的彰显,不论是其价值追求,还是组织运行逻辑,抑或是师生员工的精神品格,都还存在诸多不尽如人意之处。建立现代大学制度,必须推行现代大学制度改革与建设,改革行政化倾向,解除行政化的桎梏,回归学术本质,使大学摆脱平庸化的窠臼,走上学术兴旺繁荣之道。

第一节　行政化与现代大学本质的迷失

由于先天不足和后天发育不良,在其百余年的发展历程中,我国大学虽然建立了现代大学的组织形态,但并没有形成现代大学的本质属性。

一、过度行政化导致现代大学组织特性迷失

现代大学是作为社会的学术组织而存在的。欧美国家现代大学脱胎于中世纪的教会大学,在现代学术的浸润中,形成了学术组织的属性。我国现代大学的出现有其特殊的历史背景。清末京师大学堂、北洋西学学堂、南洋公学等早期现代大学,产生之初就带有浓重的行政化色彩,由政府或政府部门举办,校长和主要管理者由政府委派或任命,所设学科门类和课程由政府指定或由政府法令规定。民国初期和国民政府时期,蔡元培等一批仁人志士引入西方现代大学教育理念,力图塑造大学的学术组织属性,但由于政府控制未曾减

弱,大学的行政化色彩亦未能消除,所以,大学的学术组织属性并没有能够发展起来。现代大学不但是社会高级专门人才培养组织,而且是知识传播、科学发现和技术创新组织;不仅承担着精英人才培养的责任,而且具有实施大众化教育、普及化教育的使命。大学能否履行这些责任和使命,取决于多种因素,比如,大学的学术传统与文化、教师的专业素养与职业能力、学生的人生理想和学习兴趣,等等。当然,大学的行政化也有着重要影响。现代大学职能多样,办学规模庞大,需要一定的行政机构和行政人员来整合办学过程,协调资源配置和组织运行,但过度的行政化则必然影响大学履行学术职责和使命。在过度行政化的大学中,学术决策可能偏离学术逻辑,学术资源配置可能更多地体现行政的喜好,学术活动可能更多地反映行政的要求。正如罗伯特•伯恩鲍姆所描述的,那样的大学“犹如一个巨大的铁笼,将人固定在其中,压抑人的积极性和创造精神,使人成为一种附属品,只会机械地例行公事,称为没有精神的专家,没有情感的享乐人……”

二、过度行政化导致现代大学精神式微

春天到了,农民要在冬歇的土地上播种庄稼。在播种之前,农民要做的第一件事就是耕地松土,以便于播撒的种子能够发芽扎根。宽松包容的大学环境是学术发展的土壤。《教育规划纲要》提出:“尊重学术自由,营造宽松的学术环境。”这不仅是对大学一般文化环境建设的要求,而且是对我国现代大学精神培育的要求。

在计划经济体制下,我国大学办学完全依据行政指令性计划,缺少灵活性。改革开放以来,政府与大学的关系得到改善,行政指令方式的影响有所减少,大学办学的自主性有所增强,学术自由的环境不断得到改善。但与此同时,也应该看到,我国大学过度行政化的问题还没有从根本上转变过来,过度行政化对大学办学的影响仍然存在。从外部来看,政府部门主要还是通过直接管理大学办学的具体事务的方式行使管理职能,几乎大学办学的各个方面都有政府部门进行管理,政府的宏观管理体系和机制还不健全,宏观管理职能还比较弱。从内部来看,大学自身各级行政部门主导办学工作,从教学、科研到社会服务等都受到行政部门严格而全面的管理。在这样的环境下,大学的宽松度、包容性是很不足的,大学精神的影响是微弱的。

过度的行政化不仅影响大学行政组织建设,而且影响大学运行及其功能的实现。在过度行政化的环境中,行政制度、行政要求成为大学教学、科研和

社会服务的准则与规范。比如，行政性的量化指标往往成为学术活动的评判标准，个别教师为了教学工作量和科研工作量要求而工作，教学过程中缺少了心灵的对话和心智的启迪，科研中缺少了对真理的热爱和对科研精神的敬畏，行政部门往往根据教学工作量和科研发表及成果的影响因子来对教师给予精神和物质的激励。如此办学，必然导致一部分大学人不知大学精神为何物，一部分大学人尽管对大学精神有所认知，但因为学校并不崇尚大学精神，因而将之弃置一边，而去追求一些功利化的目的。

三、过度行政化导致现代大学教育主体缺位

大学的根本价值在于育人，大学的育人功能是通过师生之间的教育活动实现的，因此，师生之间的教育活动是大学的中心活动，大学管理的价值就在于满足教师和学生的需要，以实现育人价值。也就是说，在大学教育中，行政管理应当服务于教师、学生及其教育活动，是从属于教育的工作。但在过度行政化的背景下，大学教育与行政的地位发生了漂移，师生在大学教育中的主体地位未能得到保障，大学教育陷入了主体缺位的困境。

尽管 20 世纪 80 年代中期以来，政府对大学下放了一部分教育教学管理权力，但这部分权力并没有遵循学术的逻辑在大学中进行二次分配，而是被集中于校级领导和职能部门，形成了校级集权管理。[①] 由此带来的后果是，师生的需要没有得到充分重视，人才成长的规律得不到遵循，师生不是在做他们想做的事情，不是在做他们应该做的事情，而是在做他人决定的事情。比如，在人才培养目标的确定上，教师和学生没有话语权，更不可能对人才培养目标的确定发挥什么影响。这就是说，教师和学生对于自身在教育教学中所追求的目标不但没有决定权，甚至连话语权都非常有限。在课程设置和教育内容的选择上，教师的影响力也是有限的。总之，在大学教育教学过程中，行政化导致师生的主体地位得不到实现，师生缺位现象普遍存在。

第二节　现代大学本质的演变

大学是历史积淀的产物，在古代大学向现代大学转型的过程中，其本质也经历了一个逐步演进的过程。现代大学既有其现代性的开拓，也有对其传统

---

① 别敦荣. 高等教育管理与评估 [M]. 青岛：中国海洋大学出版社，2009：103.

性的坚守。在新的时代和新的环境下,传统中富有生命力的元素得到了继承和弘扬,与此同时,富有时代精神的现代特征更成为现代大学的标识。

一、现代大学是一个特殊的学术共同体

大学首先是由师生组成的共同体,教师和学生为了追求真理、探究学问而聚集到一起,组成社会的学术共同体。"大学是一个由学者与学生组成的、致力于寻求真理之事业的共同体。"[①] 这是大学区别于其他社会机构的特点之一。学生对教学的需求,是大学产生的原动力。"没有学生,可能会有研究院、学术研究中心,但绝不会有大学。"[②] 在大学的发展历程中,作为知识的传播者与创造者,教师始终是守护大学文化、保障大学学术事业发展的决定性力量。从早期的大学到今天的大学,教师与学生作为一对相互依存的主体,在人类文明的传承与创新中,履行了各自的学术使命。

大学因教育而存在,师生因教育而结成共同体。师生不但是教育的主体,而且本质上也是大学的主体,享有对教育的决定权和对大学的经营权。在现代大学的发展过程中,大学出现了更多的非学术性事务,为了使大学更好地协调运转,行政管理被从学术事务中分离出来,出现了专门从事行政管理的部门和人员。尤其是当现代大学从社会的边缘走向中心时,办学规模不断扩大,功能日益多样化,行政事务愈加繁杂,庞大的行政管理部门和管理队伍发挥着越来越大的影响,行政与学术共同组成了大学的双驾马车。由此,现代大学从由最初的师生结成的传统组织发展成为学术组织与行政组织并存的二维结构体系,同时呈现出学术属性与行政科层属性的特征。但大学本质上是"围绕学科和行政单位组织的矩阵组织。作为从事高深专门知识加工和传播的高校,学科知识是组织形式,是大学结构的基础,是学科而不是行政单位把学者组织在一起"[③]。因此,以学术为主的行政与学术和谐共治,成为现代大学不断前进与发展的内在要求。高等教育的大众化、普及化,使大学向着"多元化巨型大学"

① 〔美〕伯顿•克拉克. 高等教育系统——学术组织的跨国研究 [M]. 王承绪,等,译. 杭州:杭州大学出版社,1994:12.

② 〔美〕弗兰克•罗德斯. 创造未来:美国大学的作用 [M]. 王晓阳,蓝劲松,等,译. 北京:清华大学出版社,2007:103.

③ 〔美〕伯顿•克拉克. 高等教育系统——学术组织的跨国研究 [M]. 王承绪,等,译. 杭州:杭州大学出版社,1994:124.

发展，传统的部分与整体紧密相连的有机体成为一个"不一致的机构"，它有多个目标、多个权力中心、多个灵魂，它不再是一个有机体，而是"一座城市或一个城邦"。① 大学成为学生、教师、行政管理者、家长、校友等利益相关者的组织，各利益主体之间形成了相互联系、相互约束的关系。在多重关系的影响下，现代大学便出现了行政化和商业化的风险，其作为特殊的学术组织的特征需要通过坚守来维系。在现代大学的办学实践中，坚守便能保持大学作为学术组织的逻辑发挥防火墙的作用，隔离或消减行政化和商业化的影响，维护学术共同体的价值。反之，行政化和商业化便大行其道，学术共同体徒具形式，现代大学便沦为行政的奴婢、商业的仆从。

二、现代大学的核心功能在于培养全面而自由发展的人才

大学因人类文明社会培养高级人才的需要而产生，是世界各国各个历史时期不曾缺少的社会组织。《学记》记载，"古之教者，家有塾，党有庠，术有序，国有学"②。我国古代大学主要以儒学为基础，培养博古晓今、知类通达、化民成俗的治国之材。正所谓"大学之道，在明明德，在亲民，在止于至善"③。我国早期现代大学在救亡图存的使命下将培养中体西用的人才作为唯一的功能。欧美国家早期的大学，不论是以学生为主的大学，还是以教师为主的大学，培养服务宗教的学生几乎是其全部功能。18世纪后期19世纪初期，德国大学引入科学研究，"由科学达致修养"④，丰富了人才培养的手段，拓展了人才培养的属性，使心智的修养成为科学研究的使命，开创了现代大学教育的新纪元。当知识传授不再是大学人才培养的唯一目的和途径的时候，人的全面而自由的发展不仅是可能的，而且是必要的。曾任德国柏林大学校长的哲学家黑格尔指出："社会和国家的目的在于使人类的潜能以及一切个人的能力在一切方面和一切方向都可以得到发展和表现⑤"。但人的全面而自由的发展是有条件的。马克思认为，在人类发展的早期阶段，"无论个人还是社会，都不能想象会

---

① 〔美〕克拉克·克尔. 大学之用 [M]. 高铦，等，译. 北京：北京大学出版社，2008：10.

② 杨天宇. 礼记译著 [M]. 上海：上海古籍出版社，2004：457.

③ 论语·大学·中庸 [M]. 陈晓芬，徐儒宗. 上海：中华书局，2011：5.

④ 陈洪捷. 德国古典大学观及其对中国的影响 [M]. 北京：北京大学出版社，2007：58.

⑤ 〔德〕黑格尔. 美学（第一卷）[M]. 朱光潜，译. 北京：商务印书馆，1979：56.

有自由而充分的发展"①。只有"在共产主义社会里,任何人都没有特定的活动范围,每个人都可以在任何部门内发展,社会调节着生产,因而使我有可能随我自己的心愿今天干这事,明天干那事,上午打猎,下午捕鱼,傍晚从事畜牧,晚饭后从事批判,但并不因此就使我成为一个猎人、渔夫、牧人和批判者"②。显然,19世纪的先哲们所预言的全面而自由的发展不但是人类发展的最高境界,而且是世界现代大学的核心功能之所在。

大学是维新的,培养全面而自由发展的人才是现代大学从社会变革和自身变革中获得的新功能。正因为如此,现代大学教育在新的时代焕发出了更加旺盛的生命力,成为经济社会发展和道德文明进步不可或缺的动力源泉。尽管今天的社会离马克思理想的社会还有很大差距,但现代大工业的繁荣和极为丰富的社会物资生产已经开始为培养全面而自由发展的人才创造条件,所以,现代大学成为造就全面而自由发展人才的摇篮不是偶然的,而是历史发展到现代的必然结果。20世纪以来,欧美国家的大学教育改革,从本质上讲,不论是教育体制改革还是教育内容方法改革,都是为了更好地适应培养全面而自由发展人才的需要。长期以来,在工具理性的影响下,我国现代大学对人的全面而自由发展没有给予应有的重视;改革开放以来,随着思想解放运动的不断深入和社会生产力水平的极大提高,培养全面而自由发展的人才越来越受到我国大学的关注。尽管如此,在我国大学,工具理性的影响仍然无处不在,人的全面而自由发展还没有成为我国大学的核心功能。

三、现代大学的永恒价值在于文化的传承与创新

尽管大学因人才培养的需要而产生,但大学的价值并不只是表现在人才培养上。在培养人才的同时,大学维系了人类文化的代际传承,正因为如此,大学实现了其永恒的存在。"大学的存在时间超过了任何形式的政府,任何传

---

① 〔德〕马克思. 资本主义生产以前的各种形式 [M]// 马克思,恩格斯. 马克思恩格斯全集:第46卷(上). 中共中央马克思恩格斯列宁斯大林著作编译局,译. 北京:人民出版社,1982:485.

② 〔德〕马克思. 唯物主义观点和唯心主义观点的对立 [M]// 马克思,恩格斯. 马克思恩格斯选集:第1卷. 中共中央马克思恩格斯列宁斯大林著作编译局,译. 北京:人民出版社,1995:37-38.

统、法律的变革和科学思想，因为它们满足了人们的永恒需要。"① 这种永恒的需要是人们对知识的渴求，它既是个人的需要，又是社会团体的需要，同时还是人类社会存在和延续的需要。

19 世纪的德国现代大学不仅发展了人才培养的功能，而且铸就了大学新的社会使命——科学研究。现代大学在培养新型人才的同时，为社会和人类贡献了新的知识。发展知识能力的获得使现代大学的存在价值有了新的内涵，"大学的无形产品——知识——可以说是我们文化中唯一最强大的因素，它影响各种职业，甚至社会阶级、地区和国家的兴衰"②。19 世纪中后期，美国大学走出象牙塔，突破了大学与社会格格不入的传统，倡导直接为社会服务，在更广泛的范围传播和应用知识，彰显了大学的文化辐射力，使大学的文化功能有了新的用武之地。20 世纪中期以来，欧美国家的大学在践行人才培养、科学研究和社会服务使命的同时，将文化传承与创新嵌入各种功能的中心，保持永恒价值与功利价值之间适度的张力，使其自身既适应了现实社会的多元化需求，又服务于人类社会永续发展的目的。

我国大学长期保持了人才培养的功能。改革开放以来，科学研究和社会服务功能也得到了开发，其文化传承与创新的价值开始得到体现。但应该看到，不论是在人才培养中，还是在科学研究和社会服务中，我国大学所受到的制约还很多，在很多时候，工具价值和功利价值成为主导大学运行的力量，尽管并不缺少对文化传承与创新的要求，但却都不是为了其自身的目的，而是为了工具性和功利性的目的。

四、自由与独立彰显现代大学精神

大学是由教师和学生组成的学术共同体，担负着人才培养、科学研究和社会服务的使命，而这些使命都是通过师生在学科专业领域所开展的学术活动实现的。与社会其他活动不同，大学的学术活动有其自身的逻辑，即按照学术本身的需要，自由而独立地运行并实现自身的价值。不过，这种逻辑并非大学与生俱来的，而是现代大学的发明。不论是培养治国之材的我国古代大学，还是培养宗教人才的欧美国家大学，分别由于受到政治和宗教的强势影响，只能

---

① 〔美〕约翰·S·布鲁贝克. 高等教育哲学 [M]. 王承绪，等，译. 杭州：浙江教育出版社，2001：46.

② 〔美〕克拉克·克尔. 大学之用 [M]. 高铦，等，译. 北京：北京大学出版社，2008：1.

以政治和宗教目的为其目的,学术活动主要依附于政治和宗教势力,主要根据政治和宗教的需要而展开,所以,它们并没有形成自身的逻辑。欧洲国家大学的世俗化和德国现代大学科学研究功能的发展,使学术活动摆脱了宗教的羁绊,开始遵循其自身的逻辑运行,大学本身由此确立了新的理念和精神。从此,大学不再是宗教的附庸,而成为具有独立价值的学术组织。随着学术逻辑的张扬,大学逐步建立了与政府、教会和其他社会组织之间的新型关系,获得了本质上的独立性。

现代社会是高度复杂的,随着高等教育从精英化走向大众化和普及化,社会对大学的要求和影响不断扩大,大学的社会功能从来没有如此多样而强大,大学与社会之间的关系也变得日益复杂多样且变动不居。毫无疑问,大学的自由与独立精神越来越多地受到来自社会的影响,自由与控制、独立与依附成为现代大学所面临的两大现实挑战。欧美国家大学依靠其深厚的学术文化传统,在自由与控制、独立与依附的博弈中,在保障自由与独立的内在品格的同时,主动面向社会,建立起与社会的良性互动关系,成为社会经济发展和文明进步的动力源泉。

我国现代大学从一开始就不具有自由和独立的品格,这不单是由于外部管控的结果,而且还因为我国大学自身缺乏与生俱来的深厚的学术基础,学术的逻辑在我国现代大学创建之时未能得到培植,在后来的发展中又未能受到重视。所以,长期以来,在与社会的关系上,我国大学鲜有主体意识,常常处于被动地位,在行政化体制下,更难以获得自由与独立的精神。正因为如此,我国大学的学术价值不能得到尊重,学术活动的功能往往承载了太多学术以外的要求,在这种情况下,难见学术的繁荣也就不足为奇了。

第三节　回归现代大学本质之道

本质迷失是我国现代大学之困。大学不能按照自身的学术逻辑运行,是不可能最大限度地弘扬学术本位价值,履行学术组织责任的。改革过度行政化的弊端,回归现代大学本质,高扬现代大学精神,创建高水平大学乃至世界一流大学,是我国现代大学制度建设的根本任务。

一、回归学术本位价值

我国大学与社会是无缝对接的,大学所面临的社会影响无处不在,既有来自社会权力部门的控制和干预,也有来自经济部门的利益交换和博弈,还有自身所开发的各种营利性计划或项目。因此,在我国大学的运行中,工具价值、功利价值和学术价值的博弈贯穿始终,但由于过度行政化,学术价值难以发挥主导作用。改革过度行政化的弊端,就是要根据大学的组织属性,不断增强大学的自主办学能力,使学术使命成为大学的最高价值追求,使大学在学术价值与工具价值、经济价值的博弈关系中,能够自觉地将学术价值置于中心位置,重构各种价值冲突的合理张力,塑造现代大学的学术本质。

回归学术本位价值,既是现代大学发展的必然要求,也是大学改革行政化倾向的根本要求。回归学术本位价值,我国大学应当进行深刻的变革,在学术活动及相关活动中,第一,以学术价值为决策的准则。大学决策团队和工作部门自觉地以是否有利于学术发展,是否符合学术的内在要求为准则,研究、讨论和决策有关问题。第二,根据学术发展的要求配置和使用大学资源。资源的流向反映大学的价值选择,资源的使用决定大学价值的实现。大学资源配置和使用应当最大限度地为学术目的服务。第三,按照学术标准评价大学发展。大学的办学成就和师生员工工作绩效的评价只能看学术的成长和质量以及为之服务的情况,不能以学术以外的标准来评判。第四,建立以学术价值观为核心的大学文化。营造一个尊重学术、敬畏学术、追求学术、服务学术的大学氛围,使学术成为大学文化的核心,学术发展与繁荣成为全体师生员工的共同愿景。

二、回归学术组织责任

我国大学是开放的社会组织,在担负学术组织基本功能的同时,还承担了重要的政治和经济功能。由于过度行政化,我国大学往往重外部责任更甚于内部责任,重非学术责任更甚于学术责任,因为外部责任和非学术责任主要是由行政部门确定的,具有"不容置疑"的权威性。比如,大学承担了创收的责任、金融借贷的责任、发展经济产业的责任,不少大学教职工在担任教学、科研和行政工作外,还创办和经营生产公司,直接参与社会经济活动。不仅如此,由于过度行政化,大学在履行学术责任时,也融入了非学术的要求,使学术责任偏离了其自身的目的。大学负重办学,承担了许多不应由大学承担的责任。因此,回归现代大学本质,必须改革大学的过度行政化倾向,消除行政化的影响,使大学轻装前行,更好地履行作为学术组织的责任。

回归学术组织责任,我国大学应当厘清与社会政治和经济组织的关系,消除学术组织政治化、经济化的倾向,解决"种人家的田、荒自己的地"的问题,全面履行学术组织自身的责任。具体而言,第一,科学地区分大学学术功能与政治、经济功能的关系。现代大学具有政治、经济功能,但这种功能更多的是通过学术功能来实现的,而不是通过直接的政治、经济活动实现的。也就是说,大学并不应当直接承担政治、经济责任,大学的政治、经济功能具有间接性,是学术功能的衍生产品。第二,全面履行学术责任。我国大学应当专注于人才培养、科学研究和社会服务等方面的学术功能,遵循学术发展的要求,最大限度地发展学术、繁荣学术。第三,在学术责任中实现大学的现实价值与永恒价值的统一。不论是人才培养还是科学研究和社会服务,都具有现实性和永恒性,顾及一点而不及其余,都不可能完成现代大学的使命。

三、回归学术逻辑导向

在行政化体制下,我国大学既不可能具有独立性也不可能享有充分的自由,只能在工具理性的导引下,以类似于社会政治或政府组织、经济组织的方式办学。实际上,这种办学不但难以全面、充分地履行学术组织的使命,也不可能为政治、经济部门提供适切的服务。改革行政化倾向,还大学作为学术组织的本来面貌,使其按照学术逻辑办学,是我国建设现代大学制度不可忽视的重要任务。

回归学术逻辑导向,我国大学应当强化主体意识,以学术发展为终极目的,改革行政化管理体制,淡化行政化倾向,加强专业权力,健全教授治学组织机制和运行规范,培育强大的学术文化与精神,为学术发展创造优良的环境和条件。具体而言,第一,探索大学法人治理体制。根据大学的社会法人地位要求,遵循学术组织的使命,建立相对独立的大学法人治理结构,改善权力配置结构,赋予并保障师生参与治理的权利。第二,建立服务于学术发展的大学运行机制。优化大学资源配置,转变大学行政职能,建立健全学术活动的服务和支持体系,使学术发展成为办学的出发点和落脚点。第三,建立教授治学的组织机制。大学的各种学术活动都具有专业性,必须依靠具有专门学识和修养的专家学者才能得到适当的处理。[①] 在大学的各级各类管理组织机构中,应当

---

① 别敦荣. 论高等教育管理的三原则 [J]. 清华大学教育研究,2001(1):74.

建立健全教授参与制度，为充分发挥教授的学术修养和专业智慧的作用创造有利的条件。第四，大力培育大学学术文化。政治和行政文化强势，学术文化薄弱，是不利于大学回归学术逻辑导向的。我国大学应当从调整价值追求入手，树立学术至上的价值观，培育丰富而深厚的学术文化，用学术文化浸润每一个人、每一件事，使学术价值成为每一个师生员工的自觉意识，并以其指导自身的行为。

第二编

现代大学制度实践

第九章

我国大学治理

　　大学治理是近年来高教界特别关注的改革和研究课题,制定章程、改革学术委员会等都是治理改革课题,高等教育发展与改革需要研究大学治理问题。2015年又适逢五年规划之年,对"十二五"发展规划进行总结和评估,对"十三五"发展规划进行设计和布局,是很多大学重要的工作任务。所以,非常有必要将大学治理与战略规划联系起来进行研究。探讨大学治理和大学战略规划,阐释二者之间的内在联系,有助于为我国大学治理改革的有效推进提出建议。

第一节　我国大学治理的性质

　　对于大学治理,学术界的研究很多。但是,笔者发现,关于我国大学治理的性质问题,大家一概回避,涉及很少,或根本不涉及。这个问题非常重要,不弄清楚治理的性质,很难更深入地来思考我们究竟要建立什么样的治理体系,用什么样的治理方式来解决问题。

　　如何认识我国大学治理的性质?我们可以从与大学治理相关的几个主要组织和相关人员群体对治理的态度和看法进行考察。与大学治理相关的主要组织和相关人员群体包括上级党委和政府、大学和院系及各级领导团队、教师和学生等,考察这些组织和群体对大学治理的态度和认识,对于理解大学治理的性质是有帮助的。

　　上级党委和政府对大学的影响有共同的部分,也有不同的部分。有的政策文件是由党委和政府共同发布的,有的工作是由党委和政府共同推动的,当然,也有一些工作是由党委和政府分别负责、独立开展的。不管是共同的还是不同的,党委和政府对大学的影响都是外部的。从我国大学治理的要求看,动力主要源自外部。也就是说,我国大学治理主要是由党委和政府推动的,不论是治理的需要还是治理机制的建立,往往都是由党委和政府的政策文件先提出来的。

党委和政府为什么要提出大学治理的要求?或者说,党委和政府希望通过治理解决大学的什么问题?根据对政策文件的研究,笔者发现,党委和政府希望通过治理来解决的问题,主要不是党委和政府部门与大学的关系,不是学校的效率问题,而是在现行的管理体制下,如何加强大学的教学、科学研究,如何重视一些相关的利益群体对学校的关注,包括教师对学校的关注、学生对学校的关注、一些企事业单位对学校的关注,要使他们的需求在学校的办学中得到反映和体现,以提高大学内外对办学的满意度。党委和政府希望解决的问题,主要是这些。所以,我们需要明确的是,党委和政府对大学治理的要求,不是希望通过治理来改变党的领导,不是改变大学领导管理体制,不是改变大学党委会、常委会、行政办公会的组织和运作方式,不是改变大学党委和行政领导的任命方式,也不是要弱化大学党政部门的职责。所有这些,在相关政策文件中都没有涉及。治理是要在现行的大学领导管理体制下,对大学管理与办学进行完善、改进,以达到提高大学办学能力和水平的目的。

从大学自身来讲,内部也是党政两套体系,对学校实施领导和管理。当然,我们都知道党委会、校长办公会、党政部门等组织机构对学校的领导和管理作用是很大的,整个学校都是在党政领导下运转。在校内,党政部门、书记、校长等党政领导对治理持有什么看法,又希望通过治理解决学校的什么问题?总体上看,他们对治理的态度,相对来讲,处于被动地位。大学治理主要是外部党政组织的要求,主要是要在大学内部建立一套新的机制,与大学党政领导及相关部门一起发挥作用。也就是说,大学治理是外部推动的。从大学党政领导角度看,治理改革并不是主动行为,具有一定的被动性。这种被动性主要表现在大学党政部门和领导一般都是根据上级党政部门的政策文件精神来推动治理改革,较少基于自身办学的特殊需要来谋划治理改革,不论是治理内容、范围还是治理机制,基本上是照章办事,有的甚至只是形式上按照要求来做,实质上推进的很少。在大学治理改革中,既难见放权,也难见分权。

就大学办学而言,二级院系是主体,是大学的生命力之所在。相对于其他社会组织,大学是一种学术组织,这个学术组织的性质主要体现在二级院系上。大学是二级院系的集合体,更多地表现为一个办学的总体架构,真正的办学单位在二级院系。二级院系的院长(系主任)是办学的领导者,是学术领袖,他们对治理的态度非常重要。从实际情况看,他们大多对大学治理既没有太高的希望,也没有太大的积极性。在治理改革中,他们往往抱着既然有上级的政策要求和学校的布置,那就这么做吧,一幅应付式的态度,很少有院系领导非常希望通过建立一套治理体系,来解决院系改革、发展和建设中的各种问题。所以,在治理改革中,院系主动作为的少,院长(系主任)对治理的积极性不高,并没有把治理看得有多么重要。

再看教师。据观察,由于长期缺乏参与学校管理的经验,大学教师享有的民主管理权利有限,很少在院系决策中发挥作用。因此,虽然教师是大学治理改革主要的关系者,但却极少有教师或教师群体主动地提出参与学校和院系决策或其他事务的处理。教师究竟应当在学校和院系治理中发挥什么作用,大家并不清楚。在已经建立的治理机制中,部分教师成为治理的成员,但大都是被邀请参与治理。只有个别大学是通过层层选举的方式,选出几个教授代表参与到有关的治理机制,比如,到学术委员会中去。在这一点上,云南财经大学做得很好,它的选举工作做得非常严格规范,它希望建立一种基于教师内在需要的治理机制。这种探索是可贵的。但即便如此,我们也发现,它不是教师基于自身需要主动去做的,而是通过行政机制层层发动,要求教师参与的。美国有一个大学教授协会(AAUP),是教授们自己建立起来的,建起来之后,积极参与大学的学术事件调查,呼吁大学尊重教师的地位和权利,保护教师的利益。美国大学内部的教授会也是这样建立起来的,是教师自己的组织。在我国大学治理结构中,教师的参与大都是被动的,不是基于教师自身的需要,是行政指定参与的。在履行职责时,大学教师在各种治理组织中的行为表现一般也是被动的。

欧美国家大学有两种性质的治理:一是共同治理。大学是一个学术共同体,在共同体中,大家都是平等的,大学事务的决定权由大家一起共同拥有,所以,大学事务也由大家共同协商处理。大学的各种治理机构互不隶属,各自独立地发挥作用。二是分享治理。现代大学越来越成为一个复杂的利益团体,校内外各种利益相关方在大学办学中拥有自身的利益,因此,基于利益维护与分享的需要,形成了不同利益群体分享治理权力的结构体系。共同治理和分享治理是欧美大学治理的两种主要性质,细分起来,欧洲大学以共同治理为主,美国大学以分享治理为主。

我国大学既不是学术共同体组织,也不是利益相关者团体,所以,大学治理既不是共同治理，也不是分享治理。从我国相关政策精神和实践看，我国大学治理是一种授权治理。也就是说，我国大学治理的权力既不是源于学术共同体的专业权力，也不是源于利益相关者的利益权，而是源于外部党政组织的授权，治理的合法性是外部党政组织所赋予的，具体表现为外部党政组织所发布的政策法规文件。治理的范围、内容、形式、程序等都是由相关政策法规文件规定的，没有规定的治理基本上是不存在的，即便存在，也不具有正式的影响力。不论共同治理还是分享治理，各参与方都是平等的主体，但在我国大学治理中，各参与方的正式行政职位和身份关系重大，对治理过程和结果有重要影响。

授权治理是在我国社会环境和高等教育体制下出现的。我们不能想当然地、凭着某种良好愿望去界定我国大学治理，更不能将国外大学治理的特征强加于我国大学治理。因此，我国大学治理的授权性质具有以下三重内涵。

第一，从属性。我国大学治理从属于现行的党政领导管理体制，任何治理机制都不具有独立地位，其作用的发挥受制于各级党政领导管理机制。可以说，我国大学治理是党政领导下的治理。从属于党政领导是我国大学治理不同于欧美国家最核心之处。

第二，补充性。欧美大学的共同治理和分享治理不是大学管理的补充，它就是它自己。我国大学有一套完整的党政领导管理体系，治理并不改变任何党政领导体制和机制，也不影响或弱化党政机构和领导对大学的领导管理权力。这是我国大学治理的前提。这样就有了治理的需要。在一定意义上讲，党委领导体系和行政管理体系主要根据政治逻辑和行政逻辑处理大学问题，可能解决发展的政治方向和行政效率问题，但大学作为社会学术组织，学术发展是它的生命所在。要建设一流大学、高水平大学、有特色的大学，除了政治方向和行政效率的要求外，还不能缺少学术领导的要求。治理就是要通过一些补充机制，解决现行的体制机制不能解决的问题，而不是要用新的治理机制去取代现行的大学领导管理体制机制。所以，我国大学治理具有补充性。

第三，学术性。我国大学治理总体上是希望建立一种学术治理体系，这是我国大学领导管理体制中所缺乏的。不管是学术委员会、教授会，还是理事会等，都不是纯粹的行政决策机制，行政决策由党政领导管理体系来负责。党政领导管理体系非常完备、非常有效，要在党政领导管理体系之外再建一个决策体系，是不可能的。大学治理改革要建立的是学术治理机制，是着眼于处理有关学术问题的机制。所以，我国大学治理具有学术性。

第二节　我国大学治理的目的

大学治理有其特定的背景。我国大学治理的背景与欧美国家有着显著的差别,这也就决定了治理的目的是不同的。大学治理的背景既涉及宏观层面也涉及微观层面。宏观层面涉及包括政府在内的其他社会组织与大学的关系,微观层面涉及大学内部各群体之间的关系。这些关系有些是原生的,有些则是后发的。在欧美国家,调节大学内外部各种关系的基本原则主要有四个:第一个是学术自由,第二个是大学自治,第三个是学术问责,第四个是学术自律。这些原则是欧美大学在数百年历史演进中确立起来的,是约束和指导大学治理的基本条件。

由于我国特殊的社会文化和大学发展环境,我国大学治理的背景更为复杂。在宏观层面,我国大学的自主性未能得到保障,尽管国家法律和政策文件规定了大学的法人地位,但却难以得到完全落实,各种政策文件要求的大学自主办学难以得到实现。在微观层面,各级各类大学也是集中领导和管理,权力都集中在学校的顶层,学校主要领导和党政部门主要负责人掌握了各方面工作的决策权。大学的文化也是行政文化占主导,学术文化被行政文化所消解。这就使得我国大学与欧美大学存在巨大的差别:欧美大学的行政是基于辅助地位的,所有从事行政工作的人员都处于辅助地位;我国大学的行政是处于主导地位的,行政人员掌握了行政决策和执行权力。明确了这样的背景,我们才能把握我国大学治理与欧美国家的差异,更准确地界定我国大学治理的目的。

我国大学治理的目的大致可以从两个方面来考察:一是建设什么样的体制机制,二是要解决什么问题。从体制机制建设来讲,现实地看,主要有以下三个目的。

第一,建立党、政、学权力平衡治理体系。在我国大学内部,党政领导管理体制是非常完备的,相关政策文件没有要求对党政领导管理体制机制进行增减,这也就意味着总体上这两套体制机制在大学治理中依然要发挥重要作用。另外,学术治理体系还很不完善,相关体制机制很不健全,应有的作用没有发挥出来,因此,我国大学治理要逐渐建立健全学术治理体制机制,建立起党、政、学权力平衡治理体系。

第二,建立教授治学和学术自由的实践机制。到目前为止,在我国大学,教授治学依然只是一种理念;《国家中长期教育改革和发展规划纲要(2010—

2020)》提出的"尊重学术自由"主要还停留在政策层面。究竟怎么实现教授治学、学术自由?当然,在学术治理体制中,是包括了一些教授治学机制的,除此之外,还应当有教授,包括全体教师在内,集体和个人在学术工作中的参与权以及所享有专业权力的实现和保障机制。

第三,建立院系自主办学体系。我国高校在学校和院系层面都是非常简单化的行政领导管理体系,治理建制单一且作用有限。学校的基本工作流程是学校向院系下达指令,院系领导直接听命于学校领导或各党政部处领导。这是一种单向的、自上而下的领导管理体系。这就使得我国大学二级院系想要按照自身学科、专业特点来办学很难,由学校行政统一领导只解决了一致性的问题,解决了标准化的问题,不能解决各学科、专业发展的生命力问题。现在,我国大学大都规模庞大,功能多样,目标复杂而差异显著,各学科、专业发展的要求很不一样,如果没有二级院系的自主办学,是不可能办好的,要发展高水平的学科、专业,也是不可能的。如果没有高水平的学科、专业,建设一流大学或高水平大学是不可想象的,光靠几项科研成果不能成为一流大学。因此,必须建立院系自主办学体系。

从更抽象的角度看,我国大学治理要解决的问题主要是两个,也就是说,要达到的目的有二:第一,加强大学办学利益相关者的参与度。我国大学办学的利益相关者是多元的,既有大学内部的党政人员,也有教师、学生,还有社会有关方面,比如,相关企事业单位。办学主体的参与可以是在学校决策层面的参与,也可以是院系办学中的支持与合作,还可以是在学校师生生活中的支持。各方广泛的参与要通过治理和治理机制来实现,今天的大学已经不同于中世纪学者行会,不是单纯的学术组织,不是纯粹的政治组织,不是营利的经济组织,也不应当是完全行政化的组织。但是,学术的、政治的、经济的、行政的等各种性质在我国大学都有表现,都不能忽视,这就要加强各方人员或代表的参与,要建立相应的机制,让他们参与到大学的治理中来。只有这样,我国大学才能有效地协调各种不同利益关系,包括学术、政治、行政和经济等各方面的利益关系。过去,我国曾经把大学作为纯粹的政治组织,现在又有行政化的倾向,还有市场化的倾向。但大学毕竟要依靠学术发挥功能,学术不能不得到重视,所以,我国大学应当加强参与治理,建立治理体系,将党、政、学、经等各方面的利益相关者都包括进来,共同谋划大学的发展与建设,共同参与到办学中。唯其如此,我国大学才有可能兼济天下,得到良好的发展。

第二,遵循大学的规律办学。大学办学有规律,大学的办学规律不在行政规律,不在经济规律,也不在政治规律。大学首先是高等教育组织,真正的合规律办学在于人的个性化培养。只有个性化地培养人,才能达至人格的解放。自由教育(Liberal Education)是大学教育的最高规律,通过教育,包括各种教育教学活动、各种课外活动,达到马克思所说的"人格心灵的唤醒",即心灵的解放,让学生有一颗自由的心,大学才能真正培养出高素质人才,办出真正的一流大学。大学办学的合规律性,最关键的是合乎教育规律,使大学能够避免按行政规律、政治规律或经济规律培养人。

这就是我国提倡大学治理要达到的目的。如果不能达到上述目的,我国大学治理是没有意义的,任何治理体系的建设都是完全不必要的。当然,也应当看到,要达到上述治理目的,不是轻而易举的事情,也不是短期内能够完全实现的,需要长期的努力,更需要大学能够抱定信念,积极推行,不断进步,既做好形式层面的改革,又始终不偏离实质层面的要求,使实质与形式达到有机统一。

第三节　我国大学的治理模式

欧美大学的共同治理和分享治理主要是基于大学是一个学术共同体和利益共同体的认知,我国大学授权治理的逻辑与欧美大学显著不同。我国大学治理应当处理好几个关系:一是大学与外部党委和政府的关系;二是学校与院系的关系;三是学校党委、行政与外部企事业单位的关系;四是学校党政群体与学术群体之间的关系,等等。鉴于这些关系的性质及其复杂化程度,我国大学治理采取的主要是一种嵌入式模式。什么叫嵌入式?就是在现行的大学领导管理体制中,嵌入一些治理机制。[①] 需要明确的是,我国大学治理不是要建立一些新的机制取代现有的领导管理体制,而是在现有的领导管理体系之外,再建立若干治理机制,以补充现行体制机制的不足。所以,这种治理体制不是独立发挥作用的。需要明确的是,嵌入式治理模式并非不能发挥作用,它是一种适应我国国情和现行的大学领导管理体制的选择,只要认识到位、举措得当,就可以发挥多方面作用。欧美国家大学的共同治理和分享治理有其优势,其部分机制也可以为我国大学所借鉴,但整体移植过来是不恰当的。就目前而言,要达到大学治理的目的,嵌入式治理可以采取以下措施。

---

① 别敦荣. 治理体系和治理能力现代化与高等教育现代化的关系 [J]. 中国高教研究, 2015(1):29-33.

第一，在学校层面，建立健全学术委员会或教授会，完善学校层面的学术治理机制。在推行大学治理的时候，存在一个误区，即学术治理与一般教师无关，只与教授有关。比如，很多大学都规定了教授享有参加学术委员会或教授会的权利，一般教师不享有类似的权利。这是不合理的。大学不只是教授的大学，它是所有教师的大学，还是学生的大学。教授学养深厚、经验丰富，在大学治理中拥有较大的参与治理权利，是可以理解的。但将一般教师排斥在大学治理之外，只考虑教授的权利，就背弃了大学治理的精神。事实上，所有的教学人员都拥有参与大学治理的权利，都应当被纳入学校学术治理的机制中去。

第二，在院系层面，建立自主办学机制。扩大院系办学自主权，使院系成为相对独立的办学主体，"激活学术心脏地带"，是我国大学治理改革的重点。应当将综合改革与推行大学治理改革结合起来，对院系办学自主权进行系统设计，逐步扩大和落实院系自主权力，使其能够相对独立自主地处理自身的办学问题。此外，在现有的院长（系主任）和党委会（总支部）之外，完善学术治理体系，建立院系教授会和各种教师委员会，将学科、专业建设与发展的各种事务纳入全体教师的治理范围。与此同时，应当逐步建立和完善学术自由的落实与保障机制。

第三，建立董事会（理事会）机制。我国少数大学曾经建立了董事会（理事会）机制，在办学中发挥了一定的咨询和参谋作用，在联合办学、支持发展方面也有一定作为，但总体上讲，建立这种机制的大学很少，而且即便建立了，大多也不规范，影响有限。有人认为，我国大学党委会相当于美国大学董事会。这种认识不但很牵强，而且无助于大学治理改革。建立董事会（理事会）机制，是要将校外相关办学力量与学校合法地联系起来，使校外相关力量与学校形成合力，在办学中发挥积极而重要的作用。

我国有2500多所大学，各大学的校情差别很大，因此，各校也不宜采用完全相同的治理机制。从这个意义上说，嵌入式治理只是反映了我国大学治理机制的特性，不能期望发个文件，所有大学一窝蜂都建立完全相同的治理机制。如果这样的话，即便建立起来了，也很难对具体的大学发挥影响。各大学可以根据自身的实际，尝试和探索适合校情的治理机制。只有适合各大学自身实际和传统，能够为师生员工所认同和接受的治理机制，才能对办学发挥积极作用。

第四节　我国大学治理策略

建立治理机制只是为大学治理提供了条件,要发挥治理的作用,还应当转变办学方式,采用有效的治理策略。什么样的治理策略是有效的呢?根据对国内外成功大学办学经验的研究,笔者发现,战略规划是一种现代治理策略。国外很多大学利用战略规划,实现了有效治理,促进了跨越式发展;我国部分大学采用战略规划,促进了内部权力关系的协调共事,转变了办学方式,实现了快速发展。

我国大学已经具备了采用战略规划促进发展的基本条件。改革开放以来,我国建立了完备的高等教育体系,高等教育总规模达到3559万人,普通本专科在校人数达到了2500多万人,尽管规模还需要继续扩大,但高等教育发展的主要任务已经由规模扩张转变为内涵发展。也就是说,要使各级各类大学在办学水平和质量上实现飞跃,大学要有理想和愿景,不能"脚踩西瓜皮,滑到哪里是哪里"。这就要通过战略规划,谋划学校发展愿景,使学校朝着既定的方向不断前进;要使每一年的发展目标可以检测、评估,这样,学校的发展就是透明的,大家对学校发展进程清楚明白;要使学校发展进程是可控的,哪些学科、专业要重点发展,哪些领域要开拓,都要去控制,在可控的轨道上办学,转变办学方式,大学就能实现高效率、高质量发展。

大学发展要累积,不能总是从起跑线开始。在传统的大学领导管理体制下,权力高度集中,人治色彩浓厚,一届领导干几年,换一届又从头开始。大学办学应当是接力赛,是持续不断的,这样的发展才会有累积,才可能积淀出有质量的学校文化。要达到这样的目标,必须采用一些治理方式。战略规划是一种新的办学方式,是一种能够集中全校师生员工的智慧来办学的治理手段。有人可能会说,战略规划并不新鲜,也不是什么治理手段,我国大学通常都会编制发展战略规划,但它没有那么神奇,甚至根本发挥不了作用,教代会或党代会通过了它也就寿终正寝了。应该说,这种说法有一定的道理,在传统的领导管理体制下,大学发展战略规划确实难有发挥作用的空间。但在治理改革中,战略规划是大学实现办学方式转型的不二选择,是实现快速发展的必然要求。

现代大学是资源消耗型大学,越是高水平大学,它所消耗的资源越是庞大。现代大学又是资源短缺型大学,不论水平高低,普遍存在资源严重不足的问题。解决资源问题的关键不在于筹措资源,尽管筹资的意义丝毫不能忽视,但无论筹资能力多么强大，都是难以满足发展需要的。解决资源问题的关键在于战略选择，大学功能多样，目标无数，发展需求层出不穷。面对大学发展的现代困境，最有效的办学方式就是战略性取舍。发展什么，不发展什么；走什么道路，不走什么道路；重视什么，不重视什么，都需要取舍。有取有舍，有舍有得，战略规划能够引领大学走上成功的发展轨道。

如何编制战略规划？战略规划不是几个人关起门来，动动笔，就能写出来的。这样做的规划是应景性的行政文本，而不是战略规划。战略规划最重要的，是要有战略，只有把战略研究清楚了，规划才有灵魂。一个规划文本做出来了，却没有战略，那是没有灵魂的，这样的规划也是不可能发挥什么作用的。①

战略是什么？很多大学提出"质量立校战略""人才强校战略""科研兴校战略"，等等，这些基本上都不是战略，只是口号。所谓战略，是基于学校长远发展需要所提出来的一整套办学路线图。战略最核心的要素有三个：第一是愿景；第二是目标；第三是行动。② 愿景是对大学长远发展形态或理想状态的描绘，也就是 20 年、30 年或 50 年后的蓝图。目标是从当下到实现愿景，大学在 5 年、10 年、20 年等各发展阶段要解决的发展问题和要达到的发展程度。这样的目标不是遥不可及的，也不是捉摸不定的，更不是空洞无物的，而是实实在在、有时间节点、有发展要求、有评估标准的。人们从目标入手就可以了解一所大学未来的发展轨迹，知道什么时候应当发展到何种程度，清楚离实现愿景还有多大距离。要实现发展目标，大学必须采取一些重大行动，用重大行动推动学校升级转型。战略规划不是要大学按部就班地办学，而是通过重大行动促进大学发生根本性的改变。这样，愿景、目标、行动就构成了大学发展战略，把它融入规划当中，变成行动方案，就能引领学校发展。

要提出高质量的战略，需要进行战略研究。战略不是一个人或几个人拍脑袋拍出来的，也不是看看其他大学的规划文本可以借用来的。编制战略规划，要能够沉下心来，开展战略研究。大学领导要研究战略，规划人员要研究战略，全校师生要研究战略，全校动员，群策群力，集中大家的智慧，才能明确大学发展战略。③

① 别敦荣. 大学发展规划需要战略研究 [J]. 华南师范大学学报（社会科学版），2010（5）：43-47.

② 别敦荣. 战略规划与高校的转型发展 [J]. 现代教育管理，2015（1）：1-9.

③ 别敦荣. 高校发展战略规划的理论与实践 [J]. 现代教育管理，2015（5）：1-9.

战略研究有一些基本要求，这是不能忽视的。主要表现为：第一，要研究和认清国家高等教育发展的形势和趋势，包括区域的、省的高等教育发展形势和趋势。如果不看清楚这个形势，很难做出大学发展前景预测。第二，研究和掌握高等教育和大学发展规律。不掌握高等教育和大学发展规律，很难提出正确的发展战略。第三，研究清楚本校的发展传统。任何发展都是历史的延续，在历史的延续中进行调节和干预，才能准确地把握发展方向。战略规划就是一种调节和干预机制，它既要尊重历史传统，同时也要修正历史传统中不太合理的方向。① 与此同时，研究部分大学成功的经验，再加上对国家重大需求和地方重大需求的研究，就有可能对自身未来发展的需求与可能做出科学合理的判断。在这个基础上，再去提炼发展战略，就能站位高远，思虑深刻，立足现实，谋划长远。在这样的战略指导下，再去做一定时期大学发展的设计，相对而言就比较简单了。这样做出来的战略规划，就能对大学发展发挥影响。战略规划做好了，且能够付诸实施，大学治理形态就会发生改变，这样的发展是非常值得期待的。

第二编　现代大学制度实践

---

① 别敦荣. 论高等学校发展战略及其制定 [J]. 清华大学教育研究, 2008 (2)：13-19.

第十章
中美大学治理对谈

　　大学治理是我国高等教育体制改革的重要主题，也是国际高等教育变革的热门话题。完善中国特色现代大学制度的主要任务之一是推进大学治理体系和治理能力现代化。2013年笔者承担了国家社科基金课题"现代大学制度研究——历史与现实的反思"的研究任务，按照计划，2015年7月26日至9月10日，应波士顿学院教务长大卫·奎吉利先生邀请，笔者赴波士顿学院访学，开展课题的国际比较研究。2002年笔者曾在该学院访学半年，那次访学的题目是"美国大学本科教学研究"。两次访学的合作教授都是阿特巴赫先生。阿特巴赫教授曾经任职哈佛大学、威斯康星大学麦迪逊分校、纽约州立大学布法罗分校、波士顿学院等知名大学，是国际著名高等教育研究学者，对发达国家和发展中国家高等教育研究很多，成果丰硕，对欧美大学、亚洲大学和拉丁美洲大学发展知之甚深，有很多独到的见解。这是为什么选择他作为访学合作教授的主要原因。访学期间，笔者与阿特巴赫教授就现代大学制度问题进行了多次交流。回国前夕，笔者与他相约，就中美大学治理问题进行一次深入的专题讨论和交流。9月8日，专题讨论在波士顿学院林奇教育学院国际高等教育研究中心的一间办公室举行，正在哈佛大学和波士顿学院两校作富布莱特学者的北京大学教育学院蒋凯副教授和在波士顿学院访学的北京理工大学教育学院刘进博士应邀参加了讨论。讨论涉及中美大学治理体系、利益相关者的作用以及大学治理的变革等多方面内容，令人受益良多。这里将以笔者"别"和阿特巴赫教授（以下简称"阿"）对谈的方式呈现这次专题讨论的主要内容。

第一节　大学治理结构

　　大学治理功能的实现主要是通过一定的结构实现的。可以说,有什么样的结构,就有什么样的治理功能。治理结构主要表现为治理主体之间的关系,主要是职责权限的关联关系,核心是权力关系。弄清楚了治理主体的权力及相互之间的关联关系,就能把握治理结构。大学治理结构受到很多因素的影响,有外部的也有内部的。毫无疑问,国家政治体制对大学治理结构有重要规制作用,但治理理念和传统的影响也不可忽视。中美两国由于政治体制、文化传统和环境的差异,两国大学治理理念有着不同的内涵,治理结构呈现出不同的特点。

　　别:大学治理在中国是一个新事物,治理理念为中国大学所接受的时间不长,但无疑已经得到政府和大学的认同。中国大学实行的是党和政府统一领导管理体制,大学享有法律意义上的独立地位,实际上仍属于党和政府的下属机构。在我看来,中国大学治理是一种授权治理,也就是说,党和政府赋予大学什么治理权限,大学就享有多大的权力。

　　治理改革推行后,大学办学自主权逐步扩大,但学术委员会或教授会的权力还很有限,院系缺少办学自主权,主要根据学校领导和行政部门的要求办学。可以说,大学治理在政策上已经得到明确,但治理改革仍处于起步阶段。

　　阿:关于美国大学治理,我的观点是:第一,美国大学的理念很好,这就是分享治理理念。我不赞成欧洲大学的民主选举。我认为大学需要专业化的行政,尤其是在大规模大学和庞大的高等教育系统中。教授们缺乏时间、精力、兴趣以及经验,难以成为优秀的管理者。所以,我认为,美国大学的分享治理传统很好。第二,美国大学治理的传统正在以危险的方式丧失。因为教授会的权力正在慢慢地转移给行政和董事会,比如,一些决策权力。我对此感到非常遗憾。

　　你们知道,美国大学是自治的。在研究型大学和其他各种类型的大学中,治理所发挥的作用是各不相同的,很难一概而论。而且,每一所大学都有自身的自治传统,它们的自治就建立在这些传统的基础之上。美国大学的管理理念是教授治校,教授会的职责范围包括教师聘任;招生,主要是招生的基本标准;课程。这是教授治校的三个基本的核心价值所在。

　　别:中国大学治理是以现行的党政领导管理体制为基础的。从改革的要求看,中国大学治理主要在两个层次展开:一个是校级层次,通过完善学术委员会制度,建立党、政、学三位一体的治理架构。加强学术委员会的权力是主要任务。一个是院(系)层次,主要通过扩大院(系)办学自主权,建立院(系)教授会,完善院(系)自主办学体系。中国大学通常实行校院(系)两级管理,以学校为主,院(系)为辅。

阿:美国大学的基本行政建制由三个层次组成:校长及行政职员;学院院长及行政职员,包括副院长等;学系及系主任。从形式上讲,所有这些人员都是由董事会正式任命的。实际上,在多数大学,在学系层次,系主任由系的全体教师选举产生,学生在系主任的产生上不发挥影响;在学院层次,院长不是选举产生的,教授会对院长的聘任有重要影响。院长由校长任命,校长批准后往往自动地为董事会所认可。系是美国大学的核心部分。系通常要对所开设课程教师聘任、晋升、系主任选拔、学系工作领导等进行有效的控制。

别:显然,中美大学的治理体系是存在差异的。就治理体系各层次的权力配置而言,在中国大学,在学校层次和院(系)层次都有党政两套体系,权力主要集中在大学党政领导、各党政职能部门主管和学院(系)院长(主任)、书记手上。大学党委会(常委会)、校长办公会(行政办公会)和院(系)党政联席会议是议事和决策机构,但成员还是各层次的党政领导,所以,党政领导掌握了大学的主要治理权力。校院(系)的学术委员会和教授会不具有否决党政会议决策的权力,也不能影响各层次党政领导的任职。因此,中国大学治理具有补充性,是党政领导管理体制的补充机制。

阿:在美国大学,校院系三个层次的权力配置差别很大。美国大学的校院领导采取的是任命制度,在这一点上,与欧洲大学是大不一样的,在欧洲大学,各层次的行政领导都是选举产生的。在任命制度下,大学的行政具有统一性。再则,美国大学的行政领导往往没有特定的任期,他们的任职年限取决于他们自己的意愿、董事会和校长的意愿。实际上,他们的任职常常是非常稳定的,极少出现校长对某人不满意,马上将他解聘的现象。即使有,也非常少见。就波士顿学院的情况看,好像只有前任教务长,她人很好,担任教务长时间很长,很突然地她就离开了学校,大家觉得不可理解,有很多不同意见。但校长对她很不满意,于是,董事会就通知她最好马上离职,不然,就解聘。所以,她就辞职了。

美国大学学院的多数决策都是集体决策。学院都有理事会(院务会)。在波士顿学院的林奇教育学院,理事会的组成人员包括了院长、三名副院长和系主任。学院现有四个系,四个系主任都是学院理事会成员。他们定期要开会,可能一周一次或两周一次，比较频繁。学院的各研究中心主任不参与学院理事会，过去作为国际高等教育研究中心主任，我直接向院长报告工作，但我不是学院管理团队的成员。

别：在中国大学治理改革中，学术委员会和教授会是重要的治理机制。中国各大学正在陆续制定章程，对学术委员会和教授会的职能和议事程序进行规范，以落实教授治学。有的大学做得比较简单，就是在学校层次设立学术委员会或改组原有的学术委员会；有的大学做得比较复杂，比如，厦门大学不仅在学校层次设立学术委员会、学位评定委员会，而且在学部层次设立学部委员会，还在学院层次设立学术分委员会、教授会、学位评定分委员会等。

尽管各层次的委员会都有自身的职责权限，但总的来讲，下级服从上级是一个基本原则，较低层次的决定都不是最终决定。而且即使是校级委员会的决定，也往往需要得到党政机构和领导的批准。不论哪个层次的学术委员会，对党政领导的任职都没有影响，在他们的职责中都不涉及党政领导的任免。相反，各级学术委员会从职责范围、组成人员、工作程序到实际发挥作用，无不需要接受各级党政领导的管理。各大学在改组学术委员会的时候，减少了组成人员中党政领导的数量，以保证学术委员会工作的相对独立性，但如何协调学术委员会与党政领导管理的关系，仍是值得重视的关键问题。

阿：美国大学实行教授治校，而且主要是在学系。当然，各大学的差别也很大。比如，波士顿学院在学校层次曾经有一个教授会，现在没有了，部分教授试图在学校恢复教授会，向校长和董事会提出："我们要把教授会建立起来，我们认为学校需要教授参与治理。"但校长说："不，我们不需要。"教授们只好说："那就这样吧！"哈佛大学有一个全校统一的教授会，但各学院没有教授会。教授会成员由教师选举产生。有些大学教授会的权力很大，比如，加州大学伯克利分校的教授会就非常有名，它的权力非常大；哈佛大学教授会的权力也很大；其他大学的教授会则没有那么大的权力。

但就治理结构而言，这却不是重要的。在很多大学，教授会会赞同大学行政的基本原则，很少与学校行政的决定唱反调。通常的情况是，它们之间会先进行非正式的沟通。教授会成员也不会主动找事，他们要做自己的事情。他们要做研究，要做教学。行政就是负责大学运行的，教授会成员对行政的要求是："不要打扰我"，"不要浪费我的时间"，"你办你的大学，我做我的学术"。有时可能会出现侵犯学术自由的问题；有时可能会出现教师任免问题；有时校长或院长做了一些愚蠢的事情,让教授不高兴;有时在一些大学还会出现教授会与行政之间传统上关系就不和谐的问题。当然,这些都是很少见的。

美国大学行政领导的去留主要不是由底层决定的,而是由顶层决定的。教授会可能对系主任、院长,甚至校长有很多意见,但在多数情况下,校长和董事会会说:"我们对他有信心,尽管你们有意见,我们不在乎。"有时,院长觉得教授会对自己没有信心了,就会辞职。但有时院长也会说:"这只是部分教师的意见,我不在乎,只要校长对我有信心,我就继续干。"后一种情况可能还更常见。

第二节　利益相关者在大学治理中的作用

大学治理的基本逻辑在于大学是一个利益相关者构成的组织,不同的利益相关者群体的利益都应当受到尊重和保护,利益相关者的权利应当有合法的治理机制得到维护。不论在中国还是在美国,大学都已经成为多元利益相关者参与其中的复杂组织。传统的单一、集中、简单的管理结构已经无法满足大学的功能需求和使命的实现,需要多方治理主体的合作共治。但是,这并不意味着各利益相关者在治理结构中具有同等的地位和权力,发挥同样的作用,更不是说大学决策要通过各利益相关者采用民主投票的方式。中美两国大学治理结构不同,治理主体发挥的作用表现出明显的差别。

别:大学治理的基本逻辑是尊重利益相关者的权利,在大学运行中通过适当的组织机制发挥他们的作用。在中国大学治理改革中,涉及的主要利益相关者除了传统的党政行政管理团队外,主要还有教师群体和有关社会企事业单位。中国大学完善学术委员会或教授会组织的努力就是要发挥教师群体的作用;建立董事会或理事会是为了发挥有关社会企事业单位的作用;部分大学在各种委员会中包括了学生委员,试图发挥学生的作用。

阿:在美国大学,分享治理的主体只包括教师和行政领导,有时候也包括董事,但不包括学生,不包括校友。

别:尽管中国大学治理要强化教师在办学中的作用,但实际上要做到这一点难度是很大的。党政领导及其职能部门的权力很大,他们的影响在大学无处不在,从校园建设与维护到课程教学,都是党政领导和行政职能部门负责的。教师个人和群体在大学管理中没有地位,也无从发挥作用。旧的学术委员会的组成人员基本上是各级党政领导,普通教师进不去。大学推行治理改革,首先要加强教师的作用。所以,很多大学党政领导主动地退出了学术委员会,有的大学要求学术委员会主任委员由不担任党政职务的教授担任。虽然学术委员会的制度更加规范了,但它如何发挥作用的问题还没有得到解决。有的大学将学术委员会办公室放在教务处,有的放在科研处或研究生院,由处长或院长兼任学术委员会秘书长。

阿:在美国大学,政策出自行政,而非教授会。从法律角度讲,大学行政可以做它想做的任何事情,但传统上教师的权力也是很大的。在政策出台前,大学行政通常会征询教授会或类似的委员会的意见:"你们有反对意见吗?"只有在少数情况下教授会才会说:"是的,我们不赞成。"尽管如此,大学行政还是可以执意而行的。但一般情况下,如果教授会提出了不赞成的意见,大学行政是会妥协的,他们会说明要这么做的理由,同时与教授会协商达成一致,对原先的主张进行一些修改,这样一来,最终付诸实施的政策与先前的就是不同的。大学行政与教授会就是通过这种方式进行合作的。这种情况是普遍的。在美国,大学的声望越低,教师的权力越小。在社区学院,教授不拥有权力,他们主要通过教师工会施加影响。在少量情况下,教师们会游行示威,但大多是为了薪酬,而不是为了学术问题。

别:教师聘任和晋升对大学学术水平和质量有重要影响,在中国大学,这方面的事务曾经完全由学校党政领导和人事部门负责,教师基本不参与其中。教师职称评审委员会成立后,部分教师参与其间,但作用非常有限。现在,教师聘任工作越来越复杂化,这也说明大学治理产生了影响,但相关运行机制还不成熟,部属大学和省属大学的差别也很大。典型地表现在,省属大学的教师招聘不完全是学校的事情,省市政府人事部门还掌握相当的权力。在大学内部,也还存在校院(系)的职权分配欠合理,行政部门和学术委员会的权力界限不清晰等问题。

阿:在美国大学,学校行政在教师聘任和晋升方面有一定权力。例如,要聘任新教师,首先要得到校长的批准。如果教师退休或离职出现职位空缺,有时校长也会说"不",不批准出现职位空缺的院系招聘新教师。比如,如果我退休了,他们会把我的职位拿回去,交给校长去决定。就是这样,他们可以想做什么就做什么。通常情况下,是行政部门告诉你可以聘用新教师。其次,学院院长将会同副教务长任命一个招聘委员会负责。聘委会一般由几位学系教授会成员、一两位其他学系教授会成员和几位行政人员组成。通常情况下,作为学院高级行政人员的院长是不参加这个委员会的。

院长会任命一位教授任主席,通常来自招聘教师岗位所在的学系。

聘委会负责在全国范围招聘。聘委会会发招聘广告,在全国范围招聘,对应聘者进行考察,找出合适的应聘者。在招聘中,聘委会会建议两三位或四位应聘者到校面试,应聘者要跟系里的教授谈话,了解教授们的研究成果,并与学生见面。在这些考察的基础上,聘委会就给院长提出一个建议名单,一般建议两位或三位候选人。通常情况下,院长会与所有候选人面谈,再向教务长提出建议人选,最后由教务长做出正式的聘任决定。所以,从形式上讲,教师是由校长聘任的,但实际上,是由教授会聘任的。越是高水平大学,教授会的权力越大。例如,在哈佛大学,基本上是由教授会决定的。院长对教授会的决定几乎不会说"不"。越是水平一般的大学,行政领导的权力越大。

别:中国大学院(系)领导不仅拥有行政人员的身份,而且都确定了行政级别,比如,正处级、副处级等。院(系)领导的任免与学校党政部门领导任免相似,所不同的是,院长(系主任)的任用可能会征求教师的意见,但教师的意见究竟发挥了多大作用,却是不公开的,没有人知道。令人不解的是,治理改革非常重视学术委员会的作用,但却没有大学在院(系)领导的任用中发挥学术委员会的作用。当然,不同大学的做法也有很大的不同。尽管如此,各大学的党政领导发挥了主要作用是确定无疑的。近年来,有的大学采取了竞聘上岗、国际招聘等方式,以增加透明度,扩大选人用人的范围。但由于大学行政文化、院(系)行政级别、工资待遇等的影响,学校党政领导依然主导着院(系)领导的聘任。

阿:美国大学校长在行政领导的聘任和晋职方面的权力很大,可以否决聘委会建议的候选人。波士顿学院就有过这样的案例。教育学院要聘用院长,因为院长工作的难度非常大,所以,选聘工作并不简单。聘委会选聘到一位他们喜欢的候选人,而且已经得到了现任院长们的认可,名单呈报给了校长。但校长说:"我不喜欢这个人。"结果这位候选人就落聘了。之后,校长组织了一个新的聘委会,启动又一场聘任工作。每一个人都为此感到很失望。虽然这种情况不常见,但它就发生了。校长利用他的权力做到了。我们不了解背后的原因究竟是什么,也许是应聘者对薪水要求过高。总之,为什么没有聘用聘委会推荐的候选人,校长没有解释。他没有说"因为她要求的薪水太高了",或者"她关于学院的发展愿景我完全不能接受"。在这个案例中,我们的校长就是这样一个人。在哈佛大学,这种情况是不可能发生的,因为教授会的权力非常大。教授们对校长会有很多抱怨,所以,这样的事情校长是不能做的。哈佛大学校长如果要做类似的事情,必须非常谨慎地对为什么要这么做向教授会做出解释。

别:在中国大学,教师对校长和其他领导有意见的情况很常见。但抱怨归抱怨,教师并不能影响校长和其他领导的任用。大学领导拥有无可争议的权威,办学的重大决策无须经过学术委员会或教授会审议,只需校长办公会或党委会(常委会)讨论决定。校长和其他领导的任免是由校外党委组织部(党组)负责的,任用考核可能征求少数知名教授的意见,也可能完全不征求意见。大学领导与教师的关系,在很大程度上是一种上下级关系,传统上,教师如果不担任行政职务,只担负教学和研究等工作的话,他是没有机会参与大学治理的,也就无从影响大学行政,更不可能对校长或其他领导的去留发挥影响。

阿:校长与教师的关系在美国大学是很复杂的。令人吃惊的是,在多数大学,校长与教师相处得都很好。有时,大学校长做一些教师不赞同的事情,在多数情况下,教师都采取了闭嘴的方式,不说什么。在有些情况下,教师可能通过他们的代表发表不同意见。只有在极罕见的情况下,他们会对校长进行信任表决。我们将这种情况称之为"核威慑",如果教师们真的提出了"我们要求校长辞职"的强烈要求,校长只好辞职,就像前哈佛大学校长萨默斯那样。但在哈佛大学,尽管教师们认为是他们控制着大学,对大学施加了很大的影响,但实际上,他们需要很长时间才能获得足够的支持,然后,才能采取投票表决的方式来表达反对意见。不过,在多数大学,主要还是研究型大学,虽然教师对校长投了不信任票,但校长依然不为所动。因为教师并不掌控他的职位,只有董事会才能掌控他的职位。实际上,如果教师投票表决对校长不信任的话,董事会和校长自己都会认真对待,因为这是一件大事。但校长不必就简单地回应:"好,我辞职。"

别:大学的人才培养工作自招生开始,中国建立了非常有效的高考制度。不论是在招生计划的确定还是招生考试与录取,大学都必须遵循政府部门的计划要求,大学在招生方面的自主权是有限的。在大学内部,招生录取工作主要由招生部门和学校领导负责,教师少有参与权,学术委员会的职权一般也不涉及。有的大学可能组织教授参与招生宣传,尤其是在高水平大学,一些知名教授受学校邀请到中学去举办讲座,以吸引优秀生源。在一些有自主招生权的大学,有的教授被邀请参加自主招生命题和考试。总的来讲,中国大学教师在招生工作中的参与权是非常有限的,学校领导和招生人员的权力非常大。

阿:美国大学的招生情况要更复杂一点。教授会有一个招生委员会,它负责向校长和招生办公室就招生的一般政策、招生程序、招生标准及重点等提出建议。所以,教授会对招生是有发挥影响的。但实际上,与中国的情况一样,在招生办公室,招生主任的权力非常大,而且美国大学招生体系也是很专业的。在波士顿学院,招生的选择性很大,每年都有约 25000 人竞争约 2000 个招生名额。这是指本科生招生。就实际招生过程中,美国大学教授会对本科生招生发挥的作用为零。研究生招生与本科生完全不同,研究生招生中各方都有职权,都发挥影响。在研究生招生中,教授会的作用达 90%。这里所说的是美国精英性大学的招生情况。

美国没有与中国类似的高考。在中国,大学可以依赖传统的考试。你的考试分数如何,你就上什么学校,其他的都不重要。在美国精英性大学,有学术性向测试(SAT),还有很多其他要求,还要有中学的推荐、中学成绩、个人陈述等。有些大学,比如,哈佛大学和芝加哥大学还要学生面谈。面谈不是老师与学生谈,而是由一位校友去谈。具体做法是:如果我住在芝加哥,我要申请哈佛大学,哈佛大学招生办公室将在芝加哥找一位校友跟我谈话,然后他会向哈佛大学招生办公室提交一份简略的面谈报告,说明与我面谈后的印象,反映我的一些基本情况,另外,要做出评价。

别:民主是中国大学重视的价值,民主参与被看作大学治理的基本原则。民主参与的主要组织是教师工会,中国大学都成立了教师工会。通过教职工代表大会,教师工会审议校长报告,对学校工作提出意见和建议。有的大学教职工代表大会比较规范,每年召开一次;有的大学不常开,基本不发挥什么作用。当然,教师工会非常关心教职工福利待遇。不能忽视的是,无论是教师工会,还是教职工代表大会,都受学校党委的领导。

阿:民主参与在美国大学好像没有对应的要求。如果一定说有的话,部分大学成立的工会可能算一个。研究型大学根本就没有教师组织工会,所以,压根儿就不存在教师工会。但在我曾经工作的纽约州立大学,就有一个工会组织。它是一个州工会系统的组成部分,尽管纽约州立大学教师每次表决的时候都会说"我们不需要工会",但因为它是规定必须有的,所以就存在了。在四年制大学,是否建立工会由教师表决决定。只有非常少的四年制大学成立了教师工会,许多社区学院成立了教师工会,可能占到 50% 左右。在美国,教师工会对课程、教学、治理等没有任何影响力。教师工会可以通过集体谈判发挥影响,在不同的大学,其作用大不一样。它们的影响力在各州差别也很大,它们在教师薪酬方面有一定的影响,有时对教师的工作环境也有一定的影响。

大学还有一些职员工会组织。不论教师工会还是职员工会,在大学治理中发挥的作用不大。

别:大学生是大学的主要利益相关者,但如何发挥大学生在大学治理中的作用,却还缺少有效的机制。以往大学生主要通过学生会在自我管理方面发挥一些作用,对大学事务,包括课程、教学在内,都不发挥什么作用。在大学治理改革中,部分大学在一些相关的委员会中规定了学生代表。比如,北京大学在校务委员会、监察委员会中要求有学生代表参加,尽管有这样的规定,但对学生实际发挥的作用却并不能期望过高,因为这些组织本身就很不健全。有的大学建立了校长早餐会、下午茶等机制,保证校领导与学生之间能够进行有效的沟通。还有的大学在学生中建立信息员制度,为学校掌握与学生相关的各种情况和信息提供了便利。尽管如此,大学生在大学治理中的作用还是非常有限的。

阿:大学生在美国大学治理中几乎没有作用,这是确定无疑的。在一些大学委员会中确实都有学生代表,比如,在教师聘委会中会有一名学生代表;在少数公立大学的董事会中会有学生代表。比如,纽约州立大学董事会有两名学生代表,而董事会组成人员达25人之多,所以,学生只占很小的比例。在少数大学的理事会中有学生代表。尽管在一些委员会中都有学生代表,但与欧洲大学的情况不同的是,大学生在美国大学治理中的作用是微弱的。出现这种差异的原因在于美国大学传统上没有赋予学生权力。

尽管美国社会是民主的,但大学的民主是非常有限的。我的观点是:大学不是民主化的。我对学生权力不看好。学生缺乏经验,难以在大学决策中扮演重要角色。很多人不赞成我对学生参与的看法。但问题的焦点是美国大学没有学生参与治理的传统。

别:校友是大学的利益相关者,中国大学在这方面的认识进步很大。很多大学都建立了校友会组织,学校领导也加强了与校友的联系。但这种联系更多地表现为增进感情,发挥校友的筹资能力,发动校友为学校捐赠,以筹集更多的办学资源。校友会几乎不参与校政,在大学治理中不发挥什么作用。但在一些大学成立的校务委员会、董事会、理事会等组织中,一些事业成功的校友往往名列其中,在学校治理中发挥个人的作用。由于多数大学没有成立校务委员会、董事会、理事会等组织,所以,校友个人所发挥的作用也是非常有限的。

阿:美国大学都有校友组织。校友会还会选举一位理事长,他们很多人都会给大学捐款。他们可以与大学高级行政人员见面交流,可以对大学的高级行政人员发挥一定的影响。但是,他们没有任何法定的责任。在我看来,校友在大学治理中的作用不大。前面谈到校友参与招生工作,但这却不是直接的治理。尽管校友在捐赠、招生等方面的作用是很大的,但在治理中不发挥直接的作用,对大学运行没有什么影响。

第三节　大学治理的变革与趋势

大学治理不是一种时尚,不是某个时期的偶然产物,而是高等教育体制变革的要求。一旦高等教育发展的内外环境发生改变,大学治理结构也会发生相应的变化。尤其是在大学治理制度欠完善的国家,治理变革更是不可避免的。就国际趋势而言,21 世纪以来,全球化、国际化和市场化浪潮席卷全球,作为学术组织的大学在国际变革趋势中既扮演着动力源的角色,同时也受到这些变革的深刻影响。中美两国高等教育发展阶段存在差异,大学治理理念和治理结构不同,在应对国内外环境变革的进程中,所采取的方式方法具有鲜明的国家特色。

别: 大学治理变革是一种国际趋势,很多国家在大学治理中谋求国际影响。比如,有的国家的大学建立了国际性的发展战略咨询委员会,邀请其他国家或国际组织专家参与大学治理。中国大学治理也在走向国际化,主要是一些高水平大学,比如,清华大学、北京大学等在学科专业评估中尝试国际评估,教育部高等教育教学评估中心在部分"985 工程"大学教学审核评估中邀请国际专家参与专家考察组。部分中国大学派出和组织管理干部到国外大学接受培训或考察学习,以借鉴其他国家大学治理的经验。可以说,国际化对中国大学治理的影响呈增强趋势。

阿: 在美国,国际化、国际组织对大学治理没有影响。这里说的主要是美国的研究型大学,在这些大学中,没有建立什么国际性的治理机构。所以,在美国大学中你看不到类似国际性的委员会,原因可能是美国人觉得似乎无所不知,他们没有什么需要向外国学习的。尽管这是很愚蠢的,但人们就是这么认为的。但有些大学在世界各地建立自己的校友会组织。波士顿学院就在一些国家建立了校友会,在中国就有一个。我曾经受到上海的波士顿校友会邀请。哈佛大学也有类似的组织。这些大学都有非常庞大的国际学生群体,建立了广泛的国际联系网络,这些校友对学校的捐赠也很多。不久前,哈佛大学公共卫生学院获得了建校近 400 年来最大的一笔捐款,捐赠者是一位中国香港校友。公共卫生学院因此以他的名字命名。我非常赞同这种方式。当然,在波士顿学院,也有这种情况,林奇教育学院就是这样来的。皮特·林奇在波士顿建立了金融公司,成为亿万富翁,几年前向教育学院捐赠了一笔资金,虽然资金不是特别大,但教育学院仍以他的名字命名。我退休前的职位是莫兰讲座教授,这个职位是由一位捐赠者支持的,但莫兰并不是捐赠者的名字,捐赠者要求用另外一个人的名字命名。所以,校友可以有很多方式对研究型大学发挥影响,但却不是通过参与治理发挥影响的。当我担任莫兰讲座教授的时候,我被要求每年必须向莫兰先生和捐赠者提交一份工作报告。他们要了解所捐赠的资金都用到哪儿去了。但就国际化而言,它对美国大学完全没有影响。

别:国际校友是一所大学国际影响力的重要表现。中国大学非常重视国际学生的招生,当然主要是高水平大学。很多大学将招收多少国际学生列入工作目标,主要目的并不是为了增加收入,而是为了提高国际化程度。过去中国大学招收的国际学生主要来自发展中国家,以学习中国语言和传统医学为主,现在生源国越来越广,国际学生就读的学科专业面也越来越宽,涉及众多人文社科领域和科学工程领域。但国际学生还是以学习为主,在这一点上与中国学生类似,基本不参与大学治理。一些国际校友较多的大学在国外成立了校友会,它们对母校的支持很大。厦门大学在东南亚很多国家都成立了校友会,校友对厦门大学的捐赠源源不断,对办学发挥了重要作用。但国际学生和校友对大学治理似乎没有明显的作用。

阿:美国大学吸引的国际学生很多,但我认为国际学生的增加对大学治理的影响是很小的。尽管与国际学生增加有关的变化是少数族裔教师人数有所增加,但他们,尤其是亚裔,在教授会中不是主要角色,他们在大学治理中不太活跃。除了很少的一些人外,在大学治理中,他们大多不习惯发声,不习惯发表不同意见。美国的新移民还很难影响大学制度,一般来讲,他们只是供职于大学,他们得到了聘用,尽职尽责而已。他们很难成为这个制度的一部分,除非他们出生于美国,在美国接受了完整的教育。我认为这种情况也会发生变化,很多美籍亚裔在文化上完全美国化了,他们会以美国人的方式行事。他们的人数在增加,他们个性鲜明,参与意识强。波士顿学院为此也制定了国际化战略,组成了一个委员会负责国际生事务。

别:市场对大学的影响越来越大,市场化对很多国家的大学治理也有一定冲击。在计划经济向市场经济转型中,中国大学受市场影响日益显著。从大学角度看,有的影响是被动的,有的却是主动的,也就是说,是大学主动选择。比如,教师招聘与人才引进受市场影响就很大,与之相适应的教职工薪酬待遇也受到市场的影响;部分大学创办了自己的科技产业公司,还有更多的大学加强了与企业的合作,政府对此也是鼓励的,有一些优惠政策。在大学治理中,企业发挥的作用主要表现为筹资和支持办学,对学校发展提出咨询建议等。比如,中南大学董事会包括了大量来自企业的代表,其副董事长候选条件是:大型集团公司主要负责人;捐赠总额较大的单位和个人;毕业生就业人数高度集中的单位等。教育部还规定大学理事会应当有企事业单位代表,以发挥社会合作方对大学办学的咨询、协商、议事与监督作用。

阿:市场对美国大学确有一定的影响。例如,若干年以前,加州大学伯克利分校就曾被要求与一些生物科技公司建立合作关系。实际上,这也带来了一些产权问题。麻省理工学院是最著名的一个案例,它一贯重视与所在城市剑桥市的科技公司或生物科技公司建立非常紧密的关系。斯坦福大学也是这样。但在波士顿学院,则完全没有。这也许是因为波士顿学院在技术领域做得不是很好,也许是因为波士顿学院传统上就不重视公众关注的这些领域,也许是因为波士顿学院就不需要这些资金。所以,美国各大学之间的差别是很大的。

别:社会专业学术组织与大学的关系是密切的,中国的社会专业学术组织正在成长中,对大学办学有一定影响。这些专业组织的成员主要来自大学,他们对大学的影响有的是直接的,有的是间接的。比如,各种教学指导委员会受政府委托,对大学专业教学发挥着重要的规范、指导和评估作用。有些社会评估组织定期发布评估报告或大学排名,引导社会公众舆论,进而影响大学办学。总体来看,除了教学指导委员会外,社会专业组织对大学治理的影响表现为非组织性和随机性。

阿:这是一个有趣的问题。在美国最典型的是美国大学教授协会(AAUP),它曾经是一个代表教师的专业组织,在学术自由问题上发挥着重要影响。在过去20多年里,美国大学教授协会对学术自由的影响变得越来越令人难以理解。在有些情况下,教师工会和美国大学教授协会交织在一起,很容易让人将二者混为一谈。传统上,是美国大学教授协会在保护学术自由。如果我是大学终身教授,我被解聘了,认为受到了不公正待遇,学校解聘我的理由是不正当的,我可以去找美国大学教授协会,告诉他们:"我被解聘了,受到了不公正对待,请你们去调查我的案子。"美国大学教授协会就会说"好",于是展开调查,发表调查报告。通常情况下,大学的态度是"少管闲事,离我们远一点"。果如是,美国大学教授协会就会将该大学列入侵犯学术自由大学的名单。现在这份名单上已有约30所大学的名字。但这不能改变什么,人们不会将列入黑名单当回事儿。结果是美国大学教授协会没有什么权力,也可以说没有任何正式的权力。现在它的权力似乎有所增强,但也只有一点点。在教授会看来,美国大学教授协会是一个大麻烦,它使教授会流失了很大一部分成员,它不清楚自身是教师工会组织还是专业组织,它也不知道如何发挥领导作用。这个组织现在非常困难。

别:现在几乎全球大学都面临财政困难,中国大学也不例外。与其他国家不同的是,中国大学的办学经费增长很快,需求也增长很快,但供给显然赶不上需求的增长。所以,政府鼓励大学与企业合作办学,更多地利用企业的资源,获取企业投资。在大学内部,只能首先保障基本办学需要,再进行重点投资,扶持优势、特色学科专业发展。中国大学仍属于成长型的大学,学科专业数量、在校生数量、教职工人数、校园建设面积等都在增加,办学经费也在增加,还没有出现因经费短缺而关闭的大学,因经费不足而裁减教职工人数的大学也极少见。从这个意义上讲,经费不足对中国大学治理的影响主要表现在发展战略的选择上,也就是对新项目的支持上。

阿:经费不足对美国大学办学影响很大,对美国大学治理也有重要影响,首当其冲的是教授终身制面临挑战。统计表明,全美大学只有50%的新聘教师获得了终身职,其他人都是兼职合同制。这样一来,因为只有终身职教师拥有合法地参与各种委员会的权利,而其他教师不拥有这方面的权利,大学就有了很大一批人虽然身处其中,却不是这个系统的组成成员。在我看来,这种状况糟糕透顶。因为大学需要每一个人的忠诚投入。全国统计数据可能让人产生疑惑,各大学之间的情况差别也很大。在波士顿学院,终身职的新聘教师占到80%或更多,我们没有多少兼职教师。兼职教师的职责主要是教学,不是科研。我相信哈佛大学的情况也一样,其终身职教师的比例可能更高。但在那些声望较低的大学、大众化入学的学院,特别是社区学院,其全职教师的数量相对就很少。这是非常危险的!

第十一章

治理体系和治理能力现代化与高等教育现代化的关系

现代化是当前和未来很长一个时期我国高等教育改革与发展的根本目标,没有高等教育现代化,关于高等教育的所有美好愿望都是难以实现的。高等教育现代化是一项系统工程,不仅体现在高等教育理念、功能和办学过程现代化上,而且还体现在高等教育体制和办学能力现代化上。高等教育治理与高等教育现代化相辅相成,治理现代化是高等教育体制现代化的有机组成部分,而治理能力现代化则是高等教育现代化的重要保障。在我国高等教育内外环境下,治理体系和治理能力现代化更具有支持和引导高等教育现代化的重要作用。

第一节　治理体系和治理能力是高等教育治理的优先选项

高等教育治理是一个新概念,是在高等教育现代化进程中出现并得到应用的,开始的时候是学者们在学术研究中运用,表示高等教育是一种涉及多种利益相关组织、公民群体和个人的事业,应当发挥各利益相关组织、公民群体和个人在办学和管学方面的作用。就治理的本意而言,既有公共治理又有公司(组织)治理,也就是说,治理的含义既涉及宏观层面又涉及微观层面;既包括了参与举办和办理相关事业,又包括了拥有相关事业的话语权、表决权和监督权。其内涵主要有四:一是利益相关者共同参与举办;二是利益相关者共同参与决策;三是利益相关者共同参与监督;四是利益相关者共同参与分享。也就是说,治理一方面要保证利益相关者的利益不受侵犯,另一方面要保证事业得到更好的发展,唯其如此,利益相关者才可能共同分享成果,从而达到利益相关者各方参与治理的目的。因此,治理所尊崇的价值主要是平等、协商、责任和共享。①

　　高等教育治理是治理在高等教育部门的实践,是一种解决高等教育的利益相关组织、公民群体和个人参与办学和管学问题的举措。传统上,在我国,中央政府拥有绝大部分高等教育政策的制定权,并通过一定的行政手段,对地方高等教育政策和高校办学施加直接而有效的领导与管理。②我国高等教育内外部关系封闭,除各级政府及其高等教育主管部门、高校内部行政组织机构和相关行政人员外,其他利益相关组织、公民群体和个人基本被排除在办学和管学之外,在举办、决策、监督和利益分享等各方面都没有参与的权利。治理就是在高等教育发展进程中,充分地实现利益相关者各方的参与,改变只有少数权力机关和工作人员办学和管学的状况。从这个意义上说,高等教育治理要解决的问题是具体的,它所针对的是长期以来高等教育的办理和管理过程中存在的参与主体单一,社会利益相关组织、公民群体和个人缺少参与机会和机制,权利和利益缺乏保障的问题。因此,高等教育治理的内涵主要有四:一是建立和完善多样化的高等教育投资办学体制,形成政府、社会组织和公民群体与个人共同办学的格局,丰富高等教育资源筹措渠道,促进高等教育良性发展;二是建立和完善有关社会组织和公民个人参与高等教育政策制定过程的机制,保证高等教育政策反映利益相关各方的诉求;三是建立和完善高校内部治理结构,健全教授治学和学生参与的机制,使高校内部利益相关各方的权益得到保障和实现;四是鼓励社会组织和公民个人对高等教育的监督,放松管制,以形成社会化的高等教育问责体系。由此可见,高等教育治理的任务是复杂而多样的,既包括宏观层面也包括微观层面,既包括办学也包括管学,涉及高等教育全方位各层面的改革。

　　毫无疑问,治理体系和治理能力是高等教育治理的有机组成部分。从功能看,高等教育治理包括参与投资举办、咨询决策、监督问责和权益保障等方面;从构成要素看,高等教育治理包括思想、组织、制度和能力等方面。高等教育治理的功能是通过其构成要素的相互作用来实现的,也就是说,构成要素是高等教育治理功能实现的基础。在构成要素中,高等教育治理思想发挥着引导作用,高等教育治理的组织建立、制度建设和能力要求与培养都以高等教育

① 别敦荣. 治理之于大学管理的意义 [J]. 江苏高教, 2007 (6) : 2-4.
② 别敦荣,易梦春. 中国高等教育发展的现实与政策应对 [J]. 清华大学教育研究,2014 (1) : 11-16.

治理思想为指导,都要体现治理思想所包含的价值期望,并保证其得到实现。高等教育治理组织包括遵循治理思想所建立的各种审议、咨询、决策、审核、监督、仲裁和评估机构及其组成人员;若以高校为界,又可分为外部或宏观治理组织和内部或微观治理组织,外部和内部都可能建立不同层次的治理功能组织,它们共同构成高等教育治理体系。这就是说,高等教育治理体系是由各种宏观和微观治理组织所构成的系统,担负着开展治理活动、实现治理功能的使命。高等教育治理制度是根据治理思想的要求所制定的各种法规、政策和规章,它既是高等教育治理思想的反映,又是治理组织开展治理活动的准绳。高等教育治理能力是治理主体,即治理组织和相关人员开展治理活动、实现治理目标的能力。由于组织的功能主要是通过其组成人员实现的,因此,治理人员的能力是关键。如此看来,在高等教育治理的四要素中,在治理思想和治理制度得到一定程度发展的情况下,治理组织或治理体系与治理能力发挥着至关重要的作用,因为治理思想和制度需要通过治理组织和能力才能发挥作用。从这个意义上说,治理体系和治理能力应当成为推进高等教育治理的优先选项。

我国高等教育治理首先表现为实践,即建立治理组织,执行相关治理政策规定,以促进高等教育现代化进程。也就是说,我国高等教育治理是为了解决特定的高等教育现代化问题而采取的策略,最初并没有成熟的治理思想或理论,属于"摸着石头过河"式的改革探索。"文化大革命"结束以后,我国延续并强化了中央和地方政府部门办学的举办和管理体制,其结果是:一方面,政府具有全能性,既是高等教育的举办者,又是高等教育的管理者,还是高等教育成果的调配者;另一方面,中央、地方、部门各自为政,缺乏协调和统筹,中央和地方高等教育行政机关只能对所属高校发挥影响力,政策效力难以达到其他政府机关所属的高校。1986年,中央政府改组原教育部,成立了具有广泛代表性的国家教育委员会,以发挥政府中各利益相关者的作用。尽管后来原国家教委又改组为教育部,而且原国家教委的设立还只涉及政府部门权力和利益的协调与保障,但不可否认,成立国家教委本身代表了高等教育治理及其意义开始为我国政府所接受,为后来更广泛意义上的治理改革开了先例。

20世纪90年代所兴起的治理研究为高等教育治理的进一步发展提供了理论指导。治理研究从介绍和引进国外治理思想和经验开始,逐步进入到我国高等教育治理的需要,直至高等教育治理的各方面,取得了比较充分的理论成果。尤其是在高等教育的社会参与举办、社会组织、公民群体和个人参与监督与评估、高校教授治学和内部治理结构建设等方面的研究,对推动高等教育现代化发挥了积极的重要作用。与治理研究相向而行的是,高等教育治理实践得到了一定程度的发展。尤其是在治理体系建设方面,一些高等教育治理组织建立起来,并开始发挥一定的作用。在宏观层面,国家教育咨询委员会、教育部教育考试指导委员会等组织得到成立,在相关教育政策研究和咨询方面发挥影响;在微观层面,高校学术委员会改组,教授会成立,董事会、理事会、校务委员会等组织设立提上议程,都表明高等教育治理组织发展开始走向多样化,且渐成体系,治理思想已经成为高等教育管理的重要指导思想。不过,应当承认,高等教育治理仍然是新生之物,其思想还不成熟,组织和制度建设尚处于摸索阶段,治理能力也还有待改善和加强。不仅如此,高等教育治理的内外环境仍有待改善和优化,因此,高等教育治理的理论研究和改革实践任重而道远。

第二节　治理体系和治理能力现代化是
高等教育现代化的应有之意

治理体系和治理能力是高等教育治理的两个主要构成要素,具有各自不同的内涵,但二者高度相关、相辅相成。治理体系包括办学体制和管理体制改革中建立起来的参与办学、参与管学和参与治学的所有组织及其结构关系。治理体系建设是在高等教育办学和管理体制改革中提出的课题,改革办学和管理体制既是高等教育现代化的要求,又是高等教育现代化的重要组成部分。改革办学体制,实现由封闭向开放、由单一投资主体向多元投资主体的转变,是高等教育现代化的需要。封闭办学不可能满足社会和大众的高等教育需要,单一投资主体不可能支持高等教育大规模办学,不可能提供大众高等教育所需的办学能力。所以,构建开放、多元的办学体系,推进高等教育办学体制现代化,就成为高等教育现代化发展的必由之路。改革管理体制,在宏观层面,建立政府宏观管理、中央和地方合理分治、社会组织和公民参与治理的体系;在微观层面,建立高校政治权力、行政权力、专业权力和社会参与共同治理的体系,提高高等教育决策的民主性、办学的透明度、监督的多元化,促进高等教育管理体制的现代化,保障利益相关者各方能够共享高等教育发展的成果,是实现高等教育现代化的重要保障。

治理能力是治理主体所具有的达成治理目的的能力。高等教育治理的主

第二编　现代大学制度实践

体既有办学和管学的传统主体,包括中央和地方政府及其高等教育行政部门以及相关任职人员,又有非传统主体,即因治理的需要参与进来的社会组织、公民群体和个人。传统主体和非传统主体都有治理能力建设问题。在高等教育治理由动议转化为实践的过程中,治理能力便开始发挥作用。治理能力强,则高等教育治理的推进可能比较顺利;治理能力弱,则高等教育治理的发展可能比较缓慢,障碍重重。所以,加强治理能力建设,实现治理能力现代化,是提高高等教育治理水平的要求。

治理体系和治理能力现代化与一般的社会现代化要求并不完全相同,而有其特定的意蕴。在具体阐释治理体系和治理能力现代化的意蕴之前,先明确它与另一个常见的表述"治理体系和治理能力建设"的关系。从语义的角度讲,二者有着大致相同的内涵,治理体系和治理能力建设的目标指向正是现代化,所以,在本书中,二者被看作是同义语。一般而言,现代化往往要经历一个由传统走向现代的转变过程,但高等教育治理是一个新概念,在实践中则是正在探索的新领域,客观上并不存在传统的治理体系和治理能力。即便改革开放以来建立的一些治理组织以及由此而形成的治理能力,仍属于新事物,也不存在需要现代化的问题。所以说治理体系和治理能力现代化是高等教育现代化的要求,与高等教育的现代性特征有着相同的意蕴。尽管我国现代高等教育起源于 19 世纪后期,但今天所探讨的高等教育现代化实际是 20 世纪后期提出来的任务,从这个意义上说,治理体系和治理能力现代化与高等教育现代化一脉相承,没有高等教育现代化的要求,就无须现代化的治理体系和治理能力。也就是说,我国高等教育的自身发展和其所处外部环境要求推进高等教育治理。[1] 推进治理体系和治理能力现代化,就是要根据高等教育发展的自身规律和高等教育现代化的基本要求,以构建政府、高校、社会新型关系为核心,以推进管办评分离为基本要求,以转变政府职能为突破口,建立系统完备、科学规范、运行有效的制度体系,形成政府宏观管理、高校自主办学、社会广泛参与的格局,更好地调动中央和地方的积极性,更好地激发高校的活力,更好地发挥全社会的作用。[2]

治理体系和治理能力现代化是高等教育现代化的有机组成部分。治理体

---

① 瞿振元.建设中国特色高等教育治理体系 推进治理能力现代化 [J].中国高教研究,2014(1):1-4.

② 袁贵仁.深化教育领域综合改革 加快推进教育治理体系和治理能力现代化 [J].中国高等教育,2014(5):4-10.

系现代化是针对高等教育的办学和管学组织及其体系而言的,意在通过高等教育办学和管学组织及其体系改革,建立一套适应高等教育现代化发展要求的办学、管学和治学组织及其体系,以改善现行的办学和管学组织及其体系,提高高等教育发展的效率与质量。治理体系现代化不是要建立一种新的体系来代替现行的办学和管学组织及其体系,而是改善,是一种功能补救。具体而言,它主要包括以下几方面的内容:一是建立和完善开放的、多元主体参与办学的高等教育投资举办组织及其体系,形成公办高校、民办高校和混合型高校并存的局面,保障中央和地方政府、社会组织和团体、公民个人投资举办高等教育的权利。二是建立健全多元办学主体、社会团体和公民代表参与的高等教育咨询、审议和决策委员会组织及其体系,发挥多元利益相关者的作用,保证民主办学和民主管理,促进高等教育和谐发展。三是建构和完善社会问责和评估监督组织及其体系,发挥社会组织、公民团体和个人的监督保证作用,促进高等教育健康有效地发展。四是建立和完善高校内部中层、基层和师生员工充分参与的治校和治学组织及其体系,尤其是教授治学的组织及其体系,形成全员参与、群策群力、责任共担的高校办学格局。

　　治理体系与已经存在的高等教育办学和管理组织及其体系之间既相互交叉,又具有相对的独立性。交叉主要表现为中央和地方政府、高校内部党政组织作为传统的办学和管学主体,往往也是治理组织及其体系的构成主体,因其特殊的身份和地位在治理过程中依然发挥着重要的作用。相对的独立性主要表现为治理组织及其体系构成主体多元化,利益相关各方民主协商、多元互动形成决议。治理组织及其体系从属于政府和高校,比如,高校学术委员会、教授会等;可以附着于政府和高校,比如,政府成立的具有治理功能的咨询或审议委员会、高校建立的有社会企事业单位参加的联合办学组织等;也可以独立于政府和高校之外,自主地参与高等教育治理,比如,社会组织和个人自主设立的高等教育评估组织、研究组织等。整体上,治理体系是对宏观和微观的高等教育治理组织的统称,它具有松散性,构成治理体系的治理组织之间可以有所属关系,比如,高校学术委员会与其所成立的各种专门委员会之间就存在隶属关系,但多数治理组织之间往往不具有严密的隶属关系。因此,治理体系现代化的重点在于高等教育治理组织建设,包括理清和明确各种治理组织的职能、人员代表的构成、运行方式以及与相关高等教育管理权力组织的关系等,创设治理组织发挥作用的环境和条件,以保证治理组织能够发挥促进高等教育健康有效发展的作用。至于具体的高等教育治理组织的体系化,虽然只是个别治理组织建设的任务，但也不可轻视，尤其是高校学术委员会的体系化，直接关系到学术委员会能否有效地发挥其功能，应当加强建设。根据《普通高等学校学术委员会暂行规程》，学术委员会是高校最高学术组织，具有学术咨询、决策、评议和审核等功能，除了其自身能够自主地发挥治理功能外，其所属的教学指导委员会、学术争议评议或仲裁委员会、学术道德委员会等各种专门委员会所构成的学术委员会体系，可以在多方面发挥治学作用。因此，发挥高校学术委员会的作用，应当建立高校学术治理体系，包括加强学术委员会体系建设以及新建或调整学术委员会与大学党委、校长及其办公会以及相关的行政职能部门之间的关系。①

治理能力现代化是对高等教育治理主体提出的要求。概而言之，高等教育治理的主体主要分两类：一类是治理组织，另一类是治理组织的构成人员。两类主体都有能力现代化的需要。对治理组织而言，治理能力现代化的重点是：根据高等教育现代化的要求，明确并落实各种治理组织的职责权限、运行规范、活动准则以及与相关政府部门和高校党政领导及职能部门相互作用的方式方法等；对治理人员而言，因其构成来源差异很大，有来自校外党政部门的代表、高校党政领导及职能部门的代表、社会组织的代表以及公民团体或群体的代表等，不同人员治理能力现代化的要求存在较大差异。对治理组织中的党政部门代表和高校党政领导及职能部门代表而言，治理能力现代化的重点在于实现角色转换，加强沟通、协商和协调能力，调动其他治理人员参与办学、管学和治学的积极性，充分发挥其他治理人员的作用，保证高等教育治理目的的实现；对其他治理人员而言，治理能力现代化主要是提高其对高等教育的理解能力、意愿表达能力、沟通协商能力、监督和评判能力以及责任分担能力，以保证参与高等教育治理的效率和质量。治理能力现代化的意义是不言而喻的，不论是治理组织还是治理人员，能力现代化不仅事关治理组织目标的有效实现，而且事关高等教育现代化的进程与质量。

---

　① 别敦荣. 大学学术委员会的性质及其运行要求 [J]. 中国高等教育，2014（8）：27-30.

第三节　治理体系和治理能力现代化是高等教育现代化的基础工程

治理体系和治理能力现代化不仅是高等教育现代化的有机组成部分,而且具有为高等教育现代化服务、为高等教育现代化提供必要条件的作用。从这个意义上讲,治理体系和治理能力现代化是高等教育现代化的基础工程,其基础地位不仅是由其自身的属性所决定的,而且是由高等教育现代化的任务所决定的。

治理体系现代化是高等教育体制改革的核心任务。体制改革是高等教育现代化的必然要求。体制是高等教育的组织外壳,只有现代化的体制才能承载现代化高等教育的功能。体制改革就是要建立现代高等教育体制,它主要针对的是传统的、封闭的、办学和管学主体单一的高等教育体制。改革开放以来,高等教育体制改革的广度和深度不断得到拓展,招生就业体制、人才培养体制、投资拨款体制、宏观管理体制、高校内部管理体制等都得到了改革,不仅中央政府与地方政府之间的关系、政府各部门之间的关系得到了一定程度的调整,而且高校与政府之间的关系、高校与社会的关系、社会与政府的关系也得到了一定程度的改善。这些改革既有对原有办学和管学体系的完善,也有在原有体制之中嵌入新的治理机制的改革,也就是说,现代高等教育体制既包括传统的高等教育体制的维新,又包括治理体系的新建。之所以要新建治理体系,是因为传统的高等教育体制难以实现高等教育现代化的目标,即便对传统体制进行维新,也不可能解决根本问题,所以,治理体系现代化是对传统高等教育体制弊端的补救。治理体系的嵌入将广泛的社会组织和公民团体、个人纳入进来,使高等教育体制具有更大的包容性,有助于改善高等教育体制的结构,优化传统的中央政府与地方政府、政府各部门和高校与政府之间的关系,增强高等教育的适应性,从而使高等教育体制的现代功能得到更好的发挥。

治理体系现代化为高等教育现代化提供更充分的物质基础。高等教育现代化是大众化,甚至普及化的,是技术先进、设备优良的,是条件充裕、环境优越的,是高水平和高质量的。这也就意味着高等教育现代化离不开充分的物质基础,没有充分的物质保障,高等教育现代化只可能是水中花、镜中月。一般来讲,高等教育现代化的物质保障需要通过"两条腿走路"来实现:一条是政府公共财政投资;另一条是民间资本投资。在传统的高等教育体制下,政府独有高等教育的举办权,政府财政拨款成为高等教育唯一的物质保障渠道,由此形成了传统的办学体系。治理体系现代化就是要突破传统的高等教育举办体制,打通民间资本投资高等教育的渠道,建立多元投资主体举办高等教育的体系,为高等教育现代化筹集更充分的办学资源。经过 30 多年的改革与建设,多元投资主体办学的格局已经初见雏形,但进一步完善治理体系,健全民间资本投资办学的组织体系,更开放地吸引更广泛的民间资本投资举办高等教育,保障高等教育现代化所需要的物质基础,仍是高等教育现代化不能忽视的重要任务。正因为如此,治理体系现代化主要具有两方面的意义:一是在高等教育体制中嵌入治理体系,实现高等教育体制现代化;二是开拓高等教育投资办学渠道,消除民间资本进入高等教育的障碍,为高等教育现代化提供更充分的物质基础。

治理能力现代化不仅引导高等教育现代化的方向,而且支持高等教育持续健康发展。治理体系现代化能够为高等教育扩容、发展大众或普及高等教育奠定组织和资源基础,但高等教育发展的方向及其进程在很大程度上却是由治理主体的能力所决定的。治理主体由传统的办学与管学主体和新兴的参与办学与治学的主体所构成,两类主体所代表的高等教育利益诉求和价值取向既有共性又有差异。正是其差异之处反映了高等教育发展的新要求,即高等教育现代化的任务。因此,治理能力的状况与高等教育现代化密不可分,治理能力水平高,高等教育现代化的方向就明确、进程就顺利;治理能力水平低,高等教育现代化的方向就可能模糊不清,进程就缓慢拖沓。改革开放以来,虽然高等教育治理取得了一定的进展,但治理体系建设历史短,治理组织健全程度不高,治理人员构成复杂且治理经验不足是客观事实。加强各治理主体的能力建设,实现治理能力现代化,其意义不但事关治理水平的高低,更是关系到高等教育现代化的方向与进程。

正如有学者所指出的,实质上,高等教育治理是高等教育现代化的有机组成部分。实现高等教育治理必须优先推进治理体系和治理能力现代化。治理体系和治理能力现代化与高等教育现代化之间既是包含关系,又存在因果条件关系。一方面,治理体系和治理能力现代化是高等教育现代化的有机组成部分;另一方面,治理体系和治理能力现代化又是高等教育现代化的必要条件。为此,优先推进治理体系和治理能力现代化,完善高等教育体制,提高各级各类办学、管学和治学主体的能力,不仅能够增强高等教育满足社会发展需要的能力,提高人民群众接受高等教育的水平,而且能够加快高等教育现代化进程,保障高等教育现代化沿着健康的轨道不断前进。

第十二章
高等教育治理体系和治理能力现代化的基本原则

　　现代化是当今时代我国社会发展的重要主题,教育,尤其是高等教育既是国家现代化的主要动力源泉,又是国家现代化不可缺少的社会领域。高等教育治理现代化是高等教育现代化的一项重要内容,治理体系和治理能力现代化是两大优先方面。然而,对许多人来说,"治理"仍然是一个新名词,当人们带着原有的高等教育管理思维进入一个以"治理"为主的话语体系中时,多少会存在一些不适应,尤其对"高等教育治理体系和治理能力现代化"这个在近期才开始出现的新术语仍有种"找不着北"的感觉。因此,在推进高等教育治理体系和治理能力现代化之前,首先需要明确行动的基本原则,以便对其行为予以规范与指导。这些基本原则是在构建高等教育治理体系和治理能力现代化过程中必须遵循的基本行动准则,能够指引高等教育治理体系和治理能力现代化的进程朝着既定的轨道有序地展开,最终实现高等教育治理的现代化。

第一节　科学治理原则

　　科学治理是指遵循高等教育发展规律,运用科学理念、科学思维和科学方法与手段来处理高等教育体制机制改革问题。科学治理原则,与高等教育治理体系和治理能力现代化的内在要求息息相关,高等教育治理体系和治理能力现代化的过程包含了高等教育治理体系和治理能力的科学化过程。英国学者富勒曾说:"科学是全球治理的工具。"① 追求科学,是高等教育治理过程的必然要求。

---

① 〔英〕史蒂夫·富勒. 科学的统治:开放社会的意识形态与未来 [M]. 刘钝,译. 上海:
　上海科技教育出版社,2004:11.

第二编　现代大学制度实践

139

我国高等教育治理发展的历史,是一部努力以科学为指导展开改革实践探索的历史。在科学治理原则的指导下,我国高等教育体制机制改革实践取得了许多重大突破和可喜成果。在改革开放之初,国家对于高等教育体制改革决策就已开始从过去政治为主导的经验决策向科学决策转变。尤其1985年以后,开始注重在科学研究的基础上做出有关高等教育体制重大改革的各项决定。[①] 主要表现为在客观总结以往高等教育体制中存在的重大问题和失误,科学分析其中所昭示的深刻经验教训的基础上,探索符合新时期国家社会发展需要的高等教育体制。1985年发布的《中共中央关于教育体制改革的决定》(以下简称《决定》)就明确提出了:"要尊重教育工作的规律和特点,坚持实事求是,一切从实际出发……改革既要坚决,又要谨慎,注重试验。"这些都体现了不是盲目地、凭以往的管理经验来解决高等教育体制改革问题,而是在科学理念指导下,按照一定的科学方法做出改革决策。《决定》在充分总结、详细剖析当时我国教育体制存在的各种弊端之后,就高等教育体制改革出台了一些具有开拓性的政策,如实行"两级管理,三级办学"、扩大高校办学自主权、成立国家教育委员会等,为我国高等教育治理体系的建立奠定了重要基础。1986年发布的《高等教育管理职责暂行规定》,则进一步对《决定》中的有关政策条款进行了明确和规定。20世纪90年代以后,国家提出有关高等教育体制改革的政策和措施都遵循了这一原则。在1993年出台的《关于中央部门所属普通高等学校深化领导管理体制改革的若干意见》《关于普通高等学校内部管理体制改革的意见》《中国教育改革和发展纲要》(以下简称《发展纲要》)等一系列文件中,都强调了在建设中国特色社会主义理论指导下,建立与社会主义市场经济体制和政治体制、科技体制改革相适应的新的高等教育体制。进入21世纪以后,国家坚持从实际出发,进一步深化改革,紧紧抓住现实问题出台新的管理政策,如在2010年发布的《国家中长期教育改革和发展规划纲要(2010—2020年)》(以下简称《教育规划纲要》)中明确提出要通过建立教育咨询委员会,以"提高政府决策的科学性和管理的有效性"。改革政策的提出,经过广泛征求公众意见,将各种意见收集起来,集思广益,有助于保证科学决策。同样,在政策的执行上,也采用了科学的方法。在改革实施过程中采取先试点后推广的方式,在改革试点取得成功经验的基础上才将新政策全

① 石鸥,等.在理想与现实之间——我国高等教育改革预期目标的实现与偏离[M].长沙:湖南师范大学出版社,2012:58.

面推广。在推广过程中,遇到新问题也会视具体情况及时对政策进行修正或完善。正是遵循科学治理的原则,采取了民主决策、实践探索、经验总结、修订完善、稳步推进的实施路径,我国高等教育体制改革取得了重大进步,高等教育治理体系和治理能力得到了明显的改善。

科学治理是我国高等教育治理体系建设和治理能力发展的方向。应当承认,改革开放 40 年来,尽管高等教育体制机制改革取得了重要进展,但仍存在不少问题,有些问题的出现主要是由于没有遵循科学精神的指引和科学方法的指导。还有一些改革,虽然目标设计合理,但由于未能遵循科学的方法,实践过程中没有抓住问题的要害,推进缓慢,成效不明显。例如,在高校内部治理结构问题上,尽管在改革开放之初就提出了建立学术委员会等学术机构,以改善高校内部管理的要求,但在实际的改革实践中,由于缺乏合理有效的推行方法,导致至今学术委员会制度仍很不完善,教授治学仍难以落实。[1] 因此,科学治理原则仍有着重要的现实意义,对高等教育体制机制改革具有重大指导意义,高等教育治理体系和治理能力现代化建设必须在科学治理原则指导下稳步推进。

遵循科学治理原则,推进高等教育治理体系和治理能力现代化,就是要在科学精神、科学理念、科学方法的指导下,利用科学的技术和工具,解决高等教育办学和管学中存在的各种问题,包括一些深层次的问题。第一,要有科学精神,大胆解放思想,不断开拓创新,勇于实践探索。敢于承认、面对与批判阻碍高等教育健康发展的各种体制和机制问题,努力寻求更合理、更科学的路径,构建良治、善治的高等教育体制机制。第二,要认真研究高等教育发展规律,运用科学的思想观念和理论指导高等教育体制机制改革,推进高等教育治理体系和治理能力的现代化。第三,利用科学技术和手段,建立结构合理、功能优化、关系协调的高等教育治理体系,提高高等教育治理能力。第四,用治理理论武装高等教育治理主体,在治理实践中锻炼治理主体的能力,不断提高高等教育治理水平,从而保证高等教育持续健康发展。

第二节 民主治理原则

民主治理原则即在推进高等教育治理体系和治理能力现代化的过程中,

① 别敦荣,唐世纲. 论教授治学的理念与实现路径 [J]. 教育研究,2013(1):91-96.

发扬社会主义民主,尊重高等教育利益相关者的意愿,尊重他们平等参与的权利,使他们积极、主动地参与到高等教育办学、管学过程中来,协同治理高等教育各项事务。遵循民主治理原则,基本要求是保证高等教育治理过程是民主的,结果符合民意,人心所向。

改革开放以来,国家民主政治进程逐步深化,高等教育办学与管学的民主化从理念到实践逐步得到认同,民主治理成为高等教育体制机制改革的基本指导原则。改革开放以前,我国高等教育管理是集中式的,主要表现在中央及职能部门总揽全国高等教育;高校党政主要领导包揽学校办学和管理的权力。十一届三中全会以后,解放思想、实事求是成为改革开放的思想基础,权力下放,民主参与,成为政治、经济、科技、教育改革的重要任务。在此背景下,高等教育体制机制改革全面展开,民主治理由此成为高等教育体制机制改革及推进高等教育治理的重要原则。1985年《决定》的颁布是高等教育治理的重要开端,也是高等教育民主治理思想的体现。《决定》有三大亮点:一是开启了民主决策的新方式。《决定》的颁布过程是一次成功的民主治理的尝试,决策的过程改变了以往单纯的行政决策的方式,学术界、高教界和社会方面的诉求受到重视。二是提出了扩大高等教育的管学、办学主体的总体框架。在宏观层面,提出了建立“两级管理、三级办学”的高等教育体制;在微观层面,使高等学校拥有办学自主权。三是鼓励各级政府、师生员工、社会各方面共同致力于高等教育的发展。稍后发布的《发展纲要》延续了《决定》的政策要求,提出:“鼓励和提倡厂矿企业、事业单位、社会团体和个人根据自愿、量力原则捐资助学、集资办学,不计征税。”民主治理思想对高等教育体制机制改革发挥了深刻的影响,让更多高等教育团体和个人参与到高等教育的办学中,使高等教育办学更具活力,逐渐形成了多主体共同参与高等教育治理的局面。

在30多年的高等教育改革中,民主治理思想已经成为政府和高校不断深化办学和管学体制改革,推进治理体系和治理能力现代化的主要指导思想。在宏观方面,政府不但放松了对民间资本投资举办高等教育的管制,调动了民众参与举办高等教育的积极性,构建了规模相当可观的民办高等教育体系,而且重构了高等教育管理体系,调整了教育部与其他部委、中央政府与地方政府、政府与高校之间的关系,弱化了集权管理,加强了地方和高校的管理权限,使地方和高校在高等教育规制与统筹、自主办学等方面具有了更大的灵活性。在微观方面,高校完善了教职工代表大会制度,扩大了基层院系的管理和办学的权限范围,强化了教授治学的机制,使高校内部的办学和管学更具活力,高等教育各直接利益相关者拥有了一定的话语权和民主参与权。30多年来,民主治理而非集权管理,已经成为高教界的共识,不只是原先处于弱势的高校、教师和学生对此有着强烈的诉求,而且政府部门也有着高度的共识。所以,在制定《教育规划纲要》时,政府除按常规听取各级各类高校和地方的意见和建议外,还史无前例地将草案向全社会公布,广泛地征求海内外人士的意见和建议,力图在最大范围汇集民意,使《教育规划纲要》充分地反映民意。可以说,《教育规划纲要》的制定过程是一次高等教育民主治理的典范尝试,开启了国家高等教育政策制定的民主治理模式。再如,重视教师在高校办学和管理中的重要作用是高等教育治理体系和治理能力现代化的重要内容,除建立健全教职工代表大会制度外,政府和高校还从学术治理角度,不断加强学术委员会制度,又从政策、法律上明确学术委员会建制的合法性和应有地位,到直接要求规范学术委员会运行程序,使学术委员会成为教授治学的主要机制。除《高等教育法》的明确规定外,教育部更出台了《普通高校学术委员会规程》,指导高校加强学术委员会的组织建设,更好地发挥教授治学的作用。

在看到民主治理取得重要进步,开始对高等教育发展发挥积极作用的同时,也应该看到高等教育治理体系和治理能力现代化的任务还非常艰巨,尤其是在民主治理体系和能力建设方面,仍有很长的路要走。主要表现在:第一,民主治理体系还很不完善。我国高等教育已进入大众化中后期阶段,已成为民众共同的基本需要之一,民主参与高等教育治理的体制机制仍处于初步发展阶段,《教育规划纲要》的制定并没有常设的民主参与机制,属于一事一策的做法。已经建立起来的国家教育咨询委员会等组织并没有定期或不定期的工作情况发布制度,主要职能属于服务行政的咨询解释范畴,没有成为民众的民主治理组织。在高校内部,尽管建立董事会或理事会的要求已经提出来了,部分高校进行了初步的尝试,但总体上仍处于政策或舆论呼吁阶段,未取得实质性的进展;即便学术委员会的建设,也仍处于摸索阶段,只有少数高校试图通过完善学术委员会组织及其工作机制,改善内部治理结构。第二,民主治理能力还很薄弱。民主治理不只需要建立相关的组织机制,还需要参与治理的各主体提高治理认识,加强治理能力,遵循治理原则和规范,充分发挥民主治理在高等教育发展中的作用。第三,民主治理缺乏必要的保障。由于治理只是一种改革要求,不论是政府还是高校,既没有明确的时间表,更缺少刚性的目标定位和问责机制。虽然一些政策法规做出了明确的要求和规定,但缺少督导、检查,实施效果并不尽如人意。因此,进一步加强民主治理,仍是完善高等教育治理必须遵循的原则。

坚持民主治理原则,推进高等教育治理体系治理能力现代化仍应系统谋划,注重实效,重点突破,逐步完善。第一,加强民主治理教育,强化高等教育民主治理意识。通过开展民主治理专题报告会、集中培训、经验交流等系列教育活动,使高等教育治理主体了解高等教育民主治理的内涵、价值、目的与意义,形成有关民主治理的正确认识和观念,增强民主治理的意识和责任,以合理的方式实施和参与民主治理。第二,完善民主治理组织机制,构筑高等教育民主治理体系。建立健全高等教育民主治理的各级各类组织机构,形成较为完备的规章制度体系,明确各组织机构的性质、职权、责任与工作规程,实现高等教育民主治理组织的有效运行。第三,提高民主治理能力,发挥高等教育民主治理作用。加强治理主体关于民主治理理念和方法的学习,全面提高主体实施和参与民主治理的能力和水平。在宏观治理中,政府主管部门和行政领导能平等对待各参与主体,乐于吸纳不同主体的智慧和经验,集思广益,民主决策,实现民主治教。在微观治理中,高校领导班子能真正放权让广大教职工和学生等利益相关主体有效参与学校的办学和治学,同时,师生员工能够热心参与民主治理,真正为学校发展献计献策,实现民主治校。第四,健全民主治理保障机制,扎实推进高等教育民主治理体系和治理能力现代化。加强对民主治理过程的指导、监督和检查,通过建立配套的制度体系对民主治理进行必要的规范和约束,确保民主治理落到实处。

第三节　依法治理原则

建立高等教育治理体系,提高高等教育治理能力,既要合理合情,又要合法。邓小平曾经说过:"为了保障人民民主,必须加强法治,必须使民主制度化、法律化,使这种制度和法律不因领导人的改变而改变,不因领导人的看法和注意力的改变而改变。"[①] 尽管邓小平的要求是针对国家民主与法治建设而言的,其精神同样适用于高等教育治理体系和治理能力现代化。只有依法推进高等教育治理,遵循法治要求建立健全高等教育治理体系,提高高等教育治理能力,才能保证治理的合法性、有效性和可持续发展。没有健全的法制,没有对法律的充分尊重和严格遵守,非但不可能实现高等教育治理体系和治理能

　① 邓小平.邓小平文选(第2卷)[M].北京:人民出版社,1994:146.

力的现代化,而且还可能使高等教育陷入乱治的局面。

改革开放以来,我国高等教育法制建设从无到有、从少到多、从单一到体系化,初步构建了高等教育法律体系,依法管学、依法办学、依法治教、依法治学不断深化,高等教育的法治基础初步确立起来了。改革开放初期,我国在高等教育领域并没有制定成文的法律,主要依据有关政策和行政规章管学和办学。但政策和规章往往因人事更迭而多变,且政策所涉及领域一般比较狭窄和具体,致使高等教育办学和管学比较明显地存在人治的现象。改变人治的局面,实现从人治向法治转变,成为高等教育法制建设的重要任务。1980年,全国人大通过《中华人民共和国学位条例》(以下简称《学位条例》),开启了高等教育法制建设的大幕。从1993年《中华人民共和国教师法》获得通过,1995年《中华人民共和国教育法》颁布,1996年《中华人民共和国职业教育法》颁布,到1998年《中华人民共和国高等教育法》(以下简称《高等教育法》)颁发,初步建立了高等教育法制体系,奠定了依法治教、依法治学的法律基础。2003年生效的《中华人民共和国民办教育促进法》(以下简称《民办教育促进法》)进一步拓展了高等教育法制领域。这些法律文件的颁布和实施,改变了我国高等教育办学和管理长期无法可依的局面。改革开放以来,我国经济社会发展开始向现代化目标迈进,改革开放的精神不仅体现在经济、文化、科技和教育体制改革中,而且深刻地融入各时期制定的与高等教育相关的法律中。比如,《学位条例》规定,国务院设立学位委员会,学位授予单位设立学位评定委员会,并组织学位论文答辩委员会。这些法律规定一改以往大学办学完全由政府或党委相关部门审核、批准的惯例,将重要的学术审议和评定以及相关学术政策的制定置于学术治理的架构下,开我国大学学术治理的先河。又如,《高等教育法》规定:"国家鼓励企业事业组织、社会团体及其他社会组织和公民等社会力量依法举办高等学校,参与和支持高等教育事业的改革和发展。"这一规定不仅从法律上认可了民办高等学校的合法性,而且为社会力量举办高等教育事业,承担支持高等教育事业发展的责任提供了合法依据,从而为我国建构公办与民办协调发展的高等教育体系奠定了基础。而关于"高等学校设立学术委员会,审议学科、专业的设置,教学、科学研究计划方案,评定教学、科学研究成果等有关学术事项"的规定为教师参与高校内部治理提供了制度保障。再如《民办教育促进法》规定:"民办学校与公办学校具有同等的法律地位,国家保障民办学校的办学自主权。""民办学校应当设立学校理事会、董事会或者其他形式的决策机构","民办学校校长负责学校的教育教学和行政管理工作"，等等。这些规定为政府和高校之间的关系提供了一种新的组织方式，使政府对民办学校更多地施加治理作用，而非直接的行政管理作用。因此，依法治理的落实是有法律保障的。

依法治理原则对我国高等教育治理体系和治理能力现代化发挥了积极的促进作用，但客观上讲，由于我国高等教育的法制基础比较薄弱，依法治教、依法治学本身是一项长期而艰巨的任务，所以，遵循依法治理原则，进一步推进高等教育治理体系和治理能力现代化仍然任重道远。主要表现为：第一，应当进一步健全与高等教育治理相关的法律体系，加强法律制度的供给。针对原有法律本身存在的缺陷，结合治理过程中遇到的新情况、新问题，对现有的法律进行修订；对于现有立法中的空白，则根据治理的需要研究制定新的法律。比如，随着高等教育办学主体的日益多元，急需出台关于高等教育投资的专门性法律，还有学者提出要专门出台拨款法①等。通过完善旧法和出台新法，建立起与高等教育治理需求相匹配的法律体系，使人们在治理过程中有法可依、有章可循。第二，依法推进高等教育治理体系建设，严格落实法律规定要求。增强治理主体的法治观念，将法律作为高等教育治理活动的最高行为准则，切实做到依照各项法律规定建构与优化高等教育治理体系。第三，加强执法能力建设，推进高等教育治理能力现代化水平的提高。进一步明确与细化执法的程序和标准，使各治理主体能够在法定的职权范围内依照特定程序履行职责和享有权利，最大程度减少各种人为因素对执法的影响。同时，加大执法监督力度，对于高等教育治理过程中出现的有法不依、执法不严以及违法行为，将按照相关规定予以责任追究和处罚，确保法律的效力，使高等教育治理能力得到提升。第四，加强高等教育法制宣传与教育，营造优良的依法治理环境。通过各种传统和现代媒体、宣讲会等多方面开展法制宣传，提高高等教育治理主体的法律意识和观念，使治理主体认识到依法治理的重要意义，将依法治理内化为自觉行为，从而形成依法治理的良好氛围，为加快高等教育治理体系和治理能力现代化提供有利的环境支持。

---

① 张力，马陆亭. 中国特色现代大学制度建设理论与实践［M］. 上海：华东师范大学出版社，2013：50.

第四节　过程治理原则

高等教育治理体系和治理能力现代化不可能一蹴而就,需要经过长期的改革理论研究、政策法规制定和实践探索过程。为了保障高等教育治理体系和治理能力现代化进程的有效性、连续性,并最终实现高等教育治理改革的目标,必须遵循过程治理原则,加强总体设计和环节、要素控制,使治理体系和治理能力现代化一以贯之,成为高等教育改革与发展的重要推动力量。与科学治理、民主治理、依法治理不同,过程治理主要是针对治理本身而言的,也就是说,在推进高等教育治理体系和治理能力现代化过程中,对各治理环节、行为和相关主体等进行有效控制和督导,以保障治理改革落到实处,产生实效,并能固化下来,成为制度和文化,嵌入高等教育体制和机制,对高等教育发展发挥持久的影响。

在我国高等教育政策制定和实施中,常常存在重制定轻实施的现象,尤其是在制定和推行初期往往高度重视,但随着时间的推移,便不再重视,甚至不了了之。在高等教育治理体系和治理能力现代化改革中,这种情况也不鲜见。但随着治理意识的增强,过程治理开始受到重视,并对高等教育治理体系和治理能力现代化发挥积极的促进作用。主要体现在:第一,加强治理目标的可操作性,并制定了相应的实现执行路径。在1985年《决定》提出扩大高校办学自主权后,《高等教育法》进一步明确规定了高校办学自主权的具体范围,并从高校作为法人组织的性质出发,要求制定章程。由于缺少过程要求与进程控制,在较长一个时期,不仅高校办学自主权的落实不尽如人意,而且连制定章程的要求也难以实现。值得欣慰的是,这种状况正在发生改变,2011年教育部第21次部长办公会议审议通过了《高等学校章程制定暂行办法》,2013年9月,教育部发布《中央部委所属高等学校章程建设行动计划(2013—2015年)》,要求进入国家"985工程"的高校在2014年6月底前完成章程起草工作,"211工程"高校在2014年底前完成章程起草工作,其余所有高校在2015年底前完成章程起草工作。尽管该行动计划对高校制定章程可能遇到的困难估计不足,但毫无疑问,分阶段、有组织地推进治理改革已然是一大进步。[①]第二,加强对高等教育治理体系和治理能力现代化进程的宏观指导。建立高校学术委

---

① 别敦荣.我国大学章程应当或能够解决问题的理性透视[J].中国高教研究,2014(3):1-7.

员会制度早在 1978 年教育部发布的《全国重点高等学校暂行工作条例（试行草案）》中就提出来了，后来制定的各种法律和政策文件都进行了重申或规定，但由于缺少规范与指导，高校在学术委员会制度的建设上无所依从，所以，尽管很多高校都建立了学术委员会，但却未能发挥应有的作用。2014 年教育部第一次部长办公会议审议通过了《高等学校学术委员会规程》，对学术委员会的组成规则、职责权限、运行制度等做出了具体而详尽的规定和要求，为高校完善学术委员会制度提供了政策依据。第三，加强过程监督与评价，保障高等教育治理体系和治理能力现代化不断取得进步。高等教育体制改革是从扩大高校办学自主权开始的，也可以说是从管办分开开始的。从管办分开到管办评分开，是高等教育治理观念的一大突破。建立各自相对独立的管学、办学和评学的体系，是高等教育治理体系现代化在新时期的重要任务，发挥管、办、评三个体系的作用，使高等教育体制能够更好地适应国家经济社会发展的新要求，则是高等教育治理能力现代化面临的重要课题。2010 年教育部发布《高等学校信息公开办法》，2014 年，又研究制定了《高等学校信息公开事项清单》，为进一步推进管、办、评分离，加强高校内部治理，完善社会监督创造了更有利的条件。

坚持过程治理原则，推进高等教育治理体系和治理能力现代化已为人们所接受，并产生了良好的效果。也正因为如此，重视过程治理仍应是高等教育治理体系和治理能力现代化的一条基本原则，唯其如此，治理改革才可能稳步推进，取得实效。虽然高等教育治理体系和治理能力现代化改革业已经历 30 多年的历史，但各种深层次的矛盾和问题仍有待突破，需要遵循过程治理原则，有组织、有步骤地不断深化。就过程治理而言，主要应当从以下几个方面努力。第一：研究高等教育治理体系和治理能力现代化的阶段性特点和任务，明确不同阶段的工作重点和主要策略。当前我国高等教育治理还处于初步发展阶段，治理体系尚不够完善，治理能力还较为薄弱，需要针对现阶段的特点和面临的特殊问题来确定重点工作任务，并采取有效的战略举措确保现阶段任务的完成。当高等教育治理体系和治理能力现代化迈入下一个新阶段时，再及时调整工作重心，转变工作方式，以适应新阶段的需要。第二，加强各阶段工作任务的落实，切实推进高等教育治理体系和治理能力现代化水平不断提高。在高等教育治理体系和治理能力现代化的各个阶段，都要明确各自的工作任务，并将任务分解到每一个责任主体。各责任主体按照指定的要求，有计划、有步骤地开展工作，从而确保高等教育治理体系和治理能力现代化各阶段工作目标的实现。第三,进一步加强过程监督与指导,保障高等教育治理体系和治理能力现代化改革的实效。不断完善现有的监督机制,定期对各责任主体的任务完成情况进行考核,对任务完成不达标的将实行责任追究。同时,加强外部力量对治理活动的全程动态监控,一旦发现问题及时反馈,并给予有针对性的指导,最终形成对高等教育治理体系和治理能力现代化各阶段工作目标、过程及结果全方位的监督保障体系,从而推动高等教育治理体系和治理能力现代化改革的有效实施。

第十三章

我国大学章程的属性

　　我国大学有章程吗？在很多人看来，这个问题似乎问得有些多余。如果有章程的话，现在就没有必要大张旗鼓地推动大学章程制定工作了。就是因为我国大学大都没有章程，即便少数大学制定了章程，也并没有很好地落实根据章程办学的要求。所以，在这些人看来，我国大学没有章程。事实可能并非如人们所想象的那样。众所周知，章程是社会组织制定的关于组织规程和办事规则的基本制度。作为制度，有正式制度和非正式制度之分。所谓正式制度。是指经过特定程序所制定的文本制度；所谓非正式制度，是指在实际工作中发挥作用的常规或习惯，往往没有经过特定程序制定，但却发挥着与正式制度类似或相当的作用。很难想象，如果没有章程，我国大学的办学会是什么样子。所以，从这个意义上说，我国大学是有章程的，只是它主要由各种非正式的常规或习惯所构成，当然也包括各级党委和政府相关政策和法律法规所做的一些相关规定。尽管有没有章程的问题确实令人困惑不已，但笔者不会在这个问题上过多着墨，而将重点考察作为正式制度的大学章程及其属性，只在必要时述及作为常规或习惯的大学章程。

第一节　大学章程的一般属性

　　大学有抽象和具体之分，抽象之大学存在于人们的憧憬和想象之中，存在于研究者的学术推理之中；具体之大学则存在于特定的时空环境，在实际的办学过程中发挥应有的作用。抽象的大学是普遍的，是可以超越时空环境的；具体的大学则是现实的，是受具体时代和具体国家或地区社会背景制约的。大学章程是举办者或其所委托人根据大学组织的社会功能制定的关于大学组织体系及其实际运行规范的基本制度,所以,只有具体的大学才需要章程。在具体时代和国家或地区社会背景下,凡大学必有章程,有明文规定的,有习惯依循的。不论何种形式的章程,都要保证大学在一定的环境条件下能够正常办学,达到其办学的基本目的。一般而言,大学章程具有统领和规范办学行为的功能,其共同的属性主要表现在纲领性和规范性两个方面。

第一,大学章程是办学的纲领性文件。大学是一种特殊的社会组织,担负着传承人类文化、培养高级人才的永恒使命。中世纪时期,大学是自治的同行公会组织,在与教会和城市国家的关系中维护了其独立性和自治地位。作为法人团体,大学有权处理与外部的关系,监督成员的录用,制定自己的章程,并通过一定程度的内部管辖强制实行。[①] 在其现代化的过程中,大学逐步获得了科学研究和社会服务等重要职能。如何在纷繁复杂的社会需求中,找到自身的位置,发挥应有的作用,是大学在现代社会办学面临的重大课题。何去何从,大学必须做出选择。在现代社会背景下,大学应当发挥什么作用,与其说是大学自身选择的结果,不如说是大学与各种社会组织和利益相关者博弈的产物。现代大学不再是一种自在的社会组织,而是渗透了举办者和利益相关者诉求的社会组织。正因为如此,作为大学组织的各种规章制度的原生制度,章程便由举办者内部商定而转变成为由举办者、社会相关组织和利益相关者以及大学自身协商认定的关于办学目的与要求的共同契约或纲领。有学者认为,章程是约定和阐述大学作为独立主体的使命、界定内部各利益关系的责任和义务、处理主体与外部利益相关方的关系的准则,是书面写定的有法定意义的组织规范。[②] 不难看出,这是针对现代大学章程而言的,反映了章程随大学现代化所具有的特征。

大学章程是统领大学办学的纲领性文件。现在我们所见到的章程,大都内容丰富、详尽而具体,不仅对大学各方面的办学具有统摄作用,而且对大学的使命、目标和追求等都要做出正式表述,并要求严格贯彻和坚持。但早期的大学章程并非如此。与大学发展一样,章程也经历了一个由简单到复杂、由不正规或不太正规到正规化的过程。中世纪大学在成立之初大都没有制定章程,所以,13 世纪以前流传下来的大学章程非常少见,若想通过章程来了解中世

① 〔比〕希尔德•德•里德 - 西蒙斯 . 欧洲大学史(第一卷):中世纪大学 [M]. 张斌贤,等,译 . 保定:河北大学出版社,2008:109.

② 马陆亭 . 高校章程制定工作全面启动后的思考 [J]. 中国高教研究,2012(3):1-7.

纪大学的组织和管理并不是一条有效的路径。现存最早的比较完整的大学章程是剑桥大学章程，其制定时间可能在 1236 ～ 1254 年。有的大学章程的制定是为了进行改革，以革除办学中的弊端。比如，14 世纪 60 年代巴黎大学制定的章程直接影响了其后来的改革；在图卢兹大学，1309 ～ 1329 年，所制定的一些重要的章程使过去几十年一直不确定的管理稳定了下来。①

现代社会发展是一个法制化的过程，这一点在大学章程的发展上也是可以得到证明的。尽管中世纪大学章程的传统在现代大学得到了延续，但现代社会的法治精神无疑对现代大学章程的制定、修订和贯彻实施发挥了重要影响，也使章程的纲领性得到了更充分的体现。比如，牛津大学一开始并没有章程，经历了一段无章程办学的时期，是根据习惯法中的风俗由一群师生自发成立办学的，是一所"两无大学"，即无明确的创始人、无明文章程。自创办 3 个多世纪后才正式依照章程组建，即便如此，当时的章程处于一种完全混乱的状态，缺乏统一的章程，不同职员手中的章程各异。直到 1636 年 6 月 22 日《劳狄安法典》颁布被正式采用，牛津大学才结束了无统一章程的局面。该章程执行了 200 多年，对牛津大学发展发挥了重要影响。1854 年，牛津大学得到皇家特许授权，可以对《劳狄安法典》进行修订。此后，牛津大学章程又经过了多次修订，每次修订都得到国家法律授权，并得到枢密院认可和女王批准。牛津大学现行的章程就是 2001 年 11 月 11 日经大学枢密院通过，2002 年 4 月 17 日获得女王和枢密院认可，同年 10 月 1 日开始生效。②章程与国家法律和权力部门的有机联系，对增强章程的合法性、权威性和影响力有着重要作用，也更有利于章程发挥纲领性文件的作用。

作为纲领性文件，大学章程发挥着共同契约的作用，它使人们对大学及其办学能够达成共同的认知，凝聚广泛的共识。还是以牛津大学章程为例，自 17 世纪中期在大学各学院章程的基础上编制完成一个统一的章程后，牛津大学开始了办学一体化的努力。尽管此后又经历了多次修订，但牛津大学章程作为办学的纲领性文件的地位始终没有被动摇过，牛津大学的使命和权利在各时期的章程中都得到了比较完整的传承和保护。这也许正是牛津大学既能遵循传统、抱定宗旨，又能与时俱进、开拓新领域，成为现代社会轴心组织的秘诀

---

① 〔比〕希尔德·德·里德－西蒙斯.欧洲大学史（第一卷）：中世纪大学 [M].张斌贤，等，译.保定：河北大学出版社，2008：124.

② 张国有.大学章程（第四卷）[M].北京：北京大学出版社，2012：3-13.

之所在。比如,《牛津大学章程》总则第3条规定:大学的核心目标是通过教学、研究增进知识,并以各种方式传播知识。第4条规定:大学有权进行一切能够促进其目标的必要和有力的合法活动。① 这两条规定明白无误地昭示了牛津大学的使命及其所拥有的权利,所有各种社会组织和相关利益群体在与牛津大学发生联系时必须予以遵循。由此可以看出,尽管现代大学办学涉及诸多社会利益群体或集团,公立大学和私立大学还涉及举办者的特别价值诉求,但大学作为社会学术组织的一般传统和共同文化不仅成为社会的共同认知,而且成为大学的精神而被大学章程所接受,成为统领大学办学的指导思想,从总体上引领大学的办学。这就是为什么无论什么国家或地区的大学,都以人才培养为主要使命,都致力于科学研究和社会服务的根本原因之所在。

第二,大学章程是办学的规范性文件。常言道,没有规矩不能成方圆。自有明文的章程以后,它便对大学办学发挥规范作用,对大学内部机构与职位设置、各种办学活动与要求发挥约束和限制作用,以使大学运行保持在特定的轨道,实现特定的功能。早期大学功能单一,内部结构相对简单,办学活动比较单纯,因此,大学章程往往也比较简洁,但这并不意味着章程就难以发挥其规范作用。比如,牛津大学的学院都是根据其章程成立的,章程不但对学院的设立予以规范,而且还对创办人捐赠的使用给予明确的限制,对学院向其创办人和他们(她们)的亲属应尽的义务予以保障。现代大学已经成为一种功能多样、目标分化的社会组织,学科专业众多,人员构成复杂,且需求各式各样;边界模糊,各种职能活动分散且相对独立。从最普通的校园环境、交通、安全管理与服务到最复杂的教学、科研和社会服务,从基本建设、设施配备到学生发展与指导、教职工专业发展,从争取各种政府财政拨款支持、开展社会募捐,到从事各种商业性创收活动、努力增加办学收入,等等,无不反映大学既具有一般社会组织所共有的属性,又具有其自身的特殊性。现代大学已经成为一个特殊的社会学术共同体,② 办学需要有更充分的规范,因此,章程的规范属性更为人们所看重。

大学章程就是办学行为规范。③ 现代大学章程的规范性更甚于早期大学,

---

① 张国有. 大学章程(第四卷)[M]. 北京:北京大学出版社,2012:14.
② 别敦荣,徐梅. 去行政化改革与回归现代大学本质[J]. 中国高教研究,2011(11):13-16.
③ 米俊魁. 大学章程法律性质探析[J]. 现代大学教育,2006(6):52-55.

它既表现在大学内部规范上，又表现在大学外部规范上。就内部规范性而言，章程往往从总体上规定大学办学过程中内部人、事、物与活动的相关工作原则、要求、标准、程序和方法等，将办学过程中可能出现的情况和问题纳入基本的规范之中，使办学运行如常，好像预设了一条既定的轨道，引导办学有条不紊地向前推进。学科专业如何设置，组织结构如何与之相匹配，人员构成如何服务于办学的需要，行政管理及其办事程序如何满足效率和质量的要求，办学资源如何分配和使用，如何保证各类资源的有效利用，等等，都以章程为准绳，只有这样，大学才能正常运行，才可能实现其办学目标。比如，2002 年 10 月 1 日生效的《牛津大学章程》包括前言和 17 章，涉及大学的使命和基本组织原则，成员身份，评议会，摄政院，学院、学会与永久私人学堂，校务理事会，学部、学科部、分学科部、系与继续教育系，图书馆、博物馆和科学收藏馆以及牛津大学出版社，大学行政官员，学位、学历与证书，大学纪律，学术员工及督察委员会，学生成员：其他条款，学校对学术员工及后勤人员的聘用，学院资金上缴方案与学院账务，产权、合同与信托，解释或应用大学章程和规章时的争端解决方案，以及附录。此外，还包括了与章程相匹配的 55 个方面的规章。① 这样一来，大学的存在及其各种办学行为都有了明确的规范，大学内设的机构、所任用的人员、所开展的活动等，都以章程所做的限制性规定为依据。在章程规定未修订之前，任何机构或人员不得超越章程行事。

就外部规范性而言，大学章程发挥了大学与外部社会组织之间的桥梁和纽带作用，将大学与外部社会组织间的关系通过章程予以定位，并将大学与社会组织间的互动方式程序化，从而使外部社会组织对大学的要求和影响规范化。现代大学已经成为社会轴心组织，政府和其他社会组织与大学之间有着复杂多样的联系，相互不可或缺，也相互影响，表现出对立统一的关系，这种关系及其相互作用方式是现代大学章程需要规范的重要内容。比如，宾夕法尼亚大学被誉为美国第一所公立大学，其章程不仅在第 1 章"治理文件"中明确规定大学所制定的规章制度不得与本州法律和联邦宪法相违背，而且在第 2 章"董事会"第 7 条中直接指定董事会主席由在任州长充任。② 再如，法国巴黎第七大学于 1970 年创立，从其章程说明可知，大学理事会根据联合技术委

---

① 张国有. 大学章程（第四卷）[M]. 北京：北京大学出版社，2012：1-3.

② Statutes of the Trustees[DB/OL]. https://secure.www.upenn.edu/secretary/trustees/statutestrustee.html. 2014-02-06.

员会 2011 年 10 月 17 日的建议要求,于 2011 年 12 月 13 日通过大学章程,并于 2012 年 1 月 20 日得到高等教育部长批准。该章程内容非常全面,除前言外,共有 5 章 49 条,涉及大学办学的使命与手段,管理机构与大学治理,教学、研究和社会服务,大学民主化与社会关系以及章程修订等方面。[①] 尽管不同国家的大学与相关外部社会组织之间的关系存在显著的差异,但从大学章程的规范性仍可看出某些共同的倾向。不论是宾夕法尼亚大学关于董事会主席任职者的规定,还是巴黎第 7 大学关于章程的说明和关于大学治理、社会服务、大学民主化与社会关系以及章程修订等的规定,都反映了外部规定性所发挥的影响。

大学章程的规范性不只表现在程序要求上,还表现在规范所包含的价值评价标准上。作为办学的规范性文件,大学章程所做的规定不仅是具体而明确的,而且包含了对办学行为与活动恰当与否的价值评价准则。比如,《牛津大学章程》关于学术员工处罚、解聘与免职部分第 18 条第 2 款第二阶段书面警告规定:"如果违规行为较为严重,或者在口头警告后还做出违规行为,系主任应当给予学术员工书面警告。书面警告应当详细说明指控内容、改进要求和时限。……系主任应保存书面警告的副本,如果该员工以后的行为表现令人满意,则该副本将在两年后失效。"[②] 这些包含价值评价标准的规定不仅便于相关负责人履行职责,而且也能使有关学术员工了解自身失当行为所应接受的处理方式以及所拥有的相关权利。

第二节　我国大学章程属性的认识误区

章程在我国大学受到普遍关注,成为高等教育研究的一个重要课题,主要是近几年的事情。2011 年 11 月 28 日,教育部颁布了《高等学校章程制定暂行办法》(第 31 号令),向各大学提出了制定章程的要求。2013 年 9 月,教育部发布《中央部委所属高等学校章程建设行动计划(2013—2015 年)》,要求进入国家"985 工程"的高校在 2014 年 6 月底前完成章程起草工作,"211 工程"高校在 2014 年底前完成章程起草工作,所有高校在 2015 年底前完成章程起

---

① UNIVERSITE PARIS 7 STATUTS[DB/OL]. http://www.univ-paris-diderot.fr/DocumentsFCK/universite/File/Statuts.pdf.2014-01-03.

② 张国有. 大学章程(第四卷)[M]. 北京:北京大学出版社,2012:64.

草工作。① 毫无疑问，对很多大学而言，这将是一件非常艰巨的任务。2013 年 11 月 16 日，教育部核准了中国人民大学等六所大学章程，这还只是第一批得到核准的章程。应该说，很多大学已经启动了制定章程的工作，但进展缓慢，其中一个重要的原因就在于人们对大学章程的一般属性和我国大学章程的特殊属性还不是很清楚，研究中也存在一些误区。

第一，只是从大学章程的一般属性讨论我国大学章程制定的基本依据。毫无疑问，大学章程的一般属性适用于我国所要制定的大学章程，但仅仅看到这一点是远远不够的。大学章程的纲领性和规范性主要是由大学的文化传统和章程的自然特征所决定的，只是反映了不同时期、不同国家或地区所有大学章程共有的一般属性。也就是说，从抽象的意义上讲，不论我国还是其他国家的大学章程，都具有纲领性和规范性两大属性，这是不受时空环境影响的。因此，制定我国大学章程，应当重视其纲领性和规范性的要求，将大学文化传统的内核与制度的规范性品质融入其中，使我国大学章程具有超时空的一般属性。

但是，我们知道，任何大学都是在特定的时空环境下办学的，不存在超越时空的具体大学。我国大学办学受制于，同时也受惠于我国现实的社会环境。不仅大学章程的纲领性和规范性需要与现实的社会环境相结合，不能简单化、教条化地理解和落实纲领性和规范性的要求，而且制定我国大学章程还需要明确其特殊的属性。也就是说，除了一般属性外，我国大学章程还具有特殊属性，这是我国特定的社会环境所赋予的，是我国大学章程的"中国"标记。有些研究只看到了大学章程的一般属性，认为大学章程是对大学最重要的、最基本的问题所做的规定，具有大学的"基本法"和"宪法"的特征，通过章程可以宣示大学的正常活动不受任何组织和个人的非法干涉，保障大学自治。还有研究认为，大学章程是大学依法实行自治的保证，对政府的非法干预以及社会团体或个人对大学合法权益的侵犯，大学可依据有关法律和章程对政府和社会有关团体或个人提起诉讼，从而确保大学自治。② 显然，如此超越时空条件限制界定我国大学章程的属性，对制定大学章程是不可能有任何实际帮助作

---

① 教育部关于印发《中央部委所属高等学校章程建设行动计划（2013—2015 年）》的通知 [DB/OL]. http://www.moe.gov.cn/publicfiles/business/htmlfiles/moe/s7746/201310/158133.html. 2014-01-09.

② 吴绍芬. 大学章程及其制定的策略探讨 [J]. 高校教育管理，2011（5）：7-10.

用的,只会令章程制定工作无所作为。

第二,将国外大学章程的文本作为我国大学章程的范本。大学章程由来已久,欧美现代大学先于我国,且我国现代大学曾师法于欧美。欧美现代大学均有章程,它们或由宗教权力机关颁发,或由世俗权力机关、国家元首颁发,或由举办者自定。在现代政府成为高等教育的主要举办者之后,公立大学的章程往往由中央或地方政府权力机关制定或通过。像我国这样,无论中央政府举办还是地方政府举办,大学大都没有制定成文的章程的现象,在国际上十分罕见,也是难以让人理解的。在探讨我国大学章程制定的时候,很多研究者将视线聚焦于国外大学章程,主要是欧美国家大学章程,意图从中获取一些可资借鉴的经验。应该说,这一思路是无可非议的,也确有可能提供很多启示。

但值得注意的是,也存在一种模仿或套用国外大学章程的现象,尤其是对国外大学章程所包含的一些原则要求,不加选择地引入进来,希望为我所采用。更有甚者,对国外大学章程的一些具体的操作性程序或做法,奉为经典,予以推介。比如,有研究认为,董事会是国外大学,尤其是美国大学内部管理体制的主要特色,与以校长为首的行政委员会和学术评议会一起构成大学“三权分立”的体制:董事会是立法机关,章程的修订、重大决策事项、发展计划都属于董事会的决策范围;行政委员会以校长为首,通常包括副校长、各学院院长、各方代表等成员,负责学校的行政事务和学校章程规定的工作;学术评议会一般由教授组成,资深教授通过评议会对学校教学、研究、教师聘任等重大事项发挥影响力。这种内部管理体制在章程中一般都有明确规定。[1] 不要说美国大学也并非都是采取这种所谓的“三权分立”体制,即便在采用了这种体制的大学,其章程的规定也是差别很大的。比如,2013 年 9 月 28 日批准的耶鲁大学章程规定:其理事机构,法律上称为“耶鲁学院校长和董事”——或者,更直接地说,就是“法人”——“负责对学院进行治理、关心和经营……并制定那些必要的规章……只要他们认为对教学和学生的教育是适用而恰当的”。章程进一步规定:校长是大学行政总裁,因此对一切事务负有指导之责。校长是除审计、薪酬和信托委员会之外,每一个学部、治理理事会和每一个教授委

---

① 胡莉芳. 大学章程制定的核心问题与原则探究 [J]. 中国高教研究,2007(10):32-34.

员会、行政委员会和法人的当然成员。① 由此可知，耶鲁大学的权力分割并非采取了所谓的"三权分立"体制。国外大学章程的借鉴意义是不言自明的，但如何借鉴、借鉴什么，却是我国大学章程制定不能不谨慎对待的。

第三，认为大学章程是解决我国大学办学问题的"根本大法"。"根本大法"的说法在关于大学章程的研究文献中出现频率很高。有研究认为，章程是大学的"根本大法"，应该体现大学的办学理念，对大学正在做、应当做、能够做的事情做出明文规定。还有研究认为，章程作为学校的根本制度，可以实现法律原则规定与学校具体实际的结合，既体现法律政策的宏观要求，又体现学校的办学特色，从而能为学校依法治校提供具体的、可行的依据。② 甚至还有人认为，章程应成为大学办学理念和大学精神的制度保障。在制定章程的过程中，应该注意反映办学特色、学校的管理特色、教学科研特色、后勤工作特色等。③ 诚然，大学章程具有纲领性和规范性的属性，对大学办学有着重要影响，但是否如很多研究者和一些倡导者所期望的那样，在解决我国大学发展的问题上发挥"根本大法"的作用，却是在制定大学章程的时候需要明确的问题。

从没有制定明文章程，到制定并经过一定程序审批通过章程，是一个重要进步。有了章程，它无疑会对大学办学发挥一定的作用，但这个作用有多大，是否能够达到人们所期望的那么大，则需要看我国大学办学的社会环境和大学领导管理体制。在大学办学的外部环境和领导管理体制没有实质性改变之前，章程所能发挥的作用都是十分有限的，不可能发挥"根本大法"的影响力。所以，对章程的作用不能期望过高，应当从实际出发，准确把握在当下的社会环境和大学领导管理体制下章程的属性及其所应有的地位和作用。

第三节　我国大学章程的属性

在关于我国大学章程的研究中，有的研究者触及了章程的属性问题，但有

---

① The Yale Corporation By-laws[DB/OL]. http://www.yale.edu/about/bylaws.html.

② 孙霄兵. 推进高校章程建设 完善中国特色现代大学制度[J]. 中国高等教育，2012(5)：7-10.

③ 胡莉芳. 大学章程制定的核心问题与原则探究[J]. 中国高教研究，2007(10)：32-34.

的人所述及的大学,并非我国现实时空条件下的大学,所反映的是更具有普适性的抽象的大学。这就使得关于我国大学章程属性的认识以及由此所带来的关于我国大学章程的形式、地位和作用的认识难免出现偏颇的看法。我国大学是在特定的社会文化和体制中创建起来的,并在其中办学,发挥相应的社会功能。中华人民共和国成立以前,我国大学大多都制定了明文的章程,但此后在一个较长的历史时期,我国大学不但废除了原先的章程,而且再没有制定明文的章程,但这并不意味着我国大学的办学是没有章法的。今天制定大学章程,是为了解决困扰我国大学办学和发展的一些问题,将有关的解决办法通过章程来制度化,形成效力。更具深意的是,制定章程是我国建立现代大学制度的一项基础性工作。① 所以,我国大学章程是一种基于大学发展的现实需要,在现实的内外办学环境下解决内外部管理的某些突出问题的政策文件。政策性是我国大学章程的特殊属性,作为一种政策文件,与一些国外大学章程的时效性不同,今天制定的我国大学章程的效力是明确而具体的,有着强烈的现实针对性。这就是说,今天所要制定的我国大学章程是针对特定问题的,它所发挥的作用也是非常有针对性的,具体表现在其鲜明的政策导向上。

第一,我国大学章程是一种规范宏观管理职能、调整大学宏观领导管理关系的政策性文件。毫无疑问,制定大学章程不是为了让大学增加一份文件,而是为了解决现实问题,是要在政策上解决制约大学办学水平和质量提高的关键性问题。如果一份新的政策文件不能在若干关键问题的解决上发挥作用的话,那么,编制这份文件的工作就是一件劳民伤财的事情。尽管自 1985 年《中共中央关于教育体制改革的决定》就提出了下放办学自主权的政策,但时至今日,大学的宏观领导管理关系依然没有取得实质性的改变。如此办学,我国大学不可能达到《国家中长期教育改革与发展规划纲要(2010—2020 年)》提出的要求,即"合理定位,克服同质化倾向,形成各自的办学理念和风格,在不同层次、不同领域办出特色,争创一流"。由此可知,政府提出制定大学章程,并不只是为了规范大学本身的办学行为,也包括了在可能的范围内,规范各级党委和政府部门的大学领导管理职能,进一步扩大和落实大学办学自主权,激发大学的办学活力,提高大学办学效率,加快创建高水平大学的步伐。

---

① 李昕欣,张德祥. 关于高等学校章程制定与实施的几个问题 [J]. 高等教育研究,2006
  (9):48-52.

大学章程应当坚持国家改革政策导向，发挥规范作用，明确各级党委和政府对大学的宏观管理职能，保障国家法律所规定的办学自主权得到落实。《高等学校章程制定暂行办法》第一章总则第 5 条规定：高等学校的举办者、主管教育行政部门应当按照政校分开、管办分离的原则，以章程明确界定与学校的关系，明确学校的办学方向与发展原则，落实举办者权利义务，保障学校的办学自主权。这就是说，大学章程本身应当落实有关高等教育体制改革政策，发挥优化大学宏观领导管理关系的作用。因此，制定大学章程不只是大学的事情，也不只是政府教育部门的事情，而是大学、各级政府及相关职能部门、各级党委及相关职能部门等各方共同的事情。唯其如此，作为政策文件的大学章程，方能明确各级党委、政府和大学自身在办学中的定位，规范其行为，减少相互干预或干扰，从而使大学发挥应有的社会功能。①

第二，我国大学章程是一种合理划分党委书记和校长治校职权、约束内部党政关系的政策性文件。制定大学章程必须解决大学办学中存在的突出问题，使大学建立和谐高效的运行机制。我国大学实行党委和行政两套系统共治体制，党委和行政的职责权能有分得清楚的，也有分不清楚的，即便在能分得清楚的地方，也存在很多相互交叉，共同发挥作用的领域。所以，党政不分，关系交叉重叠、不协调，成为我国大学常见的主要问题，很多其他问题往往也因这些问题引发而来。在党政关系问题上，最突出的是党委书记和校长的关系，由于这一为人们所称的"两个一把手之间的关系"不和谐，影响了很多大学的办学，这也是党政关系问题的根源所在。有人认为，大学实行党委制，是集体领导，而不是党委书记个人领导。②事实上，大学有党委集体领导，也有党委书记个人领导，书记实际行使的职权和所发挥的作用多数时候比党委还要大，因为书记不仅行使了他个人的职权，而且还代行了党委的权力。长期以来，各级党委和政府采取了制定相关党纪、政纪和法规的方式，划分大学党委书记和校长的治校职权，在大学内部则通过分工和加强任职者的党性与个人品德修养来维系和调节二者的关系，虽然不能说没有效果，但总体上效果并不非常明显。大学章程应当对大学内部的领导管理体制和架构进行规范，因此，章程制定必然涉及大学内部党政关系，这是不能回避的。从大学内部各种规章制度之间

---

① 别敦荣,徐梅. 论现代大学制度的公正性 [J]. 山东社会科学, 2012（8）：110-118.

② 陈海春. 规矩是根本性的——访湖南大学党委书记刘克利 [J]. 中国高等教育, 2004（14-15）：16-17.

的关系看,只有章程具有规范大学内部各级各类机构、职位及任职人员的职责和权限的效能,包括党委书记和校长在内,都不能超越章程的规定行使职权。如果章程在大学内部党政关系,尤其是党委书记与校长的关系上无所作为,这样的章程注定不会对大学办学发挥现实的积极的影响。如果这样的话,有没有章程、制定不制定章程,于大学都没有什么关系。

第三,我国大学章程是一种明确专业权力责任范围、落实教授治学理念的政策性文件。今天制定大学章程,不是为了简单地弥补长期以来没有制定章程的缺失,而是具有针对性的改革举措。我国大学章程的制定不能回避大学办学中存在的令人倍感尴尬的局面,应当针对过度行政化的现象,从制度上进行拨乱反正,建立专业权力发挥应有作用的机制,使大学办学回归正轨。因此,在大学章程中,应当对大学进行定位,明确其使命及其实现机制,保障专业权力的地位,使教授治学成为大学办学的核心理念。

从已经核准的六份大学章程看,它们在一般属性上都有较好的体现,但作为政策性文件,现实针对性明显不足。六份章程都试图在落实教授治学、建立专业权力参与大学治理的机制方面有所突破,这无疑是积极的。但是,由于教授治学不单纯只是教授的问题,更多的还是大学宏观和微观领导管理体制问题,六份章程完全不涉及调整和改善大学与政府之间的关系,也缺乏清晰划分书记和校长治校职权、建立权力约束机制的政策导向,所以,它们关于教授治学的机制安排象征意义大于实际意义。我国大学章程是一种现实的政策性文件,制定章程不能理想化,不能从抽象的大学办学要求来看问题,要看到大学办学存在的问题,还要看到这些问题的复杂性、艰巨性和关联性。在现行的社会政治体制和文化背景下,我国大学办学存在的各种问题不是简单的内部问题,大多都是社会政治体制和文化背景使然,或受到其影响,因此,在客观环境条件没有改革以前,不能指望制定大学章程能够解决所有问题,甚至不能要求其解决某些根本问题。另一方面,还要防止应付交差心理,包括聊胜于无的态度。虽然大学章程的功效受到客观环境条件的限制,但它也不应是无所作为、无能为力的,不能只是一份写在纸面上的文件,完全无视大学办学存在的问题和解决问题的诉求。制定大学章程,就是要使其发挥政策导向作用,推进现代大学制度建设,在可能的范围内改善大学办学,使大学管理决策和运行走上科学合理的轨道。这就要求从大学章程作为政策性文件的属性出发,根据党和国家高等教育体制改革精神,在涉及大学办学的若干重要问题上发挥积极作用,尤其是在大学与政府的关系、内部党委书记和校长的关系、专业权力与行政权力的关系等若干重要问题上,将大学制度的工具价值与实质价值统一起来,用国家法律精神规范各种大学管理关系,为大学办学与管理改革奠定坚实的制度基础。

第十四章
我国大学章程应当或能够解决问题

完善现代大学制度必须制定大学章程。大学章程应当解决什么问题、能够解决什么问题，涉及了现代大学制度建设的核心问题，即进一步强化大学自主办学的地位，提高自主办学能力的问题。2013 年 9 月，教育部发布《中央部委所属高等学校章程建设行动计划（2013—2015 年）》，要求进入国家"985 工程"的高校在 2014 年 6 月底前完成章程起草工作，"211 工程"高校在 2014 年底前完成章程起草工作，所有高校在 2015 年底前完成章程起草工作。① 毫无疑问，要真正实现这一目标，各大学能够拿出一份高质量的、能够达到其应有要求的章程，不是一件容易的事。如果不能明确我国大学章程应当解决什么问题、能够解决什么问题，所制定的章程可能就只具有形式上的意义，不可能发挥其应有的作用。因此，制定大学章程，首先必须明确上述问题。需要指出的是，大学章程有惯例和文本之分，这里所指的大学章程是指文本化的制度文件，包括发挥了作用的和只具有象征意义、不发挥实际作用的文本化的大学章程，不包括不成文的规范和习惯。应当解决什么问题，是针对大学章程本身的属性而提出的功能要求；能够解决什么问题，则是针对具体的办学环境及其影响，大学章程所能发挥的作用而言的。显然，这两个问题既是相互联系的，又有不同的侧重点；前者具有普遍性，后者则具有特殊性。但不论是前者还是后者，明确其意蕴和侧重点，对当今我国大学制定章程都具有重要指导意义。尽管教育部发布的《高等学校章程制定暂行办法》（第 31 号令）对大学章程应当

① 教育部关于印发《中央部委所属高等学校章程建设行动计划（2013—2015 年）》的通知［DB/OL］. http://www.moe.gov.cn/publicfiles/business/htmlfiles/moe/s7746/201310/158133.html.

包含的内容提出了具体要求,但仍有若干理论问题需要在制定大学章程之前予以明确,唯其如此,才可能使所指定的大学章程真正发挥其作用,促进现代大学制度建设,推动高等教育改革向纵深发展。

第一节　大学章程应当解决的问题

大学章程是根据大学组织属性所制定的关于大学组织体系及其运行规范的基本制度。《高等学校章程制定暂行办法》第二章规定了大学章程应当载明的内容,在一定程度上回答了我国大学章程应当解决的问题。但大学章程是一种具有国际性的制度,其应当解决的问题在国际上是具有共性的。从国内外大学章程文本及其所发挥的实际作用看,大学章程应当解决的问题主要包括以下五个方面。

第一,大学的身份认同。如同人一样,作为社会的学术组织,大学有其特定的身份。在特定的社会环境和同类学术组织中,具体的大学还需要将自身的身份昭示出来,以便内部成员认同和外部公众知晓与认可,正如牛津大学所彰显的是洛德章程的精神,剑桥大学所彰显的是伊丽莎白章程的精神一样。[①]一般而言,章程是大学的第一份正式制度,所以,大学的身份认同始于章程。在我国,由于大学是作为各级政府的附属机构开办的,所以,大学往往不单独制定正式的章程,其身份认同则是在办学过程中逐步形成的,是通过不成文的习惯或规范表现的。现在制定大学章程,则需将在办学过程中形成的身份用正式的制度文件规范下来,这就是说,我国大学章程也应当包括身份认同。大学的身份认同主要有四个方面:一是自然身份,主要指大学所在地,即办学地点和住所地等。比如,2013 年 5 月 25 日生效的《康奈尔大学章程》第 1 章第 3 条声明大学的办学地点在纽约州伊莎卡。[②]二是社会身份,主要指大学的举办者、法人名称等。比如,上述《康奈尔大学章程》第 1 章第 1-2 条载明了大学法人的名称、组织目的和权力来源。[③]三是文化身份,包括大学的名称、校旗、

---

① 〔美〕谢尔顿·罗斯布莱特. 现代大学及其图新 [M]. 别敦荣,译. 北京:北京大学出版社,2013:110.

② Bylaws of Cornell University[DB/OL]. https://trustees.cornell.edu/docs/052513-cy-bylaws.pdf.

③ Bylaws of Cornell University[DB/OL]. https://trustees.cornell.edu/docs/052513-cy-bylaws.pdf.

校徽、校歌等。比如，2013年1月5日通过的《芝加哥大学章程》第18条规定：大学校名或其他标识不得被用于支持任何商业公司、产品和服务，任何超出章程规定用途的行为都必须得到校长或其授权人的批准。① 四是功能身份，包括大学社会功能的性质、主要领域以及实现方式等。比如，《牛津大学章程》对牛津大学的功能身份是在"总则"第3条和第4条中规定的：（牛津）大学的核心目标是通过教学、研究增进知识，并以各种方式传播知识。大学有权进行一切能促进其目标的必要和有利的合法活动。②

第二，大学的职能定位。大学有教学、科研和社会服务三大职能，这已成为国内外高教界的常识。但是，在大学发展史上，形成三大职能的过程却并不像今天人们认识它们那么简单，从教学到科研再到社会服务，都经历了漫长的大学实践，是大学发展和进步的结果。尽管三大职能在今天已经为人们所认识和接受，成为大学常识，但在具体的大学办学中，不论在三者之间还是在三大职能的重点和特色领域方面都存在多种可选择性。正因为如此，具体大学在制定章程时应当对其职能进行明确定位，以阐明大学的主要使命，描绘大学发挥作用和影响的主要社会和文化科技领域与范围，设计和建构与之相适应的学科专业架构与办学要求，明确大学的主要办学活动及相关行为标准。大学职能定位的内容主要包括四个方面：一是教学、科研和社会服务及其衍生职能；二是大学在社会经济、文化、科技等领域的使命；三是大学开办的主要学科专业与发展要求；四是大学主要职能活动及相关要求。这些职能定位都与大学的学科专业、教育层次类别等有着密切的关系。在大学章程中，关于大学职能定位既有一般的原则规定，又有具体的学科领域、学位层次和类别规定。比如，《芝加哥大学章程》第2条关于学部和学院的规定是：大学开办的学科领域包括人文学部、社会科学学部、物理科学学部和生物科学学部；开设的学院包括神学院、医学院、法学院、商学院、社会服务管理学院和公共政策研究生院。③这些规定就将芝加哥大学的职能进行了权威的限定。再如，《剑桥大学章程》

① Restated Articles of Incorporation of the University of Chicago [DB/OL]. http://trustees. uchicago. edu/sites/trustees. uchicago. edu/files/uploads/UniversityOfChicagoGoverning Documents. pdf.

② 张国有. 大学章程（第四卷）[M]. 北京：北京大学出版社，2012：014.

③ Statutes of the University of Chicago[DB/OL]. http://trustees. uchicago. edu/ sites/trustees. uchicago. edu/files/uploads/UniversityOfChicagoGoverningDocumen ts. pdf.

和《剑桥大学条例》分别对大学的职能领域和人才培养层次、要求等做出了规定，前者更具原则性，后者更具体细微，具有操作性。在章程第2条，对授予学位的要求和原则进行了界定，而在条例第2-7条，则对各个学位和证书的发放标准和程序等给予了详尽的规定。^①这样一来，章程与条例互为补充，条例以章程为准绳，章程从总体上框定和规范大学的职能范围，而这共同为大学办学活动提供依据和规则。

第三，大学的体制和机制模型。大学是由自然人所构成的社会法人组织，法人通过一定的体制和机制将相关自然人组织起来，履行其职能，实现其使命。因此，大学的体制和机制是其组成人员与职能和使命之间的桥梁，具有职能和使命的调节器的作用。与大学的组织性质相适应，能够满足大学履行职能和实现使命的需要，这样的体制和机制就是有效的，否则，就是低效的或无效的，有的甚至可能是负效的。所以，体制和机制是构成大学的基础性要素，不论是大学的举办者还是大学本身，都十分重视体制和机制的设计与建设，体制和机制更是大学章程的关键要素之一。在创建大学之初，举办者往往通过章程将大学体制和机制模型描绘出来，以便在办学过程中得到遵循。如果环境和条件发生了改变，相关体制和机制出现了不适应的情况，就要通过修订章程来调整体制和机制的设置。在大学章程中，关于体制和机制设置的内容主要包括三个方面：一是学术体制和机制，即大学内部院（系、所、中心）的设置框架与运行要求；二是行政与治理体制和机制，主要指大学内部行政管理体系架构和治理结构设计及其运行要求；三是社会关系体制和机制，主要指大学外部社会关系，包括与政府、与其他社会团体、与合作办学机构及其他相关组织之间的构成方式及其运行要求等。由于大学体制和机制的复杂性，它们在章程中往往占有相当大的篇幅，有的大学章程甚至用了大部分篇幅来阐述体制和机制，明确界定大学所设置的各种职位、机构、部门的性质、职责、发挥作用的方式以及与其他职位和机构之间的关系等，真可谓不厌其烦、不厌其微。《牛津大学章程》自第3章到第9章都是关于体制和机制的规定，涉及评议会，摄政院，学院、学会与永久私人学堂，校务理事会，学部、学科部、分学科部、系与继续教育系，图书馆、博物馆和科学收藏馆以及牛津大学出版社，大学行政官员等。美国大学章程在体制和机制方面常常

---

① Statutes and Ordinances of the University of Cambridge[DB/OL]. http://www.admin. cam. ac. uk/univ/so/2013/contents-sections. html. 2014-01-2.

详尽地规定董事会、校长、教授会以及其他各种行政和学术机构的地位、权力、人员构成及其选拔与人用方式、担负的职责以及行使职权的方式等。比如,《康奈尔大学章程》在第 1 章大学总则之后,自第 2 章到第 16 章分别对董事会、董事会委员会、校长、主要行政官员和副校长、教务长、财务主管、大学秘书长、大学顾问、内部控制、司库、大学教授会、学院教授会、院长主任和其他学术官员等的职责权限等进行了十分周详的规定。具体而言,在对董事会及其成员以及董事会有关官员等做出明确规定后,又对董事会各委员会,包括常务委员会、行政委员会、学术事务委员会、学生生活委员会、投资委员会、审计委员会、财务委员会、政府关系委员会、建筑与财产委员会、董事会组成与治理委员会、校友事务委员会、发展委员会、特别委员会等的职责权力、成员构成以及作用方式等进行了设计和规范,使大学的领导体制和组织机制完备健全。

第四,大学利益相关者权利保障的要求。大学是一种社会民事权利组织,不仅担负着重要的社会民事责任,而且还担负着保障其利益相关者权利的责任和义务。随着大学的不断壮大和所发挥的社会民事作用的逐步增强,大学的利益相关者群体构成也在不断发生变化,呈现出增多的趋势。在各种大学利益相关者群体中,教师和学生是两个核心群体。他们之所以能够成为大学利益相关者的核心群体,根本原因在于大学的功能与职能。就功能而言,学生是大学功能的第一载体,也是大学功能得以发扬光大的传导者;就职能而言,教师是大学职能的实际履行者,也是大学功能实现的主要贡献者。在大学办学中,保障教师和学生的权利,也就在较大程度上保障了大学职能的履行和功能的实现。所以,大学章程对教师和学生权利的保障有别于其他利益相关者,往往予以明确具体的规范。在利益相关者权利的保障上,大学章程所规范的内容主要包括三个方面:一是教师学术自由权利保障的要求,主要是对教师的教学、研究、传播、出版、交流等与学术活动直接相关的自由权利的保障;二是学生的学习自由与个性发展权利保障的要求,主要是对学生选择学科专业、课程、教师及各种相关教育教学资源权利的保障;三是其他利益相关者权益保障的要求,主要是其他利益相关者在办学中应当获取的权益的保障。比如,《康奈尔大学章程》在对教师和学生的权益等做出规定后,在第 25 章特别要求:大学政策积极支持平等教育和平等就业机会,董事会及时发布的相关政策声明应当公开发布至未来的学生、教师和其他雇员。这些政策对所有大学员工都

第二编 现代大学制度实践

167

具有约束力。①

第五,大学自身的合法性与章程的适应性。社会本身是一个整体,大学是社会组织的构成元素。在一定的社会时空下,大学可以是独立于其他社会组织的"特权组织",又可以是从属于其他社会组织的附属机构。不论属于哪类性质的组织,大学的权利既源于其自身的文化独立性,又源于其与其他社会组织的共生性。为此,大学存在与运行的合法性可源于其他社会组织的认可,又可源于其他社会组织的授予。在章程中,需要界定大学组织权利的性质与来源,明确大学的合法性是认可的还是授予的。不论是认可的还是授予的,大学都应当有自身的章程,而且章程还有确定的适用范围与对象。章程的这种适应性既不应当是模糊的,也不应当是听凭个人主观决断的,而应当由其自身进行规定。也就是说,大学章程应当清楚地载明其所约束和规范的机构、人员和事务,明确违反后的处理程序和惩罚措施,标注自身的有效时限、终止或废除的条件、补充和修订的要求等,以确保其自身得到有效的实施,维护大学运行的秩序,实现大学的办学目的。

第二节 我国大学章程应当解决的问题

大学章程应当解决的问题具有普遍意义,对我国大学也是适用的。但我国大学章程应当解决的问题还不只是这些,因为我国大学及其章程制定有其自身特殊的社会环境和条件。这里所讨论的问题是针对当今时代我国大学章程而言的,不针对历史上曾经发挥影响的我国大学章程。当今时代,我国大学章程要实现由非正式的习惯或惯例向正式的文本化的制度文件转变,不应当只是将各种习惯或惯例编撰成文本,通过一定的组织程序加以确认,而应当根据我国大学所担负的时代使命,在总结国内外大学章程制定与执行的经验教训的基础上,对我国大学办学与发展面临的制度问题努力加以解决,以增强其先进性和有效性。概括起来,我国大学章程应当在以下几个方面问题的解决上,发挥关键性作用,为大学成为自主办学的法人实体、提高自主办学能力奠定制度基础。

第一,大学作为外部组织附属机构的问题。

大学是社会的学术组织,担负着人才培养、文化传承和发展科学的重大使

---

① Bylaws of Cornell University[DB/OL]. https://trustees.cornell.edu/docs/052513-cy-bylaws.pdf. 2014-01-27.

命。现代大学不再是社会的边缘组织,而成为社会发展与进步的动力中心,所以,大学与社会其他组织之间存在着密切的关联性。正因为如此,大学不但对其他社会组织发挥着越来越重要的影响,而且也接受了来自其他社会组织的影响。虽然近30年来高等教育管理体制改革不曾间断,大学办学自主权得到了一定程度的保障,但大学作为外部组织附属机构的问题还没有得到根本的解决,这是影响我国大学提高办学水平和办学质量的关键问题之一。为此,《国家中长期教育改革和发展规划纲要(2010—2020年)》提出:"推进政校分开、管办分离。"这一政策导向无疑是符合高等教育体制改革要求的,制定大学章程应当正视这个问题的紧迫性和严重性,从现代大学制度建设角度,推进问题的解决,为大学走上自主办学、良性运行的轨道创造条件。

第二,大学内部过度行政化的问题。

作为学术组织,大学内部应当遵循学术的逻辑,崇尚学术价值,以学术为核心,建构内部组织体系和运行规范,为实现学术使命、履行学术责任奠定制度基础。但是,由于我国大学长期受政府集中统一领导和管理,大学内部行政组织机构设置往往与政府保持同一口径,以便于接收政府的行政指令,并有效地予以贯彻执行。所以,我国大学行政组织机构数量众多、体系完备、规模庞大、分工细微,在很多大学,行政组织机构的数量甚至比学术机构还多,行政管理人员占学校教职工人数的比例偏高。过度行政化易导致行政价值主导大学办学,学术价值不彰,师生员工价值扭曲,[1] 学术被边缘化,学术及其发展羁绊重重。我国大学办学与发展面临的现实困境:一方面,我国大学以创建高水平大学,甚至世界一流大学为目标;另一方面,在过度行政化的办学环境下,从书记、校长到处长、科长,甚至教师和学生,关于学术发展的重要性似乎无人不知,但尊重学术、崇尚学术、潜心学术、敬畏学术的人却不多,[2] 不能心无旁骛地潜心于学术目标,以追求学术价值为根本,有的人甚至更看重政治的导向、行政的升迁、上级的评价和物质利益的得失。显然,过度行政化的大学不是我国大学发展的方向,过度行政化的趋势只有通过制度重建才能从根本上得到扭转和消除。现代大学制度不是过度行政化的制度,制定大学章程应当从防范过度行政化趋势、减少过度行政化的影响、消除过度行政化的基础的要求出

---

① 别敦荣,冯昭昭. 论大学权力结构改革 [J]. 清华大学教育研究,2011(6):22-27.

② 别敦荣,唐世纲. 我国大学行政化的困境与出路 [J]. 清华大学教育研究,2011(1):9-12.

发,进行制度创新,探索我国特色的大学内部行政体制与规范。

第三,大学内部各办学主体职责权限配置不合理问题。

大学的基本职能在于人才培养和科学研究等,所谓办学,就是开展人才培养和科学研究等活动。人才培养和科学研究等活动的主体包括教师和学生,大学的各级行政人员及其他组成人员的职责是为达成人才培养和科学研究等的目的服务,为人才培养和科学研究等活动中的教师和学生提供支持和协助。因此,从大学组织开展的全部活动来看,办学的主体不仅包括教师和学生,而且包括行政人员及其他组成人员。前者的角色和使命与大学的职能直接相关,后者的角色和使命是支持和辅助性的,显然,二者在大学办学中的职责权限不但是不同的,而且是有性质差别的。教师和学生应当享有充分的权利,自主地开展各种教学和研究活动,并对各种相关的支持和辅助性工作予以指导,以确保大学的各种力量能够聚焦于人才培养和科学研究等职能活动,保障学术价值的实现。但是,由于历史和现实的原因,我国大学内部各办学主体角色和使命混淆。这种状况无助于在大学形成尊重知识、尊重人才、尊重规律的风气,无助于大学建立以人才培养和科学研究为核心的办学和运行体系。建设现代大学制度,应当在大学办学主体职责权限的划分上改变各种不合理的做法,在大学内部建立遵循高等教育规律办学的权力结构及其运行机制,建构符合大学学术本质要求的、张扬学术价值的学术权力关系。[①] 大学章程应当在办学主体职责权限的调整上有所作为,拨乱反正,还大学办学的本来面貌,保障大学有效地履行其职能。

第四,大学学术自由缺乏制度保障的问题。

现代大学是为了学术而存在的,不论是人才培养,还是科学研究,都离不开学术自由的环境。对大学办学而言,如同阳光雨露于庄稼,学术自由是大学不可缺少。阳光雨露不足,庄稼就会萎靡不振;阳光雨露严重不足,庄稼就会衰败;没有阳光雨露,庄稼就会死亡。长期以来,我国大学缺乏学术自由,更缺乏制度保障学术自由。正因为如此,我国大学的学术发展,包括教学和科研都缺乏相对自由的环境,各种学术以外的力量对教学和科研施加了直接或间接的影响,有的导致学术迷失了方向,有的使学术偏离了应有的价值取向,还有的打着繁荣学术的旗号却使学术异化为非学术或反学术的东西。《国家中长期教育改革和发展规划纲要(2010—2020年)》首次提出:"尊重学术自由",

---

① 别敦荣. 现代大学制度建设与大学权力结构改革 [J]. 高校教育管理,2012(1):3-4.

对大学而言，这无异于久旱逢甘霖。但对于如何尊重学术自由，还需要相应的制度规范。建设现代大学制度，必须贯彻学术自由精神，解决学术自由问题，建立保障学术自由的制度，将各种力量置于制度的笼子之中，为学术发展营造适宜的环境。[①] 作为大学基本制度的章程，不能不重视国家政策关于学术自由的要求，不能让学术自由缺乏制度保障的状况继续下去。否则，即便制定了大学章程，于大学学术而言，顶多也就是聊胜于无。

第五，大学利益相关者的权益救济问题。

现代大学也是一个利益组织，除了大学内部各类组成人员外，还有多种相关社会组织以及社会公众都从大学办学中获取自身所需要的利益。大学的利益相关者群体对办学的影响越来越大，大学办学除了要实现其自身的目的外，还要尽可能地满足各种利益相关者的诉求。这些诉求有的反映在办学结果中，有的体现在办学过程中，尤其是大学内部各类人员，他们的权益诉求往往体现在办学过程中。对于办学结果的诉求，大学一般通过调整办学目标使其得到满足，但体现在办学过程中的诉求，则需要通过制度予以规范和保障。我国大学在逐步接受服务社会的观念以后，越来越注重调整办学目标，满足一些外部利益相关者的诉求，但对内部利益相关者，包括师生员工的利益，却仍然没有从制度上予以明确和保障。因此，建设现代大学制度，必须有效地协调内外部利益相关者之间的关系，在保障大学的学术价值和利益不受侵害的同时，尽可能地满足各方面的利益要求。[②] 制定大学章程，不能只是单方面地规定职责，提出要求，严格纪律，还应当根据利益相关者诉求的特殊性，制定相应的权益保障和救济机制，从制度上消除可能导致冲突的诱因，为创建和谐校园打下牢固的基础。

毫无疑问，就制度而言，上述五个方面的问题是制约我国大学办学与发展的根本问题，建设现代大学制度，应当着力在这几大问题上取得突破。制定大学章程，不能绕开这些问题，不能怕触及，应当正面回应，在可能的情况下采取积极的建设性的举措，促成这些问题的合理解决。当然，也应当看到，这些问题大都与社会的政治和行政体制以及社会文化等有着不可割裂的关系，不是单靠大学自身努力就能完全解决的。没有社会政治和行政体制的改革，大学所面对的这些问题很难从根本上得到解决。但这并不意味着，在这些问题的

① 别敦荣. 我国现代大学制度探析 [J]. 江苏高教, 2004（3）: 1-3.
② 别敦荣, 徐梅. 论现代大学制度的公正性 [J]. 山东社会科学, 2012（8）: 110-118.

解决上,制定大学章程就毫无发挥作用的空间。毕竟经过 30 多年的改革开放,我国的政治和行政体制已经发生了重要变化,大学办学所处的社会政治环境与改革开放前已不可同日而语,建设现代大学制度,制定大学章程,还是可以在上述问题上有所作为的。

第三节　我国大学章程可能解决的问题

在不同的办学环境下,大学章程所能发挥的作用是不同的。这就是说,大学章程能够解决什么问题,不完全取决于大学自身,也不完全取决于它自身应当解决什么问题,而更多地取决于大学与社会的关系,即具体的社会环境和条件。也可以说,大学章程应当解决什么问题具有普适性,而能够解决什么问题则具有国家性或现实性。在现实的社会环境下,我国大学章程能够解决什么问题?对于上述五个问题,能够解决到什么程度?这是制定大学章程所不能回避的。如果完全无视上述问题的存在,或者认为解决这些问题难度大,便绕着走,无所作为,那么,所制定的章程必然发挥不了增强大学自主办学能力、促进大学办学与发展的实际作用,而只是应付政府部门要求的官样文件。从教育部已经核准的六份大学章程看,它们基本上都只具有形式上的意义,没有重视回答在现实社会环境和条件下制定大学章程能够解决什么问题、能够解决到什么程度,因而,对促进大学改革与发展能够发挥多大作用还有待观察。就现实的环境、条件而言,我国大学章程在涉及与外部党政组织关系的问题上,能够发挥作用的空间不大,但在内部管理与治理结构问题的解决上,却是可以有所作为的。制定大学章程,应当着力研究和解决内部管理和治理结构问题,理顺若干主要内部管理和治理关系,建立合理的制度规范,以解放大学学术生产力,增强办学能力,提高大学办学效率、水平和质量。

第一,解决大学内部基层办学自主权不能落实的问题。

大学的学术活动主要是在院系组织开展的,人才培养和科学研究等职能主要是在院系开办的各种学科专业中履行的,学校层面承担的更多的是协调服务性的职责,各院系才是实际的办学单位。所以,在学术界,有人将大学描绘成一种底部沉重组织,大学的重心在基层。由于各院系都是建立在不同的学科专业基础之上的,各学科专业有其自身的逻辑,尽管从行政建制上看,院系和行政院所都处于同一行政层次,具有一致的行政单位的特点,但从学科专业的角度看,各院系的差异是显著的,这种内在差异性正是大学的特性之所在。因此,大学不能采用一元化的方式来管理和要求各具差异的院系,大学的基层应当拥有充分的办学自主权。这是大学增强自主办学能力,促进学术繁荣的根本之所在。

我国大学内部,学校层面集中了几乎所有学术和行政管理权力,院系层面缺少办学自主权,即便是教学、科研等学术活动,基层所能决定的事情少之又少。这种管理体制尽管可以保证全校一盘棋,统一步调,以高度一致的方式办学,但却是一种将最复杂的办学要求付诸简单化的做法,无助于各院系自主办学,无助于各学科专业根据自身规律和要求办学,难以办出特色,也不可能有高质量办学。这个问题尽管与外部党政领导和管理体制有一定联系,但却主要是大学内部的问题,是大学自身可以较好地解决的问题。在大学章程制定中,要根据办学重心在基层的特点,尊重学科专业的规律和要求,合理分割学校和院系两个层次的办学权,减少学校层次的统一决策、统一要求,加强支持和辅助服务功能,扩大院系办学自主权,增强院系决策能力和资源调配能力,使各院系成为相对独立的办学实体单位,建立合理的校院系治理结构,以激发各层次的办学活力,提高学术生产能力。具体而言,就是要在关于大学管理与治理结构中,将学校层次的管理职能和各职能部门的职责权限定位于支持和辅助服务方面,尽量减少行政指令和资源分配职能,赋予院系在所涉学科专业办学方面的决策和组织职能,建立以基层为基础的内部办学与管理机制。

第二,解决大学党委书记和校长权责界限模糊、党政关系不和谐的问题。

现代大学的行政事务性工作越来越多,行政机构及其职责权能越来越复杂。我国大学实行党政双轨领导管理体制,党委和行政两套系统共同掌控办学权力,个别高校内部党政关系错综复杂,内部党政部门难以和谐共事。

党委书记和校长是我国大学党政主要领导,他们之间的关系对大学办学有重要影响。解决他们之间关系欠制度规范、欠和谐共事的问题,需要有更具体明确且权威的制度。在大学章程制定中,可根据《中国共产党普通高等学校基层组织工作条例》和《中华人民共和国高等教育法》的有关规定,在确保中国共产党领导地位的基础上,对党委书记和校长两个职位及其角色功能予以明确界定,根据党章规定将党委书记的职权置于党委会的组织框架下,党委书记作为党委会的召集人和党委建设的负责人发挥作用,其职权主要集中于党委内部;给予校长完整的充分的行政管理权,明确校长作为大学行政领导中心的角色,使《中华人民共和国高等教育法》所规定的校长的职权有明确的制度保证,使校长能够积极主动、独立负责地履行职权。

第三,解决专业权力不被承认、不受重视,教授治学缺乏机制保障的问题。

大学是社会的学术组织,专业权力是大学履行学术使命的重要保障。我国大学专业权力式微,不论在学校层次还是在院系层次,都缺少专业权力发挥作用的制度规定,教授治学没有机制保障。正因为如此,大学作为学术组织的特性被遮蔽了,学术的功能得不到有效的发挥。我国大学应当回归学术组织特性,改变政党组织或行政组织的形象,真正履行学术功能,更好地发挥人才培养和科学研究等职能。

大学回归学术组织特性,必须解决专业权力的地位和作用问题,解决教授治学的制度保障问题。[①] 尽管这个问题的解决不能说与外部政治体制没有关系,但更多的还是大学内部的管理体制和治理机制问题,也就是说,是大学自身可以在很大程度上解决的问题。制定大学章程是解决这个问题的一个契机,在大学章程中,应当明确教授个体和教授群体在办学中的地位和作用,对教授个体和群体在院系和学校层面发挥作用的组织机制进行合理设计,确保大学人才培养和科学研究等职能活动的决策及实施更多地依靠教授,将教授的专业权力融入实际的办学中去,更好地发挥专业权力的作用。具体来讲,在大学章程中,一方面,对教授职位的职责、权利和义务等进行明确的界定,对教授个人在人才培养和科学研究等活动中的作用及其作用机制做出具体规定,对教授个人在院系和学校层面通过何种组织机制和工作方式发挥作用进行科学合理的设计,并做出程序性规定;另一方面,对教授群体的责任和义务进行说明,对教授群体发挥作用的组织形式和程序做出明确的规定,对教授群体组织与大学内部党政机构在职责权力方面的交叉与重合问题以及教授群体组织决策或决定的执行问题等,都要在相关治理机制和组织程序上进行合理而妥善的设计与安排。只有这样,大学的专业权力才可能真正从制度上得到保障,教授治学才能发挥其应有的作用。

① 别敦荣,唐世纲. 论教授治学的理念与实现路径 [J]. 教育研究,2013(1):91-95.

第十五章
制定大学章程的策略

　　我国高教界对大学章程引起重视,是从 2010 年《国家中长期教育改革和发展规划规划纲要(2010—2020 年)》(以下简称《教育规划纲要》)颁布开始的。《教育规划纲要》提出:"各类高校应依法制定章程,依照章程规定管理学校。"同年,教育部确定建立健全章程的首批 26 所部属高校名单,2011 年 11 月 28 日,教育部颁布了《高等学校章程制定暂行办法》(第 31 号令),2013 年 9 月,教育部发布《中央部委所属高等学校章程建设行动计划(2013—2015 年)》,要求进入国家"985 工程"的高校在 2014 年 6 月底前完成章程起草工作,"211 工程"高校在 2014 年底前完成章程起草工作,所有高校在 2015 年底前完成章程起草工作。毫无疑问,这些文件的发布推动了大学章程的制定和研究工作。为了达到上述要求,各大学都在着手章程制定工作,但就笔者了解,尽管各大学非常重视,但很多大学对于如何制定章程却并不是非常明确,部分大学将其当作一项上级分配下来的工作任务来完成,于是,根据常规的工作套路,成立负责起草的行政班子,根据教育部有关文件要求,参考其他大学的做法编制章程文本。这样尽管可以应付上级关于制定大学章程的要求,但却不能解决大学改革与发展的问题,无助于大学工作的改进。如何使章程制定真正成为一项推动大学改革与发展的有益工作,而不是又成为一项受到高度重视的无用工作,除了应当了解我国大学章程的属性,正确认识我国大学章程应当解决什么问题和能够解决什么问题之外,还应当明确制定大学章程的有效策略。

第一节　不同时期大学章程制定的主要策略

从人类现存的组织看,大学是一种可能永恒存在的社会组织。尽管有的大学因为这样或那样的原因被关闭了或停办了,但新创办的大学不但数量越来越多,而且越来越具有生机活力,发挥的社会作用越来越大。大学章程是指导和规范大学开办与办学运行的基本文件,所以,在国际上,大学章程往往是在大学创建之前或之初制定的,在大学发展的过程中,章程常常因环境条件和办学要求发生改变而进行必要的修订。我国早期大学在创办之初大都制定了章程,比如,京师大学堂成立之初制定了《京师大学堂章程》。1949年后,因特殊的社会环境,原有大学的章程都被废止了,大学办学主要遵循各级党委和政府的规章与指令,① 新建大学在创办之初一般也没有制定章程。当今社会我国已经进入法治时代,此时制定大学章程是一种特殊的改革举措。显然,开办时期制定和发展时期制定,不论是其目的还是策略,都不可能完全相同。

一、大学创建时期,举办者制定章程,以解决办学的基本问题为目的

任何大学都有初创之时,有的创建动议酝酿时间较短,有的持续时间很长,不论何种情况,在创办期间,举办者都会对大学办起来后的运行做出一些约定或规定,这就是制定大学章程的工作。有的大学在创建之时可能没有制定明文章程,但举办者也会以各种形式的规定或要求来规范大学的办学,不可能让大学办学天马行空,毫无章法。

相对而言,创建时期大学章程的制定策略是比较单纯的,较少涉及比较复杂的关系和矛盾。但也有例外,在社会矛盾尖锐或激化时期,大学的创办牵扯社会阶层的利益调整或权力的再分配,制定章程的策略和过程就会比较复杂。比如,英国伦敦大学的创办就经历了一个十分复杂的、持续时间较长的争论和妥协过程。这种争论和妥协主要发生在英国枢密院和议会,伦敦大学的模式及其章程都是那场著名的争论和妥协的产物。② 在社会矛盾相对比较平和时期,创建大学成为社会的共识,在如何创建和大学如何办学的问题上,章程往

---

① 别敦荣．论市场化体制下大学校长的作用 [J]．高校教育管理,2008（3）：18-21．

② 〔美〕谢尔顿·罗斯布莱特．现代大学及其图新 [M]．别敦荣,译．北京：北京大学出版社,2013：350-386．

往发挥着重要作用,而章程制定主要表现为一项重要的程序性工作。在这种背景下,创建时期大学章程制定一般包括以下主要策略。

第一,举办者或其代表制定。大学的举办者大致可以分为两类:一类是私人,另一类是社会组织,包括各种经济、政治和文化组织,后者主要以各国中央和地方政府为代表。在以私人作为举办者的大学,其章程主要由私人举办者制定。比如,美国斯坦福大学是由美国19世纪的"铁路大王"利兰·斯坦福个人出资于1891年创办的,斯坦福在该校章程的制定上拥有绝对的话语权。而在由社会组织作为举办者的大学,其章程制定主要由举办者所委托的代表制定。比如,著名的柏林大学是19世纪初期由普鲁士政府创建的,以普鲁士政府代表洪堡为首的一批官员和学者对柏林大学章程的制定发挥了关键作用。20世纪以来,公立大学得到了迅速发展,尤其是后半期,数量激增。在很多国家,公立大学章程的制定往往由政府部门委托相关组织起草,由国会(议会)等权力部门审议通过。所以,公立大学章程制定后,其修订程序是比较烦琐的。不论是私立大学还是公立大学,尽管其章程是由举办者或其代表制定,章程必然反映或体现举办者的意愿,但大学是公益性社会组织,有其自身的社会责任和使命,所以,从根本上说,章程所规范的大学目的并不是举办者的,而是社会公众的,是公益性的。

第二,参考相关大学章程。大学是一种社会文化遗产组织,后发大学往往以先发大学为样板,其章程的制定也是这样,有的甚至直接照搬其他大学的章程。比如,英国19世纪以后兴办的大学大多都以牛津大学和剑桥大学为楷模,伦敦大学创建之时举办者希望有所突破,遭受了强大的保守势力的攻击和抵制,因此在伦敦大学的职能、组织结构和运行方式上,都可以看到牛津大学和剑桥大学等古典大学的影子。进入20世纪以来,在大学成为社会的轴心组织之后,大学的身份认定越来越清晰化,先发大学章程的影响也不断增强,这也使得一国之大学甚至世界各国的大学都表现出一些共同的属性,成就了大学这个人类学术组织的"家族相似性"。

第三,基于所创办大学的宗旨和使命。因为相互模仿和借鉴,大学在目的和宗旨上表现出"家族相似性"的特征,但如果各国和世界的大学只具有这些共性特征的话,它们是不可能具有旺盛的生命力的。大学还有其特殊的一面,这就是每一所大学都有其自身的使命,办学宗旨也是同中有异。大学章程不但要反映其共性的特征,还要充分地阐明不同于其他大学的、体现其自身特征的不同的宗旨和使命,以使办学者能够在学术组织共性的基础上办出有特色、有活力的大学。比如，2002 年修改后批准生效的《牛津大学章程》所阐述的办学宗旨是：大学的核心目标是通过教学、研究增进知识，并以各种方式传播知识。[①] 1898 年清政府制定的《京师大学堂章程》开宗明义地提出："京师大学堂之设，所以激发忠爱、开通智慧、振兴实业。谨遵此次谕旨，端正趋向、造就通才为全学之纲领。"后者的"开通智慧"与前者的"增进知识"和"传播知识"有着共同的意义，但其差异也是明显的：前者将牛津大学的核心目标确定为"增进知识"和"传播知识"，途径是教学和研究，甚至"各种方式"，后者不但将京师大学堂的办学目标确定为"开通智慧"，而且还增加了"激发忠爱"和"振兴实业"，反映了京师大学堂在中国社会转型时期所担负的历史使命。

二、大学发展时期，权力部门修订章程，以解决办学的适应性问题

经历了初创时期后，大学发展进入了常规轨道，大学不仅建立了完备的组织体系，而且形成了严密的决策和执行机制，办学处于比较平稳的正常状态。随着大学历史的不断延续，办学的社会环境不断变化，大学自身也在发生改变。在这种情况下，大学既要适应新的环境，又要适应自身的新发展。修订章程是大学从制度上增强适应新环境和新发展的重要的组织行为，是大学把握新的形势发展要求，保持进步性的必由之路。就大学本身而言，修订章程主要是为了增强章程的有效性和办学的适应性，提高章程对办学的指导效力。因此，在章程修订上，大学主要采取以下几种策略。

第一，由大学或其外部权力部门组织修订。在一般情况下，大学内部的权力部门，比如，校务委员会、评议会、董事会或理事会等负责决定是否修订章程、在多大范围进行修订、修订哪些条款以及以何种方式审议通过修订等。但这并不意味着大学外部的权力部门，比如，政府、国会（议会）或一些国家的皇室等就不参与大学章程的修订。从国外的情形看，修订章程的权力可以在大学，也可以在校外政治或其他组织，还可以由内外权力部门共同拥有。比如，《牛津大学章程》的修订就是由内外权力部门共同拥有、分工履行的。牛津大学不仅是现存历史最悠久的大学之一，而且可能也是章程修订最频繁、也最复杂的大学之一。牛津大学创立之时是没有章程的，后来各学院分别制定了自身的章程。其章程修订权自 16 世纪以来一直由大学和皇室（国王或女王）共同拥有，且最终批准认可权至今仍为皇室掌控。1636 年牛津大学修订后的章

---

① 张国有．大学章程（第四卷）［M］．北京：北京大学出版社，2012：014.

程《劳狄安法典》由国王确认批准,并被正式采用。这是牛津大学第一个全面可行的章程。从这次修订看,组织修订的权力在牛津大学,但批准的权力在国王。18 世纪后期,牛津大学拥有了比较完整的立法权,正如 1759 年的法律顾问声明:"在大学获得最初的法人地位后,未经大学的同意或确认,国王不能以其特权或别的方式向大学强加法规或章程,而且大学无权将其制定理想的仪式程序或章程的权利转授给任何人,包括国王。未经评议会的同意或认可,任何这类经授权而制定的章程均属无效。"① 但 19 世纪中后期的两次皇家委员会的建议,又将《牛津大学章程》的修订权在大学和皇室之间进行了划分,皇室继续保留了最终的认可和批准权,这一状况一直延续到今天。2002 年生效的牛津大学新章程修订条款都得到了皇室的认可。②

第二,修正章程中的不适条款。一般而言,大学初创时的章程都比较简单,随着大学的不断发展,办学体系不断完善,社会需求逐步增多,大学自身面临如何适应新的办学要求的问题。比如,牛津大学和剑桥大学早期的章程《牛津和剑桥大学法人地位法令》由序言和 7 部分构成,内容简短。显然,制定这一章程时的大学内外环境条件与此后数百年牛津大学和剑桥大学的办学环境和要求是不可能完全一致的,所以,在不同的历史时期,牛津大学和剑桥大学都针对章程中的不适应内容进行了多次修订,以增强章程的效力。就 2002 年以来批准生效的《牛津大学章程》而言,它包括了前言和 17 部分,涉及大学的使命和基本组织原则,成员身份,评议会,摄政院,学院、学会与永久私人学堂,校务理事会,学部、学科部、分学科部、系与继续教育系,图书馆、博物馆和科学收藏馆以及牛津大学出版社,大学行政官员,学位、学历与证书,大学纪律,学术员工及督察委员会,学生成员;其他条款,学校对学术员工及后勤人员的聘用,学院资金上缴方案与学院账务,产权、合同与信托,解释或应用大学章程和规章时的争端解决方案,以及附录 68 类基金,③ 远远不是早期章程的内容可比的。

应当注意的是,1949 年以前,我国大学不但都制定章程,而且还遵循章程规定办学。1949 年以后,由于社会政治文化的原因,我国大学少有制定章程的,即便有的大学制定了章程,也主要是为了应付政府主管部门有关程序规范

① 张国有. 大学章程(第四卷)[M]. 北京:北京大学出版社,2012:6.
② 张国有. 大学章程(第四卷)[M]. 北京:北京大学出版社,2012:13.
③ 张国有. 大学章程(第四卷)[M]. 北京:北京大学出版社,2012:1.

的要求而制定的,很少有大学真正遵循章程要求办学。不论公办还是民办,我国大学主要依据党和政府的政策精神办学,在这一点上,与世界上其他国家大学办学有着很大的不同。因此,我国大学在发展阶段制定章程,与其他国家大学修订章程是存在差异的。其他国家大学修订章程,只需在原章程基础上根据变化了的内外环境条件以及大学办学的新要求,对章程进行补充、修改或完善。我国大学制定章程,不仅要将那些不成文的惯例或规则明文化,而且更重要的是,要在吸收国际上大学章程所包含的普遍原则和规范的基础上,针对影响我国大学办学能力和水平的主要问题,拿出有效的解决办法,使之成为办学的准则。在这一点上,我国大学章程制定可以发挥后发优势,注重追求章程的质量。

第二节　不同社会文化背景下制定大学章程的主要策略

大学是社会文化教育组织,社会文化不只影响大学教育教学、科学研究和社会服务,还影响大学办学的方式。不同国家社会文化差异显著,大学之间也表现出明显的差异。在大学章程的制定上,不同国家所采取的方式和策略各不相同,表现出鲜明的国家特色。由于世界各国社会文化千差万别,要对差异巨大的各国社会文化进行简单化地归类几乎是不可能的,对其进行贴标签似的描述可能南辕北辙,完全失真。这里只能就两种主要社会文化形态下制定大学章程的主要策略进行总体概述,以显示社会文化形态与大学章程制定之间存在的密切联系。

一、在分权文化背景下,大学权力部门自主制定和修订章程

分权文化是一些国家社会文化的一种典型类型。分权的思想是现代国家社会政治文化思潮之一,由英国现代思想家洛克首先提出,法国现代思想家孟德斯鸠加以完善,而后成为指导一些国家社会政治生活的基本原则。在实行分权原则的国家,大学往往被赋予比较充分的办学自主权。在大学章程制定上,外部权力部门,比如,政府议会、行政机关及其职能部门一般不施加直接的干预或影响,而将权力授予大学,或由大学保留。美国对社会事务实行分权管理,分权文化基础深厚。在大学章程制定和修订上,联邦政府不具有影响力,州政府行政机关也极少施加直接影响,只有州立法机关通过一定的方式发挥作用。比如,麻省理工学院章程的制定和修订权力都由学校法人所有,除学校

法人成员外,任何其他组织或个人不能干预或限制。章程第 22 章"章程变更"规定:本章程可经任何法人成员会议更改、修订、中止或废除,并增加其他规定,在相关通报中应当阐明对章程所要采取的变更,对拟变更的实质也应一并阐明。[①]尽管麻省理工学院在章程制定和修订上拥有充分的自主权,但麻州立法机关通过立法对麻省理工学院的办学也发挥着重要影响。自 1861 年麻州普通法院向麻省理工学院颁发特许状至今,法院对特许状不断进行修正。比如,1967 年修正案赋予麻省理工学院与其他相当的美国高校联合办学,颁发研究生学位的权利。法院对麻省理工学院特许状的最近一次修正发生在 2000 年。[②]这一现象说明美国将大学章程及与其相关的权力归入立法权的范畴,只有作为自治主体的大学和州政府立法机关拥有这些权力。大学与州政府立法机关通过分权分别行使一定的权力,而州政府行政部门并不直接参与。

二、在传统文化背景下,外部权力机关负责制定和修订大学章程,或者经其授权由大学负责制定和修订大学章程,外部权力机关予以审议批准

集权文化是人类传承的古老社会遗产之一,直到今天仍是一些国家社会政治文化的主要组成部分,对社会政治、经济、文化、教育等发挥着重要作用。集权文化的主要原则是将社会事业的管理权集中统一于政府,各类社会组织的运行不但受到国家法律的约束和规范,而且受到政府行政机关的直接控制。大学是社会思想的积聚场所,也是新思潮的策源地,担负着社会文化思想的传播、创造和高层次人才培养的任务。由于大学特别重要的社会功能和影响力,在集权文化主导社会事业管理的国家,政府往往对大学进行集权管理,集权的程度以及具体的管理机制与方式因不同国家集权文化的差异而表现出国家特色。法国是集权社会文化传统比较深厚的国家,在大学管理上长期坚持集权管理原则,尽管 1985 年高等教育改革倡导和推动大学自治,但政府的集权管理色彩仍然非常浓厚。在大学章程的制定上,国家法律法规是章程制定的基本依据,章程关于大学使命和目标、组织机构、人员聘用、功能发挥、纪律要求、对外关系等的规定都要与相关法律法规精神保持一致,不仅如此,章程

第二编 现代大学制度实践

---

① Bylaws of MIT: Section 22 Change in Bylaws[DB/OL]. http://web. mit. edu/corporation/bylaws/by22. html.

② MIT Charter[DB/OL]. http://web. mit. edu/corporation/charter. html#1967.

制定和修订还要得到政府行政机关批准。比如,巴黎第八大学章程于 1985 年 11 月 22 日得到教育部长批准生效,章程第 18 条规定,总统可提请大学修订章程。[①] 巴黎第十一大学章程一开始就载明,大学理事会根据《教育法》第 L 条第 711-7 款,于 2008 年 11 月 3 日通过。关于章程修订,第 6 章第 31 条规定,章程修订必须得到高等教育部长批准。[②] 巴黎第七大学于 1970 年创立,从其章程说明可知,大学理事会根据联合技术委员会 2011 年 10 月 17 日的建议要求,于 2011 年 12 月 13 日通过大学章程,该章程于 2012 年 1 月 20 日得到高等教育部长批准。该章程内容非常全面,除前言外,共有 5 章 49 条,涉及大学办学的使命与手段,管理机构与大学治理,教学、研究和社会服务,大学民主化与社会关系以及章程修订等方面,在第 5 章,明确规定章程修订须经高等教育部长批准。[③] 法国大学章程制定和修订的要求反映了集权社会政治文化的影响。值得注意的是,法国大学并不都是从创建之时制定章程的,部分大学都只是到了近几年才根据有关政府机关或组织的要求,将制定章程提上日程,所以,很多法国大学章程都是近年来批准生效的。

第三节　我国大学有效制定章程的策略

从没有明文章程到制定章程,是大学走上规范化办学的一个重要标志,是大学自主办学改革取得重要进展的反映。我国有着悠久的社会政治文化传统,政府对高等教育一直实行集中管理。1985 年《中共中央关于教育体制改革的决定》提出了"扩大高等学校的办学自主权"的政策要求,自此以来,大学办学自主权得到了一定程度的落实,大学办学焕发出生机与活力。在"放管服"改革与大学自主办学的二重博弈中,一个不能回避的尴尬出现了:政府不断地放权,大学却并没有自主,因为大学没有建立自主办学的机制,政府所下放的权力只是到了大学领导手中,增大了大学领导个人意志的效力。也就是说,在一

---

① Statuts de l' Université Paris 8[DB/OL]. http://www.univ-paris8.fr/IMG/pdf_Statuts_de_l_universite_Paris_8.pdf.

② Statuts de l' Université Paris-Sud. L' université[DB/OL]. http://www.u-psud.fr/fr/l_universite/statuts.html.

③ UNIVERSITE PARIS 7STATUTS[DB/OL]. http://www.univ-paris-diderot.fr/DocumentsFCK/universite/File/Statuts % 20Paris % 20Diderot % 2013 % 20janvier % 202014.pdf.

些大学,政府下放的权力越多,大学领导所拥有的权力就越大,领导几乎成为政府的代言人或受托人,代表政府对大学进行全面管理。也可以说,政策所期望的大学自主,实际上成为大学领导自主。① 正因为如此,制定大学章程的意义远远超出了章程本身的意义,其现实的目的主要在于促进建立大学自主办学机制,完善大学治理结构,提高大学自主办学能力。

2013年11月16日,教育部核准了中国人民大学等六所大学章程。不论是从已经核准章程的大学和已经开始起草工作的大学的情况看,制定章程的策略主要包括:第一,领导牵头;第二,组建行政起草班子;第三,领导研究定案;第四,教职工代表大会评议或审议;第五,校长办公会和党委会(常委会)审定;第六,提交教育部公示核准。比如,2012年3月,按照教育部有关文件精神,东华大学启动了《东华大学章程》的修订工作,成立了修订工作领导小组和工作小组。领导小组组长由校党委书记和校长两人担任,成员为全体校党政领导,并邀请教育部相关部门的同志参加。工作小组由分管的校行政和党委领导分别担任组长和副组长,成员为相关职能部门负责人、教师代表、学生代表、退休教职工代表等。学校章程修订经过了系统研究梳理、广泛征求意见和反复修改论证等过程,召开了20多次专题研讨会和座谈会,形成征求意见稿,于12月初公布在学校网站,广泛征求学校全体师生员工的意见。章程修订校内审议稿形成后,先后被提交校教职工代表大会、校长办公会、校党委全委会审定通过,形成核准稿。《东华大学章程》于2012年12月31日上报教育部,申请核准。② 该大学章程名义上是修订,实际上具有制定的意义。由此可以看出,大学章程制定采取的主要是行政化手段,是在大学领导的主持下由部分行政职能部门人员直接参与完成的。章程的制定过程与大学其他文件的起草办法基本一致,行政人员的参与度远远高于教师,教师只有极少数代表参与起草工作,教职工代表大会发挥评议作用。从大学章程制定动议到政府核准过程,可以看出,我国大学章程制定采取的是一种政府委托代理模式,即由政府行政机关委托,大学单方面起草,委托机关核准。从已核准大学章程的内容看,它们基本不涉及大学的合法性即法人地位问题,基本不涉及大学的宏观管理关系

---

① 别敦荣. 高等学校领导权力的分治与统整 [J]. 清华大学教育研究,2003,(2):45-49.

② 东华大学发展规划处. 教育部高等学校章程核准委员会召开第一次会议,对我校等6所高校的章程进行了首批核准评议 [DB/OL]. http://www2.dhu.edu.cn/dhuxxxt/xinwenwang/shownews.asp?id=20213.

问题,基本不涉及大学内部党委书记和校长治校职权划分问题,基本不涉及大学领导层权力集中问题,基本不涉及教授治学权与书记、校长治校权的分割与协调问题,较少涉及教师和学生权益被侵犯的救助问题。很显然,这种状况的出现与制定大学章程的策略有着密切的关系,用行政的思维制定大学章程,其结果只能产生行政化的大学章程。

至今还只有六所大学章程获得了核准,其他数以千计的大学正在制定或刚启动制定章程。当此之时,采取合理有效的章程制定策略,显然有着特殊的意义。从国内外大学章程制定的经验看,大学应当利用这一政府委托代理机遇,从现实和长远发展需要着眼,将章程制定作为一项专业工作来对待,以教授为主体,扩大各利益相关群体的代表性,将章程应当解决的问题与能够解决的问题结合起来,以应当解决的问题为导向,以能够解决的问题为重点,谋求大学领导管理体制和治理结构的创新,提高大学章程的科学性与有效性,力求避免所制定的章程又成为应付政府行政机关要求的、毫无实际意义的空头文件,使之真正成为能够切实保障提高自主办学能力的重要政策文件。为此,可以采取三种主要策略。

一、建立以教师为主、各利益相关方参与的大学章程制定委员会（或小组），全面负责章程制定工作

我国大学是国家文化教育组织,大学以往是作为政府机关的附属机构对待的,完全根据政府指令办学,不需要制定章程,即便少数大学制定了章程,也不需要按照章程办学。经过30多年的改革与发展,我国大学与政府的关系发生了重要变化,大学办学的自主性得到增强,政府的宏观管理意识越来越明确,其他利益相关者与大学及其办学之间的联系越来越密切,制定大学章程的客观条件趋于成熟。正因为如此,制定大学章程不是大学单方面的事情,而涉及与大学及其功能有关的各利益相关组织和群体,应当将这项工作置于大学社会关系的网络之中,从大学的组织属性出发,将各相关主体都包括进来。

《高等学校章程制定暂行办法》第16条规定:章程起草组织应当由学校党政领导、学术组织负责人、教师代表、学生代表、相关专家以及学校举办者或者主管部门的代表组成,可以邀请社会相关方面的代表、社会知名人士、退休教职工代表、校友代表等参加。第19条规定:涉及与举办者权利关系的内容,

高等学校应当与举办者、主管教育行政部门及其他相关部门充分沟通、协商。①
从这一政策文件的规定看,与大学相关的各利益方都拥有参与大学章程制定
的权利和义务。从大学内部看,党政管理人员、教师和研究人员、学生等是主
要利益相关方;从大学外部看,举办者(组织)、管理者、有关企事业组织、家长
和公众以及校友等都与大学及其办学有着密切的联系。为了保证大学章程能
够得到有关各方的认同和支持,发挥其应有的效力和作用,在章程制定中,应
当将大学内外各利益方纳入起草组织中来,并充分尊重各方的代表性和参与
权利。

　　我国大学实行党委领导下的校长负责制领导管理体制,党委和校长在大
学章程制定中发挥领导作用是毋庸置疑的,但章程的制定组织的性质以及如
何构成则是值得谨慎斟酌的。一些大学组成了以行政管理人员为主、有教师
和学生代表参与的章程起草委员会(或小组),具体负责起草工作。这是一种
完成上级下达工作任务的常规做法,是一种简单的行政化的策略,前述章程制
定中存在的不足都与这一策略有关。大学是社会文化教育组织,具有鲜明的
学术性,学科和专业是其功能载体,教师和研究人员是其功能的主要实现者。
章程是大学办学与发展的政策性文件,是贯彻改革精神、探索现代大学制度的
重要媒介。如果再依常规手段来制定章程,其结果是不难预料的,已经核准的
部分大学章程的作用也已证明。所以,章程制定应当有新的策略,应当用改革
精神来指导章程制定工作。章程制定组织应当是大学党委和校长领导下的专
业组织,而非行政组织,其构成应当以教师和研究人员为主,有行政管理人员、
学生和其他方面的利益相关者代表参与。教师和研究人员代表中要有高等教
育专家、法律专家、政策研究专家、管理专家等,以发挥他们的专业智慧,保证
大学章程的科学性、合理性和有效性。

**二、以《高等教育法》等法律为基本依据,重点设计大学自主办学
的宏观与微观机制**

　　大学自主办学不但是政府行政管理体制改革的要求,更是大学遵循高等
教育规律、提高办学水平和办学质量的要求。大学缺少办学自主权,往往导致
办学脱离高等教育规律,办学水平和质量不高,不能满足国家经济社会发展和

① 中华人民共和国教育部.高等学校章程制定暂行办法[DB/OL]. http://www.moe.
edu.cn/publicfiles/business/htmlfiles/moe/moe_420/201201/129181.html.

现代化建设的需要。改革开放以来,政府行政管理体制改革持续推进,转变政府职能,创新行政管理方式,建设法治政府和服务型政府成为大趋势,对大学办学而言,其必然结果是政府行政指令逐步减少,自主权不断扩大,自主办学的要求不断提高。《高等教育法》等法律对大学的法人地位和自主办学要求做出了明确的规定,为建构大学自主办学机制指明了方向。

大学自主办学机制有宏观和微观之分,宏观机制主要是大学作为社会事业法人组织与政府作为公法人组织之间关系的协调机制;微观机制是指大学内部各办学主体单位以及各组成群体之间的运行机制,主要包括学校党政领导与各二级院系的关系模式、校级党政部门与二级院系之间的关系模式等。在大学章程中,就宏观机制而言,一方面,主要应当明确政府对大学的权利和义务,以及政府规范和调控大学办学的权力范围和作用方式等;另一方面,大学所拥有的自主办学权利,大学接受各级党委和政府对办学进行规范和调控的方式,以及大学规避各级党委和政府过度行政干预的手段等。就微观机制而言,第一,应当明确校级和院系各层次的办学地位,明确院系的双重组织属性,即既是学校二级单位,隶属于学校层次,又是相对独立的办学单位,具有自身办学与发展的逻辑;做好校院系各层次管理与办学的权利和义务分割,建构校院系分工清晰的自主办学功能体系;第二,建立校院系自主办学的组织机构,尤其是应当完善院系自主办学的组织机构设置,强化编制配置,使之做到机构、人员和权责三位一体;第三,规定校院系各层次相互作用的方式和方法,尤其是规范校级层次党委和行政职能部门的行政方式方法,扭转校级层次党委和行政职能部门过度行政、乱作为的现象,改变校级层次任何机构都可以统管全校各院系,可以直接对院系领导发号施令,可以任意指挥和干预各院系办学的状况,使校院系各层次在其自身的职权范围内真正做到自主办学,从而调动院系办学的积极性。①

三、以《教育规划纲要》精神为指导,合理设计大学内部治理结构,破解过度行政化的难题

大学真正实现自主办学,达到遵循高等教育规律办学的要求,不仅取决于是否能够建立宏观和微观的自主办学机制,还取决于能否破解过度行政化的难题,建立合理的内部治理结构。现代大学是学术共同体与社会功能组织的

---

① 别敦荣,冯昭昭.论大学权力结构改革[J].清华大学教育研究,2011(6):22-27.

混合体,单纯的行政治理结构和市场化的企业治理结构都不能完全适应其办学要求。作为学术共同体组织,学术是大学至上的价值追求,以教授为代表的教师和研究人员是学术价值的实现者;作为社会功能组织,社会责任和使命是现代大学存在和发展的动力之源,大学内部的非学术人员,尤其是党政行政人员是大学践行社会责任和使命的推动者、护卫者。在内部治理中,建立合理的结构,理顺党政人员群体和教师群体之间的关系,保障以学术价值为核心的社会功能的实现,是现代大学办学的目的之所在。

《教育规划纲要》提出:完善治理结构。公办高等学校要坚持和完善党委领导下的校长负责制。健全议事规则与决策程序,依法落实党委、校长职权。充分发挥学术委员会在学科建设、学术评价、学术发展中的重要作用。探索教授治学的有效途径,充分发挥教授在教学、学术研究和学校管理中的作用。加强教职工代表大会、学生代表大会建设,发挥群众团体的作用。这些要求明确了大学内部治理结构中各有关机构和群体发挥作用的领域以及组织形式与方法。毫无疑问,大学章程不能游离于这些政策要求之外,应当反映和体现这些政策要求。

制定大学章程应当落实这些政策要求,首先,处理好党委和校长之间的关系,主要是党委书记和校长之间的关系,明确他们的职位性质,规定他们的职责权力,限定他们发挥和履行职责的手段,规范他们沟通与合作的形式与途径,将他们之间的职权关系在规则和程序上予以明确化和固定化,消除他们之间关系的灰色地带。内部党政关系中,书记与校长之间的关系不清、不顺已经成为影响大学和谐、快速发展的主要障碍,大学章程必须在二者关系问题的解决上有所作为,取得突破,否则,不但章程不可能发挥其应有的作用,大学办学也难有更好的发展。第二,科学划分党委会、校长办公会和学术委员会(或教授会)的职权,明确他们之间相互交叉影响关系的协调方式,建立党务、行政和学术适度分开又相互协同的机制。在大学办学中,党委、校长和学术委员会(或教授会)各自拥有自身的核心价值诉求,他们所表现的政治价值、行政价值和学术价值既相互矛盾又相互统一,在章程制定中,遵循《教育规划纲要》要求"全面提高高等教育质量"的精神,在办学宗旨和目标的规定中突出学术价值,以追求学术价值的最大化为根本,建构党委、校长、学术委员会(或教授会)的治理架构,使三者明确分工,各自在相关范畴行使职权,发挥作用,推动大学进步与发展。第三,将各种群团组织在大学治理中的地位和作用予以合理定位,保障其对大学办学发挥积极而有效的影响。工会、团委和学生会等是大学利益相关者组织,他们并非无足轻重的组织,如果定位合理、权利与义务规定适当,他们对大学有效地实现办学目标具有重要的促进作用。在章程制定中,除了应当发挥这些组织代表的作用外,还应当重视他们的价值诉求,重视他们参与大学治理机制的设计,明确规定他们的组织属性和权利范围,规定他们在各种审议和决策委员会的代表职数与权限,使他们能够在合理的规则下维护自身利益,有效地发挥自身作用,促进大学发展。

第十六章

大学权力结构

大学是社会的学术组织，但也是一个权力场，政治权力、行政权力、专业权力等在大学的运行和功能活动中发挥着重要的影响。与我国其他社会组织一样，大学的权力结构除了表现为多样性和多层次性外，过度行政化倾向的影响十分明显。过度行政化倾向使我国大学权力结构不符合学术组织本质的要求，不利于大学学术的良性发展。因此，改革行政化倾向既是大学行政职能、行政方式改革的要求，也是大学权力结构优化的要求。

第一节　行政化管理体制下的大学权力结构

纵观世界各国大学，没有哪国的大学权力结构与别国是完全相同的，各国大学权力结构都是在其自身的社会背景下，在其大学传统的延续与创新中逐步建立起来的。我国近现代大学属于"后发外生型"，其创建从一开始就受到来外部权力的干预。[①]

一、行政化管理体制下的大学管理

长期以来，我国大学的学术和行政等工作都由行政化的机关部处领导和管理，行政部处不但对部门事务拥有决策和处置权，而且能够直接对二级院系的工作发布指令，予以领导和管理。这种行政化的管理体制强化了行政部处的地位和作用，使其不仅是学校党政领导的咨询参谋部门，而且扮演了学校党

---

① 别敦荣．我国高等学校管理权力结构及其改革 [J]．辽宁高等教育研究，1998（5）：
　38-42.

政领导与二级院系之间相对独立的一级行政层次,这又在很大程度上加强了大学的行政化倾向。与之相适应,一方面,二级院系办学缺乏自主性,主要根据行政部处的指令办学,导致学科专业的发展逻辑和办学要求在二级院系得不到应有的重视;另一方面,教师除了承担教学、科研等业务工作外,在二级院系和学校事务上较少有发言权,教师的专业权力在大学办学中未能受到应有的重视。

二、行政化管理体制下的大学权力结构

大学管理体制决定大学的权力结构,在不同的管理体制下,大学的权力结构是不同的,表现出不同的特征。在行政化管理体制下,我国大学建立了党政共治的二元管理组织,党务组织秉承政治价值,履行对大学的政治领导与管理;行政组织秉承行政价值,履行对大学的行政领导与管理。党务组织行使的主要是政治权力,行政组织行使的主要是行政权力。在行政化管理体制下,政治权力与行政权力相互交织,你中有我、我中有你,而且随着"政治组织的行政机构化、政治工作的行政事务化、政治工作人员的行政身份化,更加强化了大学行政化的程度"①。大学的学术事务也采取行政管理方式,学术人员集体和个人的专业权力所发挥的影响微乎其微。因此,从权力类型及其影响方式看,大学权力结构表现出明显一元化特征,政治权力不过是一种行政化的权力,在大学发挥作用的方式及其所作用的对象与行政权力并无二致,只不过在一定意义上,是一种更大的行政权力罢了。专业权力既没有获得发挥作用的合法性,也缺乏发挥作用的组织体制。

三、一元化权力结构下的大学发展

大学不同于政党组织,不同于行政组织,不同于经济组织,而是社会的学术组织。政党组织遵循政治价值导向,行政组织依从行政价值导向,经济组织以追求经济利益为目的,大学则以人性的培育、学术的繁荣为宗旨。在一元化权力结构下,行政权力过大,大学的价值观难以受到应有的重视,学术价值得不到充分张扬,尊重学术、崇尚学术、潜心学术、敬畏学术的风气比较淡薄。作为大学,学校更应当尊崇学术,教师更应看重自己的学术修养、学术造诣、学术

---

① 别敦荣,唐世纲. 我国大学行政化的困境与出路 [J]. 清华大学教育研究,2011（1）:
9-12.

成就等。唯其如此,大学才能更像大学,大学才能真正促进人才培养、科学研究和社会服务,大学才能对社会文明进步发挥更大的作用。

第二节 大学权力结构的合理化

行政化管理体制导致不合理的一元化大学权力结构,造成大学权力关系紊乱,影响了大学正当的价值追求和学术的良性发展。改革行政化管理体制,建立基于科学理性的多元共享治理体制,调整权力结构及各种权力关系,不但是建设现代大学制度,加强大学科学管理的需要,更是重塑大学精神,回归学术本质,使大学是大学,按照其本来的逻辑办学的需要,因此,调整大学权力关系,改善大学权力结构,有着十分重要的意义。

一、改革行政化倾向是我国高等教育发展的必由之路

与欧美国家相比,我国高等教育起步较晚,起点较低,发展时间不长。在高等教育欠发达、水平不高的时期,根基牢固的行政化大学管理体制是难以动摇的。但是,改革开放以来,经过40年的建设和发展,我国高等教育已经取得了长足的进步,不仅实现了大众化,而且高等教育体系日趋完备,学科专业实力显著增强,师资队伍整体水平有了较大提高,我国高等教育已经进入了一个新的历史发展阶段。在新的历史阶段,我国高等教育发展的使命和任务都有了根本的变化。经过前一个时期的建设与发展,我国高等教育的基本建设任务,包括基础设施建设、教育秩序和体系建设、教育环境建设等都已经基本完成,现在和今后一个时期,我国高等教育发展的任务主要是充实内涵,提高质量和水平,创建有特色高水平的各级各类大学,包括建设一批世界一流大学。

显然,要实现这些任务,落后的行政化大学管理体制已经不能适应高等教育新的发展要求了,改革行政化倾向是我国高等教育发展到今天的必然选择。只有改革行政化倾向,建立与高等教育发展的新形势和新任务相适应的大学管理体制,我国大学才能转变办学方式,以提高水平和质量为导向,遵循学术本质要求办学,为学术发展创造适宜的环境和条件。

二、改革行政化倾向须优化大学权力结构

在行政化管理体制下,大学的权力结构是一元化的。改革大学管理体

制,消减行政化倾向,应优化大学权力结构。一些学者提出了"去行政化"改革的建议,有人将"去行政化"等同于取消大学行政级别,还有人将大学党政领导干部退出学术委员会看作是"去行政化",其实,"去行政化"只是人们对行政化管理体制改革的一种通俗表达,因此,它有着更丰富的内容。"去行政化"包含了优化大学权力结构,调整大学权力关系,建立适应高等教育改革与发展新形势和新任务要求的大学权力结构,形成符合大学本质要求的权力关系。

在我国大学,尽管权力结构是一元化的,但客观上存在多元的权力和权力主体,只不过有些权力在大学权力结构中处于弱势地位,权力主体未能发挥其应有的作用而已。总体而言,我国大学主要存在政治权力、行政权力、市场权力和专业权力等几种主要权力,在这里的讨论中不涉及市场权力,主要就其他三种权力及其关系进行探讨。有学者将三种权力表述为政治权力、行政权力和学术权力,认为后者是一种与前两种并存的大学权力。实际上,学术权力是一种管理大学学术事务的权力,我国大学往往将这种权力赋予相关的行政部门和行政人员,在这种情况下它与行政权力是不可分割的。所以,学术权力并不能作为一种与政治权力和行政权力相对应的大学权力来对待。专业权力是大学教师基于其学术修养和专业智慧所拥有的一种大学权力,与政治权力和行政权力的授予性不同,它是大学教师职业所赋予的一种特殊权力,是一种根植于大学学科专业的权力。在一般情况下,政治权力的主体是政党组织机构和党务工作人员,行政权力的主体是行政组织机构和行政工作人员,专业权力的主体则是大学教师集体和个人。优化大学权力结构,就是要重新界定政治权力、行政权力和专业权力在大学中的地位和作用,重构它们之间的关系,使其对大学发展发挥更积极、更有效的作用。

三、大学权力结构优化有助于促进大学学术发展

管理体制决定大学的发展能力和发展水平。在不同的管理体制下,由于大学的权力结构是不同的,大学所蕴含的发展能力和可能的发展水平存在显著的差异。在行政化管理体制下,我国大学建立了一元化的权力结构,它不仅使政治价值和行政价值在大学占据了优先的地位,而且最大限度地保证了政治价值和行政价值的实现。与此同时,大学作为学术组织,其学术价值也应得到重视,大学权力结构在保证政治价值和行政价值实现的同时,应当使学术价值得到最大程度的实现。

改革行政化管理体制,优化大学权力结构,建立多元共享治理体制,承认多元价值及其主体在大学的合理存在,使之各归其位,有助于促进大学回归本位,提升学术价值的地位,强化学术发展的目的性,致力于学术发展。众所周知,大学具有教学、科研、社会服务和文化创新职能,毫无疑问,在现代社会,政治价值、行政价值和学术价值必须相融相谐,三种价值都得到实现,大学才能最大限度地发挥目的意义,在人才培养、知识发展、社会文明和文化传播等领域发挥应有的作用。

第三节 大学行政权力关系调整

行政权力是我国现代大学与生俱来的一种重要权力,它既包括政府所授予的行政管理权力,也包括行政化了的党务系统所拥有的政治权力。"这种权力由制度所赋予,是一种授予权。"[①] 在行政化管理体制下,大学行政权力关系并不只涉及行政权力内部的各种关系,比如,行政系统和党务系统的权力分配及其之间的关系等,还包括行政权力与其他权力之间的关系以及行政权力所影响的各种大学事务之间的关系。在这些错综复杂的关系中,改革行政化倾向不但意味着行政权力内部关系的调整,而且还涉及行政权力与其他权力关系的调整,甚至还包括行政权力所影响的大学各种事务之间关系的调整。

一、改革行政化倾向要求调整行政权力的内部关系

改革行政化倾向既包括淡化行政化色彩,消减行政指令的影响力,也包括加强专业权力,扩大专业人员的作用。就内部关系而言,大学行政权力结构改革的主要任务是:第一,进一步理清党政权力关系,明确党政权力的对象及其范围,减少交叉影响,避免双重作用,使政治权力遵循政治价值要求,按照政治运行逻辑,建立更加明晰的党政权力关系及其运行机制和方式。第二,进一步明确行政领导个人权力与团队权力的关系,削减大学行政领导"个人中心"的现象,准确定位行政领导权力,使行政领导从事无巨细亲历亲为的状态中解放出来,加强行政团队权力,更好地发挥行政团队的作用。第三,进一步调整校级和院系级行政权力关系,解决大学行政高度集权的倾向,适度放权,扩大和增强院系办学权,建立校院系分享大学行政权力的管理体制,调动院系办学

① 别敦荣. 学术管理、学术权力等概念释义 [J]. 清华大学教育研究,2000(2):44-47.

第二编 现代大学制度实践

的积极性。调整行政权力内部关系,涉及宏观和微观多种组织与部门甚至领导个人的地位和权力,因此,在实践中,不仅需要上级党委和政府对大学领导管理体制改革提出明确具体的要求,而且更需要大学党政部门和领导自觉自为。

二、行政权力关系调整重在转变行政工作性质

大学是学术组织。"大学行政组织管理工作不是学校的功能性活动,而是辅助活动,是为功能性活动的有效开展起帮助、支持和维护作用的。"[①] 因此,在调整行政权力结构的同时,还应当拨乱反正,使大学行政工作的性质符合学术组织本质的要求,减少行政权力对学术事务的直接干预,使学术追求其自身的价值。行政工作性质的转变是大学发展的必然要求,是改革行政化管理体制,调整行政权力结构的应有之义。没有行政工作性质的转变,行政化管理体制改革和调整行政权力关系不可能取得实质性的进展,也不可能对大学学术发展带来积极的影响。

三、调整行政权力关系必须建设专业化的行政团队

权力是由人掌握和行使的,掌握和行使行政权力的大学行政人员对权力作用的发挥有着重要的影响,持不同行政理念、知识和技能对待所掌握的行政权力的态度以及行使行政权力的方式都是不同的。在行政化管理体制下,大学行政人员掌握了行政权力,对所有大学事务具有处置权;加之一些行政人员,包括领导和一般工作人员较少接受高等教育理论教育,凭经验办事,致使大学办学偏离了学术组织本质的要求。因此,必须加强大学的专业化行政团队建设,使行政人员,包括行政领导和一般工作人员,都能理解新的行政工作性质,充分认识行政权力在学术组织中能够和应当发挥的作用,遵循学术本质的要求,处理好行政权力与学术发展的关系,使行政权力成为促进学术发展的重要力量。

第四节 大学学术权力关系调整

大学有行政权力,也有学术权力。与对行政权力相对比较一致的看法不

---

① 别敦荣. 我国现代大学制度探析 [J]. 江苏高教,2004（3）:1-3.

同,学术界对学术权力的看法一直存在分歧。一种观点认为,教师所拥有的权力就是学术权力。这种看法直截了当,似乎有道理。但仔细推敲,就能发现它不足以解释大学学术管理的各种现象,难以回答大学管理的各种问题。我们认为,"学术权力是指管理学术事务的权力"[①],学术权力的主体可以是教师,也可以是行政人员。当行政人员作为学术权力主体的时候,此时的学术事务就纳入了行政管理的范畴。"当行政管理的内容是学术事务的时候,行政权力的作用对象就是学术事务,这时的行政权力也就具体化为学术权力了。"[②] 所以,学术权力与行政权力并非像有些学者所说的是一对矛盾体,存在此消彼长的关系。尽管如此,改革行政化倾向必然要求对大学学术权力关系进行相应的调整。

一、重构大学学术权力关系

大学不但存在学术权力,而且还存在重要的学术权力关系。在行政化管理体制下,学术权力是行政部门和行政人员所拥有的处理学术事务的权力,而且学术权力与行政权力的主体具有重合性,此外,并无其他学术权力主体。尽管如此,学术权力关系却要复杂得多。作为学术组织,大学教师因其在学科专业领域的修养而天然地拥有专业权力。这是一种与学术权力高度相关、与大学本质相联系的权力,原本应当比行政权力更受重视,发挥更大的作用,但在一元化权力结构下,专业权力被遮蔽了,其影响力被限制在最有限的范围。这正是为什么我国大学价值扭曲、学术不彰的根本原因所在。因此,大学改革行政化倾向,重构学术权力关系,既要调整学术管理中的权力关系,又要调整学术权力与其他有关权力之间的关系,建立符合大学学术本质要求的、张扬学术价值的学术权力关系。

重构学术权力关系,第一,应当改变学术权力主体单一的局面,建立多元学术主体共担权力、共治学术的结构体系。一元化权力结构下,学术权力主体仅仅由行政部门和行政人员组成是不合理的,应当对学术管理权力进行明确的分类,改变决策、评议和执行权力高度集中的局面,使行政部门和行政人员主要担负执行权力,另行组成学术决策、评议组织,比如,学术委员会、教授会、评议会等,履行决策和评议权力。第二,调整学术权力与专业权力的关系,将

---

① 别敦荣. 学术管理、学术权力等概念释义 [J]. 清华大学教育研究, 2000（2）: 44-47.
② 别敦荣. 高等教育管理与评估 [M]. 青岛: 中国海洋大学出版社, 2009: 108.

学术权力建立在专业权力的基础之上。缺乏专业权力支持的学术权力,是空心的,在大学管理中缺乏实质意义,这就是为什么我国大学管理好像总是游离在学术之外的原因所在。学术权力要真正发挥作用,必须充分发挥专业权力的作用,对专业权力予以支持和保障。第三,强化院系学术管理中专业权力的作用。院系既是大学的基层学术组织,又是相互独立的学科专业办学单位,是各学科专业教师汇集的地方。院系事务主要是学术事务,在学术管理中行政权力强大、过于刚性,无助于学科专业的办学和学术的创新。因此,强化专业权力,将各种学术事务置于各种教师委员会的管理下,赋予教师个人更大的学术自由权利,是院系学科专业兴旺发达的重要保障。

二、落实教授治学

我国大学长期奉行的是行政治学理念,在一元化权力结构下,"我国高等教育管理,不论是学术管理还是非学术管理,几乎都采用行政管理方式"[①]。改革行政化倾向不但要调整各种行政权力关系,更重要、更本质的是转变行政治学的办学理念,落实教授治学理念,还原大学学术管理的本来面目,建立专业权力主导的学术管理体制机制,形成符合学术本质要求的大学学术权力关系。教授治学是我国现代大学重要的管理理念,是现代大学制度的重要内容。改革大学行政化管理体制,应当以教授治学为基本指导思想,在大学管理体系中逐步建立健全发挥专业权力作用的机构,建立发挥教师个体专业权力的机制,构建多元主体共享治理权力的管理新模式,从而促进大学办学水平不断提高。

三、提高教师参与大学治理的能力

改革开放以来,大学教师的教学和科研等学术权利越来越受到重视,教师履行学术权利的能力不断增强,但由于大学管理中长期存在的过度行政化倾向问题没有得到解决,所以,教师参与大学管理的能力没有得到培育和开发。大学改革行政化倾向,构建多元主体共享治理权力的管理新模式,必须提高教师参与大学治理的能力,使教师在多方权力主体参与、多元价值博弈的大学运行过程中,能够坚守学术信念,维护学术价值,协调学术关系,化解价值冲突和矛盾,促进大学的价值和谐和学术共识。教师参与大学治理不同于参与行政

① 别敦荣. 学术管理、学术权力等概念释义 [J]. 清华大学教育研究, 2000(2): 44-47.

管理,"治理所尊崇的价值主要是平等、共享、协商和责任等,与大学行政管理所固守的权力、等级、服从和效率等有着显著差异"①。所以,提高教师参与治理能力,主要应当提高教师发挥学术修养和专业智慧,作为专业权力主体与其他权力主体沟通、协商、协调的能力,以保证大学决策和评议体现学术导向,保证大学学术发展的正确方向,促进大学科学办学、科学发展。

① 别敦荣. 治理之于我国大学管理的意义 [J]. 江苏高教,2007(6):2-4.

第十七章

大学学术委员会的性质及其运行要求

学术委员会是现代大学的核心组织机构,是现代大学制度的重要组成部分。完善中国特色现代大学制度,必须改革学术管理行政化制度,加强学术委员会建设,使其真正担负起大学学术管理职责,保障大学遵循高等教育规律办学,促进大学理想和使命的实现。教育部发布的《高等学校学术委员会规程》(以下简称《规程》)对大学健全学术委员会制度,充分发挥学术委员会在办学中的作用具有十分重要的指导意义。与此同时,也应当看到,学术委员会制度并不是教育部发布《规程》以后才出现的新事物,而是改革开放以来,很多大学一直在积极探索的一项校内学术民主管理改革举措,尽管不能说毫无成效,但也很难说对改善大学管理发挥了多大的积极影响,因为在很多大学,学术委员会徒具形式,没有发挥实际的作用。究其原因,关键在于学术委员会制度的建立需要大学内外领导管理关系做出相应的重要调整,在各种领导管理关系改革没有取得突破性进展的情况下,学术委员会难以有效地嵌入大学领导管理体制中去发挥其应有的作用。因此,虽然《规程》对学术委员会的组成规则、职责权限、运行规范等做出了很多具体而详细的规定,但仍有一些重要问题需要在思想观念上予以明确,在相关制度建设上予以规范,以保障学术委员会制度形神兼备,在大学学术管理中发挥重要的积极作用。

第一节 大学学术委员会的性质

学术委员会并非自大学产生就有设立,而是随着现代大学的发展逐步建立起来的,因此,我们说,学术委员会制度是现代大学制度的重要组成部分。

从欧美国家大学学术委员会制度的形式看,有称为学术委员会的,也有称为教授会的,还有称为评议会的,不一而足。而且这些组织的职责范围,也存在很大差别,没有一个统一的要求。尽管如此,还是有一些共同的特征的,主要表现为:其成员由教授组成;主要对大学的学术事务行使管理权力;权力效力主要表现为决策和审议,尤其是决策。所以,在欧美国家大学办学中,学术委员会发挥着特别重要的作用。甚至可以说,如果没有学术委员会,大学就会停摆;没有学术委员会,大学的行政管理就没有方向,行政管理人员就会无所适从。由此可见,学术委员会是大学最核心、最重要的组织机构。

我国现代大学曾经建立学术委员会制度,对办学发挥了积极的作用。1949 年后,随着大学领导管理体制的改变,学术委员会制度被废止了。改革开放以来,除了部分大学自发地成立学术委员会,探索学术民主管理的路径外,有三份法律和政策文件的内容直接涉及学术委员会:第一份是 1998 年全国人大常委会通过的《中华人民共和国高等教育法》(以下简称《高等教育法》),该文件第四章第 42 条规定:"高等学校设立学术委员会,审议学科、专业的设置,教学、科学研究计划方案,评定教学、科学研究成果等有关学术事项。"这是中华人民共和国成立以来国家法律第一次明确规定学术委员会制度。第二份是 2010 年发布的《国家中长期教育改革和发展规划纲要(2010—2020 年)》(以下简称《教育规划纲要》),该文件的第十三章第 40 条规定:"充分发挥学术委员会在学科建设、学术评价、学术发展中的重要作用。探索教授治学的有效途径,充分发挥教授在教学、学术研究和学校管理中的作用。"第三份是《规程》,该文件的"总则"第 2 条明确提出:"高等学校应当依法设立学术委员会,健全以学术委员会为核心的学术管理体系与组织架构;并以学术委员会作为校内最高学术机构,统筹行使学术事务的决策、审议、评定和咨询等职权。"三份文件发表的时间不同,发布的组织不同,文件的性质不相同,因而效力也是不同的。

就性质而言,我国和欧美国家大学学术委员会存在很大差异。欧美国家大学学术委员会并不是国家法律或政府授权成立的,其职责权限无须得到国家法律或政府认可。这就是说,欧美国家学术委员会是由大学自身性质所决定的必设组织机构,具有天然的合法性;学术委员会得以存在并发挥重要作用的基础在于大学和高等教育本身的逻辑,而不是外在的社会组织的要求。在欧美国家,现代大学是社会的学术组织,虽然与政府和其他社会组织建立了越来越密切的联系,但由于大学原初的行会性质,现代大学继承了自治的传统,办学不受外界的直接干预,尤其是在学术事务上,拥有比较完整的自主办学权利。为此,作为现代大学学术管理的核心组织机构,成立学术委员会就有了天然的合法性。这样看来,欧美国家大学学术委员会具有自发性,是根据大学内生的要求自主建立的学术事务管理组织机构。这种自发性主要包括三层含义:第一,其成立的自发性。学术委员会伴随现代大学的建立而成立,有大学必有学术委员会。第二,其职责权利的自发性。学术委员会的职责权利源于大学依照自身逻辑和高等教育规律办学的要求,也可以说是由大学的学术使命所决定的,为大学内外各类人群和组织所理解和尊重,既不需要外部权力组织授予,也不需要外部权力组织认可或保障。第三,其作用发挥的自发性。学术委员会的运行和作用的发挥建立在尊重学术、敬畏学术的文化基础之上,在学术事务的管理上,学术委员会拥有绝对的权威,大学内外其他组织机构均不得施加直接或间接的干涉。也正因为如此,在欧美国家,不论政局如何变幻,大学领导如何更迭,大学的办学总是能够保持其发展的稳定性和持续性。

与欧美国家不同,我国大学学术委员会不具有自发性。改革开放以来,尽管不能否认我国曾经有大学进行了学术委员会制度建设的探索,但其合法性并未得到公认,它也没有融入大学领导管理体制,因而实际上并没有发挥应有的作用。学术委员会不是我国大学内生的组织机构,而是在国家法律要求下,根据有关法律精神和政策文件规定成立起来的民主参与管理组织机构。学术委员会的职责权利不取决于大学作为学术组织的内在要求,而是由外部权力组织通过法律赋予或授权。因此,可以说,我国大学学术委员会具有促发性,是由外部权力组织促生起来的。这种促发性主要包括四层含义:第一,大学学术委员会的合法性是外部权力组织所赋予的。与欧美国家不同,我国全国人大通过法律、教育部通过行政法规明确要求大学成立学术委员会,表明学术委员会的合法性源自外部权力组织,而非大学自身的逻辑或高等教育规律。第二,大学学术委员会的职责权利范围受到国家法律和政策文件的严格限定。学术委员会的职责权利并不以大学学术事务管理的要求为转移,而是依据大学内外领导管理体制和社会环境的允许程度确定的。所以,也可以说,我国大学学术委员会的职责权利是不完整的。第三,学术委员会作用的发挥不完全取决于其自身的能力,而是取决于大学内部领导管理体制改革的推进状况。在学术委员会制度建立之前,我国大学学术和行政管理已经建立了系统而严密的领导管理体制,作为一种后生的民主参与管理制度,如何有效地嵌入已有的领导管理体制中去,发挥已有的领导管理体制所不能发挥的作用,不是学术委员会制度本身能够决定的。第四,建立学术委员会并使其发挥应有的作用,需要较长时期的积极探索。建立学术委员会制度本身是一项大学管理改革举措,除了学术委员会自身的建设外,它还要求调整大学内外部各种领导管理关系,营造学术委员会发挥作用的制度和文化环境。这都不可能是一蹴而就的事情,需要持续不断的改革探索。

第二节 学术委员会的职能及其与大学其他领导管理组织关系的协调

现代大学是一个复杂的组织体,不仅存在众多的工作和管理层次,而且存在多种多样的代表各种利益和价值取向的组织和团体,各种组织和团体之间的联系和关系纵横交错,在大学办学与发展中发挥各自的影响力,争取各自的权利和价值的实现。尽管我国大学学术委员会是应国家法律和政府法规要求而成立的学术管理组织机构,但它不可能孤立地发挥自己的作用,不可能不与其他领导管理组织机构发生联系,它必须嵌入业已存在的领导管理体制之中,与其他领导管理组织机构建立相互协调、互动合作的工作关系和机制,方能发挥应有的作用。

我国大学学术委员会能够发挥什么作用,是由国家权力机关的法律与相关组织和部门的政策文件规定的。从前文所述三个法律和政策文件的规定看,大学学术委员会的职能主要集中于学术事务上,但三份文件的规定存在明显的差别。《高等教育法》的规定表明,大学学术委员会拥有审议学科、专业的设置,教学、科学研究计划方案,评定教学、科学研究成果等有关学术事项的职能。《教育规划纲要》的规定表明,大学学术委员会在学科建设、学术评价、学术发展中应当发挥重要作用。《规程》则提出,大学学术委员会是校内最高学术机构,统筹行使学术事务的决策、审议、评定和咨询等职权。就三份文件的规定而言,《高等教育法》界定了学术委员会的审议和评定职能;《教育规划纲要》的规定比较抽象和原则,没有具体界定何种职权;《规程》不仅阐明了学术委员会是大学最高学术机构,而且还要求学术委员会发挥统筹职能,行使决策、审议、评定和咨询等职权。那么,究竟应当如何看待这三份文件规定的差别,尤其是《高等教育法》和《规程》之间的差别?大学成立学术委员会是应当以《高等教育法》为依据,还是应当以《规程》为依据呢?

众所周知,国家法律具有最权威的效力,政府部门法规不得与国家法律规定相抵触。显然,《高等教育法》的法律效力在《规程》之上。从法制要求讲,应以《高等教育法》为依据,将大学学术委员会的职能严格限定在审议和评定范围之内。任何其他法规政策文件都不能凌驾于法律之上,不论《规程》的规定多么合理,在《高等教育法》没有做出修订之前,只能以其规定为准。这是问题的一方面,是从法制要求上讲的。问题的另一方面是,我国高等教育法制建设还很不完备,政治行政改革和大学领导管理改革正在向深水区推进,一些新的改革领域不断得到触及。现代大学制度建设就是一个高等教育体制改革的新领域,许多新的问题在现行的法律政策文件中找不到解决办法,需要用改革的思维和行动进行探索。大学学术委员会制度就是一种具体的现代大学制度,在《高等教育法》起草的年代,现代大学制度的概念和框架还没有形成,所以,关于学术委员会职能的规定就只能在当时的大学领导管理体制下进行设计。改革既要解放思想,突破思维束缚,又要大胆开拓,不断完善和健全法律,以推动高等教育不断发展和进步。从这个意义上说,《规程》的规定有其合理性,且具有进步性,应当并且能够对大学学术委员会制度建设发挥积极的指导作用。

就《规程》的规定而言,作为学术管理组织机构,学术委员会主要涉及与大学决策和执行组织机构之间的关系,具体表现为与大学党委、校长及其办公会议、相关的行政职能部门之间关系的新建或调整。在学术委员会成立之前,或者学术委员会不发挥实际作用之前,大学的全部行政和学术管理权力皆集中于大学党委、校长及其办公会议、相关的行政职能部门,前两者主要负责决策权力,后者主要负责执行权力。学术委员会成立后,根据《规程》规定,作为最高学术机构,拥有处置学术事务的最高权威,与学术相关的各种事务的最终决定权就要由大学党委、校长及其办公会议转移到学术委员会。与此同时,学术委员会不具体担负学术决策的执行职能,因此,学术委员会的决策怎样才能为相关的行政职能部门所接受并付诸实施,又需要在学术委员会与相关的行政职能部门之间建立有效的工作机制。对于保障大学学术委员会正常运行并发挥应有的作用而言,这种关系的调整和工作机制的重构是十分必要的。

学术委员会与党委关系的新建或调整涉及落实学术委员会作为大学最高学术机构的地位和职责权限的问题。毫无疑问,在《规程》发布之前,有关政策和法律的规定是大学党委统一领导学术与党务,学术与党务是不分的,党委是学术事务的最高权力机关。1996年中共中央印发《中国共产党普通高等学校基层组织工作条例》。这两份政策和法律文件的效力大于《规程》,它们的要求和规定是大学必须贯彻执行的。落实《规程》要求不能违背相关政策精神和法律规定,这就要求从政策和法律的高度来认识学术委员会在大学中的地位,在保证党的统一领导的前提下,更好地发挥学术委员会的作用,将学术委员会置于学术管理的核心地位,由学术委员会担负起规划全校学术发展规划,决定重要的学术发展方向,策划重大的学术改革项目,以此保障学术决策的科学性。

学术委员会与校长及其办公会议关系的新建或调整涉及在学术决策中校长及其办公会议权限和职责范围的重新划分。在现行的大学领导管理体制下,校长及其办公会议是主要的学术决策者和党委有关决策的组织实施者,拥有比较充分的学术管理权力。《高等教育法》第41条规定:校长全面负责本学校的教学、科学研究和其他行政管理工作,其职权包括拟订发展规划,制定具体规章制度和年度工作计划并组织实施;组织教学活动、科学研究和思想品德教育;拟订内部组织机构的设置方案,推荐副校长人选,任免内部组织机构的负责人;聘任与解聘教师以及内部其他工作人员,对学生进行学籍管理并实施奖励或者处分,等等。这些规定说明,除了重大学术事项的决策由党委负责外,其他学术事务管理主要由校长及其办公会议负责。成立学术委员会,必须处理好它与校长及其办公会议的关系,将应当由校长及其办公会议决定的事项更明确地做出规定,赋予学术委员会必要的职权,发挥它在学术事务的决策、审议、评价和咨询等方面的重要作用,使教授治学真正得以落实到位。

学术委员会与有关行政职能部门关系的新建或调整不但是上述关系变革的要求,而且也是学术委员会制度本身的要求。学术委员会不是行政职能机构,不直接担负行政职能,也不拥有行政执行权力,因此,要保证学术委员会发挥应有的作用,除了应当处理好它与党委和校长及其办公会议的关系外,还应当在它与有关行政职能部门之间建立有效的工作机制,使其决策能够通过有关行政职能部门的组织和协调得到贯彻和落实。否则,不论学术委员会本身如何有效,不论其决策如何科学合理,都不可能对大学办学发挥实际的作用。在常规的行政管理体制下,大学行政职能部门只服从校长及其领导团队,遵从校长及其办公会议的决策。作为常规的行政管理体制之外的学术管理机制,学术委员会不具有直接指挥行政职能部门的权力。完善现代大学制度,除了应当进一步健全和优化大学内外管理体制外,还应当根据现代大学各利益相关组织和团体的要求,建立有效的治理结构,使各利益相关组织和团体能够对大学办学发挥积极有效的影响。学术委员会是大学治理结构的重要组成部分,在有关学术事务的管理上,凡赋予了学术委员会决策权的事务学术委员会的决策是大学的最终决策。唯其如此,学术委员会才不至于悬空,才能建立起与现行的大学领导管理体制相融合的关系,成为大学治理改革的有效举措。

第三节　大学学术委员会的民主管理与尊重学术自由

现代大学不但要学术民主,而且还要学术自由,二者于现代大学都是不可缺少的,不可偏废,不可替代。学术民主和学术自由是现代大学学术管理的两大基本原则。学术民主是现代大学多元化和复杂化的要求,而学术自由则是与现代大学同生共存的理念和原则。学术民主是以民主的方式处理学术事务,由学术人员的代表组成民主机构,遵循民主协商和少数服从多数的表决原则。因为学术人员代表拥有学术背景,对学术有深刻的认识和理解,可能更多地遵循学术本身的要求处理有关学术事务。所以,学术民主成为现代大学重要的学术管理原则。学术自由不同于学术民主,不能以学术民主代替学术自由。在遵守党和国家政策法律的前提下,学术自由只服从于真理,不屈从于权力,也不以少数服从多数作为处理学术争议的手段。建立学术委员会制度,应当处理好学术民主与学术自由的关系。

学术民主的目的在于落实教授治学,尊重教授的学术专业,遵循教授的专业智慧办学,使大学学术发展在最广泛的意义上反映各学科专业的办学要求,从而保证大学的学术价值得到弘扬。学术委员会是大学学术民主管理机制。尽管学术委员会包含了某些学术自由的元素,但学术委员会的代表制及其议事规则都是典型的民主形式。比如,《规程》第二章第8条规定:"学校应当根据学科、专业构成情况,合理确定院系(学部)的委员名额,保证学术委员会的组成具有广泛的学科代表性和公平性。学术委员会委员的产生,应当经自下而上的民主推荐、公开公正的遴选等方式产生候选人,由民主选举等程序确定,充分反映基层学术组织和广大教师的意见。"第四章第21条规定:"学术委员会议事决策实行少数服从多数的原则,重大事项应当以与会委员的2/3以上同意,方可通过。"通过建立学术委员会,发挥学术委员会的作用,可以更好地实现学术民主,化解过度行政化的倾向,避免行政价值对大学学术价值的挤压和遮蔽。

在重视发挥学术委员会作用的同时,丝毫不能弱化对学术自由的尊重。《教育规划纲要》提出:"尊重学术自由,营造宽松的学术环境。"这是完善中国特色现代大学制度的根本要求。历史的经验教训表明，学术自由是现代大学之本，没有学术自由，就没有现代大学制度，也就没有现代大学的繁荣发展。学术自由与学术民主既有相通之处，也有各自不同的要求。学术自由尊重每一个教师的学术权利，要求保护每一个教师根据学术规范和自身的专业学术修养开展的学术活动；在遵守党和国家政策法律的前提下，教师的教学、科研等学术活动不受学术以外因素的干扰和支配，教师的讲学、发表和出版、学术交流等学术行为只受学术伦理和科学道德的约束，教师的学术生产和学术创新受到现代大学制度的鼓励和保护。这就是尊重学术自由所要营造的宽松的学术环境。建立学术委员会，发挥学术委员会的作用，应当充分认识到这只是现代大学制度建设的任务之一，它不能代替学术自由发挥作用，更不能因此不承认甚至否定学术自由原则。学术民主和学术自由各有其适应性，不能相互混淆，更不能肯定一个否定一个，应当让学术民主和学术自由两驾马车共同为完善中国特色现代大学制度，创建高水平大学，繁荣我国学术事业保驾护航。

第十八章
高校学术委员会建设

2014年1月29号，教育部公布了《高等学校学术委员会规程》。教育部和各省市教育厅（委）据此要求各高校建立或完善学术委员会，健全教授治学机制，发挥学术委员会在高校治理中的作用。但是，很多高校仍然存在认识不到位、行动迟缓、敷衍应付等问题。归结起来，主要原因还在于对为什么要建立学术委员会、学术委员会能够发挥什么作用以及如何发挥学术委员会应有的作用等问题存在模糊认识。为此，笔者将主要针对上述几个问题谈点个人浅见。

第一节　高校建设学术委员会的必要性

笔者的学科专业是高等教育学，很多干部和教师过去可能没有听说过这个学科专业。大家知道有研究物理的，有研究文学的，有研究艺术的，等等，这些学科专业的老师通过教学把研究的成果在学生中传播，让学生接受，一代又一代地传下去。这就是高等教育。那么，高等教育学又是研究什么的呢？简单地说，就是研究高等教育怎么办、高校怎么办学、教师怎么教学、学生怎么学习的学问。高校管理一直是高等教育学的主要研究领域，20世纪90年代中期，笔者开始研究高校学术管理。当时，在很多人看来，学术管理不需要研究，没有研究价值。但笔者认为，学术管理有学问，不只是高校领导的事，但在当时并未引起重视，更没有要建立学术委员会。当时之所以没有引起重视，最重要的原因是条件还不成熟，而现在条件成熟了，应该重视了。

过去，高校里教授、副教授不多。改革开放初期，一所高校有一两个教授就很不简单了，一般只有一些较高水平的大学才有较多的教授。20世纪80年代,高校中教师和学生人数都很少,一般只有 1000 左右的学生,2000 ～ 3000 人的高校就是大规模的了;学科专业的设置也十分简单,少的开设三五个系,多的开设七八个系,即使在一些综合大学,出现十多个系的都很少见。此外,由于没有健全的学位制度,从 1949 年到 1981 年我国没有授过学位,仅有的研究生课程班也只在几个年份在少数几所大学面向部分大学的青年教师和助教开办,没有开展过完整的学位研究生教育。所以,以前高校教师拥有硕士学位的都很少,更不用说博士了,往往是本科毕业教本科,专科毕业教专科。整个高校的学术水平都比较低,学术活动也很简单,学问不受重视,学术在学校没有地位。另外,还由于一些特殊的原因,高等教育研究不仅忌讳谈学术,而且对学术管理的规律少有涉及。[①] 所以,学术管理主要由党政部门来负责。

1978 年教育部发布《全国重点高等学校暂行工作条例》,首次提出了建立学术委员会的要求,规定学术委员会在党委和行政的领导下参与学术学科建设、教学、科研工作等。文件发布后并没有引起太大的反响。直到 1998 年《高等教育法》颁布,要求建立学术委员会,负责学科专业建设的审议工作,在教学科研中发挥评议作用。这说明了学术管理制度在 20 世纪 90 年代末期成为国家法律制度的组成部分。[②] 但即使是这样,学术委员会的地位仍然没有在高校确立起来。

现在,高校的办学水平提高了,学术水平提高了,学术的地位也随之提高了,因此需要开始重视学术管理问题了。比如,嘉应学院,教师队伍中教授、副教授就有 500 多人,取得博士学位的教师有 100 多人,有硕士学位的就更多了,学术已成为教师们很重要的事业。过去只是教书、上课,现在则不一样,不仅需要教授课本知识,还需要多做研究、探讨学问。与此同时,学校对教师做学问也有了更高要求,社会也更加重视教师的学术水平。现在,在人们的观念中,一所高校的学术地位低,这个高校就不像高校。但这样的情况在 30 年前是十分普遍的,甚至当时连讨论学术问题的地方都没有,现在则不同,学术的地位提高了,高校开始像高校了。这就是现在要重视学术委员会制度建设的第一个原因。

另外,现在高校变得越来越复杂了,不仅办学层次丰富了,而且学科门类多样化了。比如,嘉应学院过去办师范教育只开办了几个基础学科门类,现在

① 别敦荣. 中美大学学术管理 [M]. 武汉:华中理工大学出版社,2009:229.
② 别敦荣. 大学学术委员会的性质及其运行要求 [J]. 中国高等教育,2014(8):27-30.

则复杂多了，50 多个专业，20000 多名学生，整个学校高度复杂化，单纯地依靠党政管理已不足以完成办学的使命。据统计，本科高校校均开办专业数达到 50 多个，校均院系数超过 20 个，校均办学规模达到约 15000 人。组织和办学的复杂化是我国高校近十余年最显著的变化，组织变革越来越重视学术的价值，越来越尊重教师的权利。[①] 这就需要通过组织创新来弥补管理机制的不足，主要是学术管理机制的缺失。长期以来，高校主要采用党、政两条线的管理，从政治学的角度看，党的领导属于政治的范畴，校长和行政部门的管理，则属于行政的范畴；从党政职务任职者的角度看，党政领导中有一部分是教授学者，更多的则不是；从观念上看，有的党政领导比较重视专业权力，认为它应当参与到管理中来，有的虽还没有引起足够的重视，但在大环境和小氛围的影响下，他们的观念也在慢慢改变。

在国外，凡是高水平的高校，行政力量和学术力量一定是相互匹配的。我国高校还有党的领导，因此，我国高校存在政治权力、行政权力和专业权力三种力量。三种力量在我国高校都是不可或缺的，哪一种力量薄弱了，高校都无法办好。在中华人民共和国成立后很长的一段时间里，虽然我国有高校，但都不像真正的高等学府，无法履行高校应有的职能。现在，开始重视学术、重视学术委员会，就是要让我国高校成为真正的高等学府。统计数据表明，2013 年我国高等教育在学总人数已经达到 3460 万人 [②]，是世界上高等教育规模最大的国家。印度的高等教育规模排第二位，达到 2800 万人，美国排第三位，近 2100 万人，其他国家都在 1000 万人以下，超过 300 万人的只有 11 个国家。[③] 所有发达国家高等教育在学人数相加有 4800 万人，仅比我国多了 1400 万人左右。可以想象，如果我国高等教育质量、高校办学水平稍有提高，我国高等教育人力资源和人力资本的增值都是不可估量的，而这些增值所带来的社会效益也将是极其重大的。如果我国高等教育水平、高校办学水平得到提高，那么，我国跟美国的差距将逐步减小，甚至可能与之相媲美。如何提高高校办学水平、让我国高校在学术上更有竞争力是我国当前和今后一个时期迫切需要解决的问题。

---

① 别敦荣. 大众化与高等教育组织变革 [J]. 清华大学教育研究，2006（1）：26-32.

② 2013 年全国教育事业发展统计公报 [EB/OL]. http://www. moe. edu. cn/publicfiles/business/htmlfiles/moe/moe_633/201407/171144. html.

③ Education：Enrolment by Level of Education [EB/OL]. http://data. uis. unesco. org/index. aspx?queryid=130&lang=en.

因此,加强学术管理,建立学术委员会制度,建立完善的学术治理结构,改善传统的学术治理成为我国高校管理改革的主要方向。教育部重视现代大学制度建设,重视治理结构建立,重视高校章程和学术委员会制度建设的一个基本出发点就是,我国高校到了需要重视且能够重视的时候了。我国高校只有重视学术、重视学术治理才能进一步提高办学水平,提高教育质量,才能培养更多高素质、高水平的人才,从而增强我国高等教育竞争力,增强我国社会发展的后劲。这是讨论学术委员会制度问题的大形势、大背景。当然,从另一个角度看,重视学术,重视学术管理,重视学术委员会制度,也是遵循高等教育规律和高校办学规律的要求,促进高校理想和使命的实现。①

教育部要求高校提高办学水平,争创一流。这不仅是对一部分高水平大学的要求,而且是对各级各类高校的要求,当然也包括嘉应学院在内。世界高等教育发展经验和我国高等教育百年史都证明高校应当给予学术应有的地位,应当建立学术治理机制,学术委员会制度就是这样一种机制。

概而言之,高校建立学术委员会的必要性主要表现在三个方面:第一,我国高等教育发展形势的要求;第二,我国高校提高办学水平和办学质量的要求;第三,尊重高等教育规律和高校办学规律的要求。

第二节　高校学术委员会的作用

从 1978 年开始,在教育部政策文件的要求下,不少高校确实建立了学术委员会,但实际效果却不尽如人意。学术委员会主任委员往往由校长或党委书记兼任,或由退休的党政领导充任,组成人员大多是党政部门领导和院系领导,没有担任党政职务的教授非常少。学术委员会的运行以执行党委和行政的决定为主,甚至成为行政的附庸。因此,学术委员会成为仅具象征意义、徒具形式的组织。这也是教育部在出台的《高等学校学术委员会规程》中更加详尽地对学术委员会的职权范围及相关工作的组织程序等做出具体规定的原因所在。

我国高校要建立的学术委员会制度在国际上可能与美国是最接近的。世界上其他国家的高校大多模仿高等教育比较发达、办学水平比较高的美国和欧洲的模式。欧洲高校传统深厚,是现代高等教育的起源之地。虽然我国古

① 别敦荣. 大学学术委员会的性质及其运行要求 [J]. 中国高等教育,2014(8):27-30.

代也有高校,比如书院,但后来没落了,西式学堂创办起来了。尽管我国现代高校并非学者共同体,[①]但大多采用西方大学模式。西方大学模式最初出现在欧洲,是一种教授们自治的组织,即几个老师或几个有学问的人聚集起来共同教授、培养学生。由于教师职业的特殊性,社会统治部门、管理组织和教会等不能任意干涉大学办学,大学的运行是自治的。也就是说,欧洲大学是一个自治体,即有学问的人自己管理的组织。这个组织的特点是内部的事情由自己决定,如学位和招生标准、学科设置、学术评价标准、教师职务评审标准与待遇分配等事项,均由自己决定,不需要其他社会组织干涉。这样就形成了欧洲高等教育管理中一个非常重要的理论和传统——大学自治,这种传统一直延续至今。在欧洲的大学里,教授会或者学术委员会的权威性很大,比如,在德国大学,校长长期只是一个荣誉性职位,包括行政事务在内的学校事务主要由学部或学院院长一起协商决定,而学院的事务则是由一个学术权威即讲座教授全权处理,这种制度就是讲座制。虽然那时的讲座制与我们今天的讲座教授含义大不一样,但是由有学问的人来共同治理大学的欧洲模式却一直延续到现在,并且非常有效。不过,欧洲模式在我国高校很难得到推广,至少现在不具有实施的环境和条件。

我国高校与美国高校的基本运行方式比较接近。1636年哈佛大学建校时,仅有九名学生和两名教师,而这两名教师实质上是社会上没有工作而到学校来临时任教的,一旦有更好的工作他们就会离开学校,因此,他们对大学没有归属感,对学校的事务也没有发言权。美国高校长期是在董事会领导、校长管理下运行的。直到19世纪后期,美国高校的学术力量逐渐增强,高校教授的学术水平不断提高,教师不仅需要教学,还需要进行学术研究和社会服务;高校的活动不再局限于校园以内,教授可以到世界各地进行讲学、研究等活动,教授的影响远远不是高校的课堂所能容纳的。这样一来,高校管理人员与教授的矛盾冲突就在所难免,教授外出讲学或参与其他学术活动过多可能令人觉得心不在焉、不务正业,教授的学术观点与主要管理人员、董事会的主张不一致可能令人感到不快。这种时候,作为弱势群体的教授常常面临学校粗暴、武断的对待,有的甚至被开除。如此一来,教授与董事会、校长为首的管理人员之间的矛盾,管理和学术的矛盾明显增多。在这种情况下,一部分教授开始组织全国教授会,要求高校成立教授会或学术委员会,实行终身教授制,保

---

① 别敦荣,唐世纲. 论教授治学的理念与实现路径 [J]. 教育研究,2013(1):91-95.

障学术自由权利。他们认为，高校不仅需要董事会治校、行政治校，还需要教授治校。与此同时，由于高校提高办学水平的需要，相互间的竞争也增强了，尤其表现在教师流动方面。当时美国出现了一个很典型的现象——明星教授制度，[①]即高校之间争相聘用高水平教授，教授可以向学校提要求，如果学校不予满足，教授就另谋他就，像明星流动一般。为了保障学校的办学水平，提高办学质量，高校管理者开始想方设法留住明星教授，让教授们组成教授会或学术委员会参与到学校管理中来，尽量满足教授们的需要，按照教授们的要求办学。这一机制的建立和实施颇有成效，教授们不仅感到受到了尊重，而且增强了对学校的归属感，主动参与到学校管理中去。至此，美国高校完成了第一次管理转型，形成了董事会领导下的校长治校和教授治校体系，以校长为首的行政体系和教授会领导的学术体系相互交融，共同治理学校事务。这次管理转型奠定了美国高校向高水平发展的重要基础，此后美国高校走上了正轨，办学水平不断提高。如今，美国已成为世界上高等教育办学水平最高、最有效的国家。

　　与美国相比，我国高校党委领导、校长负责的党政管理体系有点类似于美国高校董事会领导、校长负责的体系。在20世纪前的200多年里，在美国高校，由于高校学术水平不高，办学事务简单，学术的地位不高、不受尊重，但随着学术水平的提高和办学运行的复杂化，高校要向更高水平发展的时候，学术的地位就需要得到更多的重视，管理模式必须开始转型。可以说，我国高校正处于与美国高校100年前相类似的背景之下，高校的管理模式迫切需要转型，需要贯彻教授治学理念，建立学术委员会，保障教授参与学校管理。此外，在二级学院也要设立学术委员会或学术分委员会（有的也叫教授会）。这种组织体系的建立，目的就是为了改善学校管理，保障学校发展的正确方向，奠定提高办学水平、争创一流的组织基础。

　　应该看到，我国要按照教育部的文件精神建立学术委员会，真正发挥学术委员会的作用，实际上还面临一些困难。学术委员们所拥有的专业权力要在党政两大体系强大的权力夹缝之间生存。虽然基础、条件以及时机都基本具备了，但要在党政领导体系十分发达且长期有效运转的现实背景下，培育学术委员会发挥作用的新机制还是非常不易的，况且学术委员会机制的建立与发

---

① 别敦荣. 美国大学学术管理发展历程及其启示 [J]. 厦门大学学报（哲学社会科学版），
　　1998（2）：113-119.

挥作用还需要政治权力和行政权力来推动和保障。另外,从逻辑上讲,还有一个实际的矛盾,即校长与教授之间的矛盾。20世纪50年代初,艾森豪威尔担任美国哥伦比亚大学校长后,邀请该校诺贝尔物理学奖获得者拉比教授进行演讲,在开场白中说道:"在众多雇员里,你能够获得那么重要的奖项,学校以此为荣。"拉比当场答道:"尊敬的校长,我是这个学校的教授,你才是学校的雇员。"[①] 这一方面反映了美国大学中学术的地位,另一方面也揭示了校长和教授之间身份上的矛盾。因此,我国高校在培育独立于政治力量和行政力量之外的新生力量时,不能将它看成是一种对立的力量,而应使之成为共同治理结构的重要部分。比如,过去处理学术问题过于简单,现在可以通过学术委员会来规范,使之更合理、更符合学术的要求,让学校运行步入正确的轨道。

归结起来,学术委员会的作用大致包括以下四个方面。

第一,引领高校发展的正确方向。党委的作用是保证高校接受党的领导,遵循党的路线方针和要求办学,这是党委的根本使命;行政力量是为了保证行政效率、资源利用合理化以及相关政策、法律能够得以贯彻落实;而学术委员会所代表的学术力量则是要保障学术的正确方向和办学的高质量。高校的学科专业、重点发展领域、主要发展战略、发展愿景、整个学术体系建构以及学术标准的制定等,都需要由专业的学术委员来决定。每一门学科专业都是特殊的,都有自己的规律,各学科专业领域之间的相互关系如果按照下级服从上级的原则来处理,学科专业特色就很难建立和保持,学科专业自身的发展规律也很难被遵循和坚守。当每一个学科专业的发展都不遵循规律时,学科专业的办学是不可能达到高水平的,高校也不可能成为真正的高等学府。因此,高校有必要建立学术委员会,按照学术自身的要求,按照各个学科专业的发展规律科学考虑学科专业发展,引领学术正确的发展方向。

第二,保障高校在学术轨道上办学,维护学术的正常秩序。高校的办学秩序、教学秩序、科研秩序以及各种学术活动的开展、教学研究机构的运转,都要在学术委员会的领导或指导下进行。复杂的现代高校办学不能没有行政,但更不可或缺的是学术以及学术正常发展的秩序。建立学术委员会,有助于我国高校转变单纯地依据政治价值和行政价值看待学术的传统,改变单纯地依靠政治权力和行政权力处理学术和非学术事务的方式,使高校回归尊重学术

① 朱幸福,牛震. 中国大学教育最需要什么——美国著名华裔教育家刘全生教授访谈录[N]. 文化报,2006-05-08(2).

价值的正道,保障学者在学术事务上的话语权,使高校学术能在正确的轨道上运行。

第三,激发学术的原动力。在现代高校,学术发展的动力可能是多种多样的,有源于政治的,有源于行政的,有源于经济的,还有可能是混合来源的。无论如何,学术发展的动力不能没有源于学术本身的,学术发展的原动力不仅是外在的,更在于内在的,在于学术本身。学术评价已经成为现代高等教育发展的重要趋势,政治的、行政的和经济的标准长期影响我国高校,学术的标准却处于弱势状态,严重地影响了高校学术的发展。建立学术委员会,有助于高校采用学术标准对学术成果进行判断、评定,对学术发展状况进行诊断,同时对学术成果进行正当的鼓励和奖励,从而激发学术发展的原动力。

第四,裁决学术矛盾。学术问题有歧义,也有纠纷、有矛盾,学术领域的纠纷跟其他领域的一样多,甚至更加复杂,一般很难做出裁决。虽然处于同一个学术领域中,但方向不同也很难真正认识问题之所在,因此,单纯地依靠党委和行政的力量只能将纠纷和矛盾压制下去,不能使之得到化解。长此以往,高校将由错综复杂的学术纠纷和矛盾演变出各种人事纠纷、关系冲突,校园人际环境和氛围将受到严重破坏。建立学术委员会,有助于运用同行评议的杠杆,协调学术纠纷与矛盾,使各种学术问题在学术的平台上得到化解。

第三节 发挥学术委员会作用的策略

目前,国家政策法规、高校章程以及学术委员会章程等很多文件都是发挥学术委员会作用的基本依据,但要真正落实文件要求和精神,使学术委员会发挥其应有的作用,却并非易事。学术委员会制度提出来有 30 多年历史了,至今尚未形成一套行之有效的发挥作用的程序。从《全国重点高等学校暂行工作条例》到《高等教育法》,从《国家中长期教育改革和发展规划纲要(2010—2020)》到《高等学校学术委员会规程》,这些政策法律法规都对学术委员会有所规定。这些文件的规定虽然都是针对学术委员会的,但要求和精神却各有不同,甚至可以说大不相同。最新发布的《高等学校学术委员会规程》,对学术委员会的规定是最全面、最具体、最规范的,虽然其中的很多规定都超出了法律,也超出了一些比它效力更高的政策文件,但并不能因此否定它的效力。例如,按照《高等教育法》的相关规定,学术委员会主要发挥审议和评定两大作用,而按照《高等学校学术委员会规程》,学术委员会则是校内最高学术机构,拥有学术事务的决策、审议、评定和咨询等职权。正确处理这些法律政策文件精神的差异，需要坚持解放思想、改革创新的精神，在时代背景下贯彻落实富有时代感的新政策。也就是说，学术委员会不能只是发挥审议和评定作用，还应当担负决策和咨询职能。

高等教育的持续健康发展、高校办学水平的提高，都离不开学术委员会。越早重视，健全和完善学术委员会制度，创造学术委员会发挥作用的条件，使学术委员会尽早正常运行起来，越有助于高校办学走上正轨，进入发展的快车道，早日实现办出水平、办出特色、争创一流的发展目标。可以预期，越早实行学术委员会制度，学校的发展就会越好，一旦落后，学校的工作就会陷入被动。从这个意义上讲，嘉应学院不是应付性地做官样文章，而是积极主动地探索建立学术委员会制度，是尊重高等教育规律办学的反映，是值得推广的。

落实学术委员会制度，发挥其作用，可以从以下四点方面开展工作。

第一，提高认识。首先是高校党政领导要提高认识。高校的学术事务管理，一贯是由党政领导和职能部门包办的，建立学术委员会以后，不仅应当咨询学术委员会的意见，与学术委员会成员商讨，而且还可能需要共同来决定。这就要求党政领导提高认识，转变观念，转变工作思维方式，不能还是按照传统的思维方式处理学术事务，要保证学术委员会有职有权，能办事，有权威。这是问题的一个方面。另一方面，进入学术委员会的教授也要转变观念，提高认识，对学校的学术事务要有一种责任感，积极参与到学术事务管理中去。

第二，建立完善的学术委员会工作机制。学术委员会制度要发挥作用必须有相应的机制，以往各高校建立的学术委员会之所以没有发挥应有的作用，原因多种多样，但缺少必要的工作机制也是重要原因之一。从学术委员会的组成、委员的遴选方式到议事规则、决议落实与督办追责，都需要有严格的程序性规定。

第三，提高学术委员会的治理能力。学术委员会的治理能力关系到它能否真正发挥作用。提高治理能力，一方面要提高学术委员会集体的治理能力。学术委员会讨论问题的形式和决策程序都是有明文规定的，但如果学术委员会治理水平不高，有可能出现议而不决、变相平均主义、强势委员掌控话语权以及因委员不热心而开不成会等问题。学术委员会内部存在意见分歧是正常现象，正因为如此，才需要研讨，尤其是运用科学范式进行建设性的自由研讨，形成共识。过去，学术委员会主任委员往往由担任党政职务的领导兼任，由于他们拥有党政权力，他们的动议往往比较容易取得共识，学术委员会比较容易做出决策(决定)。在按照新要求建立的学术委员会时,学校党政领导不再兼任主任委员时,它就变成了一种协商机制,要以民主协商和研讨的方式达成共识,做出决策(决定)。这时,就需要提高学术委员会的协商决策能力,以保证学术治理能够落到实处。另一方面,要提高学术委员会委员个人的治理能力。学术委员会委员应当能够秉持科学范式和学术良知负责任地参与学术事务治理。

第四,营造有利于学术委员会工作的环境和氛围。作为学术治理机构,学术委员会拥有学术事务的发言权、表决权和决策权。学校要给予学术委员会充分的自主权,使其能够独立地、负责任地履行职责和义务,积极主动地参与学术治理,为学校提高办学水平和教育质量贡献专业智慧。学术委员会的意见和建议,学术委员会委员发表的看法,虽然不一定全部都采纳,但学校党政领导和职能部门应予以充分的尊重,对学术委员会的决议要高度重视,并予以接纳和贯彻落实。唯有在这样一种学术环境和氛围中,学术委员会才可能越来越有朝气,才能发挥积极的作用。

第十九章
学分制的教育原理及实施的原则要求

改革开放之初，我国少数大学开始进行学分制改革试点，至今几乎各级各类大学都实行了大体相同的学分制。不论是实行"完全学分制"的，还是实行"学年学分制"或"弹性学分制"的，都在进一步深化改革，以期建立更有效的教育教学体系。但是，由于多数大学只注意到了学分制的形式要求，缺少对其实质的关注，所以，深化改革工作颇为艰难。为此，笔者试图从学分制实施的情况入手，剖析学分制改革的误区，阐述学分制的教育原理，探讨可供选择的实施策略。

第一节　学分制改革的误区

学分制在大学的推行曾经令人感到耳目一新。它一改以往铁板一块的教育教学制度，给予学生一定的自主选择空间，使学生可以在课程、学时等方面根据自身的需要或兴趣进行选择，为学生发展的个性化创造了条件。很多大学在初步试验后，发现学分制确实对新时期人才培养改革有重要促进作用，便积极推广或深化改革，但结果却并不尽如人意。究其原因，主要是在有关学分制的认识和做法上出现了偏差，致使学分制改革陷入了难以自拔的误区。

一、"学分制是与学年制相对的教学管理制度"

在进行学分制改革时，很多大学所持的基本观点就是："学分制是与学年制相对的一种教学管理制度。"确实，在实施学分制改革之前，我国大学所执行的是所谓的"学年制"，学生除不可抗拒的生病等原因可申请休学、延迟毕业外，不论学科专业、兴趣爱好或学业程度差异，一律按规定的学年完成学业并毕业离校。这种所谓的"学年制"刻板僵化，没有丝毫的弹性。学生上大学后，如同进入了工厂的生产流水线，只需沿着既定的工艺线路，完成全部工序，就达到了教育教学的要求。在整个受教育过程中，学生自己没有选择的权利，也没有选择的空间。在这种制度下，人才培养工作整齐划一，学生齐步走，共性有余，个性不足。正因为如此，当学分制被引入时，很多大学因其所具有的弹性而将它与学年制联系起来，有的甚至直接将它看作为是与学年制相对的制度。例如，《四川大学学分制条例（试行）》第二条规定："学分制是相对于学年制的一种教学管理制度。"[①] 其实，将学分制作为一种与学年制相对的制度是没有依据的，因为在世界上，没有哪一个国家的现代高等教育是没有明确而严格的学制规定的，也就是说，任何大学都有学年的规定和要求，学年制是所有大学共有的教育教学基本制度。我国很多大学之所以将学分制与学年制相对立，完全是一种误解。其主要原因在于我国施行学分制改革时，大学实行的是一种严格的计划管理体制，也就是一种在规定学年的基础上的高度刚性的人才培养制度。这种制度可称为高度刚性的计划制，它在本质上并非学年制。理解上的偏差，导致很多大学认为，进行学分制改革的目的就是为了破除所谓的"学年制"给人才培养带来的弊端。

二、"学分制是一种让学生可以根据自身情况提前或延迟毕业的制度"

不少大学在推行学分制时，都持有一个重要的主张，即学生的学业基础和努力程度存在差异，在所谓的"学年制"下，一部分学有余力者因吃不饱而浪费了光阴，另一部分学习吃力者因跟不上教学进度而成为问题学生。为此，实行学分制，可以让学有余力者多修课而提前毕业，可以让学习吃力者少修课而延时毕业，甚至可以让有意停学打工者获得一定的便利。例如，《上海第二工业大学学分制实施方案（试行）》规定："允许学有余力的同学比一般同学多选读课程，提前修满培养计划规定的学分和环节，提前毕业。允许部分同学自主安排学习进程，延长学习期限。学习年限最长本科为 6 年，三年制高职为 5 年（二年制高职为 4 年）。"[②] 这种将学分制与提前毕业或推迟毕业直接联系起来

---

① 四川大学学分制条例（试行）[EB/OL]. http://wenku. baidu. com/view/042079f69e31433239689357. html.

② 上海第二工业大学学分制实施方案（试行）沪二工大教 [2007]70 号 [EB/OL]. http://www. shspu. edu. cn/web/jwc/index?ipc_action=true&ipc_source=JournalListPortlet_INSTANCE_FBJl&_ipc_companyId=idsignet. com&_ipc_articleId=7092&_ipc_groupId=1017&_ipc_version=1. 0.

的做法，表面上看似乎没有什么不妥，但深究起来，就能发现，学分制本身与提前或推迟毕业并无必然联系，因为客观上讲，学生的学业基础、智力水平和努力程度本来就是存在差别的，无论实行什么样的教育教学制度，都应当尊重和承认其差别。学分制的目的并不在于鼓励学生提前毕业，也不是为了便于学生推迟毕业，而在于提倡和鼓励一种新的教育教学质量观。

三、"学分制就是为了让学生多选课"

有人认为，选修（课）制是学分制的核心[①]，这是有道理的。因为在一般意义上，学分制只以学分作为计算学生学习的质量，而不论学生修读了何种课程。至于学生在校学习期间应当修读多少课程，一则取决于学制长短；二则取决于总学分的要求。在学制和总学分一定的情况下，学生能够修读的课程总量也是确定的。但在学分制的实施中，部分大学却将学分制与学生多选课挂钩，甚至将学分制与学生学习第二专业相联系，鼓励学生学习第二专业，攻读第二学位。例如，《山东理工大学学分制改革方案》要求："要让学生能够根据自己的学习成绩、志趣和就业取向选择专业；要创造学生学习第二专业的条件、开设足够数量的选修课程，以满足素质教育的要求、张扬学生的个性。"[②]也就是说，学分制改革不仅要让学生在第一专业选修更多的课程，还要让学生选修第二专业的课程。这种将学分制与多选课挂钩的做法尽管不无积极影响，但并没有充分的依据。学分制并不必然要求学生多选课，更不必然要求学生在修读第一专业的同时，鼓励学生修读第二专业。学分制所关注的是学生的学分定额，至于各类课程在总学分中所占的比例，则由大学根据自身人才培养目标与规格来确定，而与推行学分制与否没有必然联系。

四、"学分制有利于培养创新型人才"

如何培养创新型人才一直是我国高等教育面临的主要问题。一些大学在推行学分制改革时，都宣称它有助于解决我国高等教育存在的痼疾，有利于培养创新型人才。例如，《西南政法大学学分制改革实施意见》提出的学分制改革的指导思想是："坚持科学发展观，以转变教育思想和教育观念为先导，坚持

---

① 薛成龙，邬大光. 论学分制的本质与功能——兼论学分制与教学资源配置的相关性[J]. 北京大学教育评论，2007（3）：138-192.

② 山东理工大学学分制改革方案［EB/OL］. http://jwch. sdut. cn/.

以人为本的教育理念和因材施教的教育原则，深化教育教学改革，优化教学资源配置，立足学校实际，积极探索多样化人才培养模式，促进学生个性化发展，提高学生的社会适应能力，全面落实我校在长期办学中形成的'厚基础、宽口径、强能力、高素质的务实创新人才'的培养目标，不断提高办学水平和人才培养质量。"关于"学分制改革的工作目标"，第一条就是："全面落实科学发展观，体现'以人为本'教育理念和因材施教的教育原则，着力培养学生的学习能力、创新能力、实践能力、交流能力和社会适应能力。"[①]教育理论研究和实践经验表明，创新型人才培养不是由学分制所决定的。学分制与创新型人才培养之间并非线性因果关系，实行学分制可能既无益于也无害于创新型人才培养。换句话说，学分制改革解决不了创新型人才培养存在的问题。将创新型人才培养与学分制直接挂钩，无疑是无限放大了学分制的功能。

五、"学分制有利于按成本收费，提高人才培养质量"

在学分制改革过程中，很多大学都设想实行按学分收费，部分大学经过论证和尝试，正式推出了学分制收费办法，将按学分收费与成本分担、鼓励学生自主选择、增强学生学习的责任感以及培养个性化人才等联系起来。例如，《武汉大学全日制普通本科生学分制收费管理办法（试行）》在总则中阐明，实施学分制学费收费的目的在于："推进和完善学分制，充分发挥教师的主导作用和学生的主体作用，促进学生个性化发展，充分利用和共享优质教学资源，提高人才培养质量""鼓励学生自主学习"。[②]按学分收费确实可以为学校收费带来便利，因为实行按学分收费后，学生多修学分、重修学分，就可能比按学年收费需要缴纳更多的学费，大学便能因此增加收入，学生提前毕业也不会少缴学费，但若将按学分收费与发挥教师的主导作用和学生的主体作用，鼓励学生自主学习，促进学生个性化发展，甚至提高人才培养质量等相联系，这就给学分制改革赋予了太多的意义，使学分制变成了一种解决人才培养质量问题的灵丹妙药。实际上，学分制与按成本收费之间也不存在必然联系，因为前者是19世纪后期就已经建立起来的制度，后者却是20世纪后期才出现的观念。

综上，在学分制改革中，各种误区的存在表明，它承载了太多的期待。人

---

① 西南政法大学学分制改革实施意见［EB/OL］. http://news. swupl. edu. cn/Article/ShowArticle. asp?ArticleID=5460.

② 武汉大学全日制普通本科生学分制收费管理办法（试行）［EB/OL］. http://jwb. whu. edu. cn/Archives/2011-09/2864. htm.

们希望它能破解高等教育发展过程中长期存在的弊病，希望它能化解高等教育改革所引发的一系列新的矛盾。尽管人们有这样的期待是可以理解的，但上述认识误区的存在却无助于推进学分制改革，因为它远远地超出了学分制本身所能发挥的作用，实际上也是根本不可能达成的作用。很多大学学分制改革之所以陷入困境的根本原因就在于此。

第二节　学分制的教育原理

学分制不是万能的，它有其自身特定的功能范畴。19世纪末期以来，高等教育在知识、社会需要、学时和学生发展之间的关系上面临着越来越严重的矛盾。随着知识总量和类别的无限增长，以往一所大学通过聘用几名、十数名或几十名教授就能囊括高等教育应当教授的全部或大部分知识的状况，已经一去不复返了，大学只能根据自身办学定位选取有限的知识领域进行人才培养活动。即便如此，大学需要教授的知识依然是庞大的，知识与来自社会职业、学时和学生发展的要求与限制是大学教育教学制度必须有效协调的问题。

第一，大学教育教学制度必须协调好知识与社会需要之间的关系。知识的增加是无限的，不论是知识的总量还是任一学科的知识，都具有无限性。这种无限性既表现在现有的知识上，又表现在知识的未来发展与创新上。任何一个人穷尽一生都不可能成为无所不通的"百科全书式人物"。大学也因此成为一个知识的无限性和有限性高度统一的教育机构。现代大学区别于古典大学的一个重要特征，就在于它不再是一个自我欣赏的、主要是为了满足自我需要的教育机构，而成为一个为了满足社会需要而存在的教育机构，社会需要成为大学教育的航标。20世纪以来，科学技术发展日新月异，科学技术应用于社会生产和生活的深度和广度不断扩展，社会对高等教育的需要日益广泛，表现出无限性。大学教育教学以不变应万变的传统方式已经不能适应现代社会需要的变化，大学不得不面对无限扩展的社会需要，包括越来越多的社会行业和部门对高等教育的需要，以及各行业部门内部越来越深刻的系统的高等教育需要。很显然，一所大学不可能满足社会不断增长的无限的需要，只能选择有限的行业部门、在有限的程度上满足社会的需要，协调好知识与社会需要之间的关系。

第二，大学教育教学制度必须协调好知识与学时之间的关系。大学的知识既是无限的又是有限的，在教育教学过程中，这种无限性和有限性统一于大学的学时之中。大学的时间是以学时为单位计算的,分天学时、周学时、学年学时、毕业学时等。大学作为社会的一种永恒的教育机构,其学时是无限的,日复一日、年如一年,大学持续不断地组织各种教育教学活动,这是大学学时无限性的体现。但就一个人在大学的学习而言,他的学时却是有限的,他必须在一定的学时内完成教育教学要求。这就是所谓的"铁打的营盘流水的兵",一届又一届的学生的到来离去延续了大学的无限。不过,从学生的生命过程来讲,相对于在大学的短暂学时而言,他的学习时间又是无限的,此所谓"活到老学到老"。为此,从大学自身和学生的生命过程来讲,它可以根据学时的无限性来安排其办学活动,但就学生的受教育过程而言,大学却应当根据其在校学时的有限性来协调知识与学时的关系,解决知识的无限性和有限性与学时的无限性和有限性之间的矛盾冲突。

第三,大学教育教学制度必须协调好知识与学生发展之间的关系。知识的无限性和有限性的统一是大学教育教学的基础,对学生发展有着重要影响。学生发展本身也具有无限性和有限性相统一的特征,不论是学生个人还是群体,其发展都是无限的,有着广阔的潜力。这种无限性既表现在大学受教育期间,又表现在受教育之后的终身生活中。但就学生在大学学习生活的短暂时期而言,不论其个人还是群体的发展又都是有限的,换句话说,由于在校学时是有限的,学生的发展只能是有限的发展。不管是无限的发展还是有限的发展,都是以知识为基础的,所以,大学知识的无限性和有限性与学生发展的无限性和有限性是直接相关的,大学必须协调好知识与学生发展之间的关系。

知识与社会需要、知识与学时、知识与学生发展之间的关系是大学教育教学过程中的三大基本关系,采用什么制度来协调,不仅仅是由一所大学的办学定位所决定的,而且还是由高等教育发展的时代特征及相应的社会环境所决定的。总体而言,在19世纪以前的大学中,由于知识本身发展的有限性,再加上社会需要也是非常有限的,而且学生的在校学时也没有非常严格的限制,所以,在知识与社会需要、学时和学生发展的关系上,大学教育教学采取了相对比较宽松的制度,比如,通才教育教学制度即对学生在校的学习时间不做严格的限定,为学生开出全面的足够的课程,使学生接触和掌握全部或大部分学科知识,从而培养具有宽广的知识面和广泛的社会适应能力的人才。19世纪及以前的大学所培养的"百科全书式的人"就是这种教育教学制度的结果。20世纪以来,无限性与有限性的冲突越来越成为大学教育教学不能回避的矛盾,大学既不能无视无限性的要求,又不能漠视有限性的制约,必须在无限性和有限性之间寻求合理的平衡,以保证教育教学能够适应时代发展的要求。

学分制是能够较好地协调上述三大关系的大学教育教学制度之一。在我国学术界,关于学分制历来有各种不同的观点,择其要者,包括"教学制度说"①"教学管理制度说"②"测量工具说"③"教学管理方法说"④"人才培养模式说"⑤等。这些观点都揭示了学分制某方面的特征,对深化学分制认识发挥了积极的作用。但若从上述三大矛盾关系来看,这些观点都还没有深入到大学教育教学所面临的核心问题中去,未能为解决大学教育教学的主要矛盾提供充分的理论支持。这就是为什么学分制改革难以进一步推进的根本原因所在。

传统上,大学曾经以知识领域、教师、学习年限、课程等作为衡量学生在校接受教育教学的数量和质量的依据。在知识欠发达时期,学生在校期间完成了全部知识领域的学习并通过考核,即可毕业;或者是聆听了全部教师的授课并达到了考核要求,即可毕业;或者在大学持续学习一定的年限,完成了全部学习任务,即可毕业;或者学完了大学所开设的全部课程,考核合格,即可毕业。尽管这些教育教学制度在现代大学中已经丧失了其合理性基础,但即便在今天的大学中,我们依然可以看到某些传统的印记。

学分制是大学适应现代社会发展要求而创立的一种极具现代性的教育教学制度。它具体产生于何年、为何人所首创已无从可考,但最早为哈佛大学于19世纪末开始采用则为学术界所公认。它是在选课制的基础上发展起来的,它将以往曾经作为衡量尺度的知识领域、教师、学习年限和课程等具体的衡量物用一个抽象的概念来代替,使大学在教育教学上的投入和学生在大学的学习状况都包含在一个不具特定意义的数学符号上,简化了大学计量学生学业完成情况的标准和方法。

学分制创新了大学教育教学的评价尺度,其意义不只在于大学拥有了新的学生学业计量标准和方法,或者说其本质的意义还不在这里。用学分作为

---

① 檀仁梅. 谈谈大学试行学分制问题 [J]. 福建师大学报(哲学社会科学版),1979(2):82-85.

② 蔡国均. 谈改学年制为学分制 [J]. 高等工程教育研究,1984(2):69-72.

③ 周锐. 对学分制某些提法的浅见 [J]. 高等工程教育研究,1987(1)43-46.

④ 甘连生. 探索我国学分制的特色 [J]. 高等工程教育研究,1990(1):65-67.

⑤ 张士杰,谢咏才,刘尚民. 充分发挥学分制的灵活性,多样化多层次多规格培养人才 [J]. 高等农业教育,1988(6):37-39.

大学教育教学的评价尺度,使大学教育教学组织进入了一个新的境界,大学由此可以超越具体的知识领域、教师、学习年限和课程等来组织协调全部教育教学工作。众所周知,大学是以学科(知识)为基础的教育机构,不同学科的知识领域往往由一组不同层次、不同类别,甚至不同性质的课程所构成,在学科规制下,各知识领域成为学生受教育的去处。一所大学的课程往往有数百门,甚至数千门。在知识高度发达的时代,多种多样的学科门类和纷繁复杂的知识领域使大学教育教学常常在无限性的知识面前手足无措,难以有效地进行组织和协调。如何编排数以百计、数以千计的课程教学秩序,是大学教育教学组织面临的主要难题。学分制将各不同学科、不同知识领域的课程统一换算为学分,不论什么学科、不论什么知识领域,大学对所有开设的课程都赋予一定的学分,按照学分来组织各学科和知识领域的教育教学活动。

社会需要是现代高等教育的主要服务面向。为了使各学科、各知识领域的教育教学能够适应社会需要,大学开办了各种各样的专业,从而使知识与社会需要有机地结合起来,提高了人才培养的有效性。在专业成为大学人才培养的单位之后,一方面,大学教育教学由此而变得相对简单化了。因为大学只需按照社会对专业的要求来组织教育教学工作,就能使人才培养适应社会有关行业部门的需要;但另一方面,大学教育教学同时又变得复杂化了。尽管专业教育教学的组织倾向于简单化了,然而,大学在人才培养上要做的不只是专业教育教学,也就是说,大学不只是承担了满足社会需要的使命,还承担了传承人类文明、塑造优良人格的人文使命。如何处理专业教育与人文教育的关系,协调满足社会需要与人文发展的关系,成为现代大学教育教学组织不能回避的课题。学分的采用为协调专业教育与人文教育的关系提供了一把重要的钥匙。不论专业教育还是人文教育,大学将其要求统统换算为学分,从而摆脱了深陷于各专业教育之间、专业教育内部、专业教育与人文教育之间的关系之中而不能自拔的困境,只需根据学分的分布与构成来编排相关教育教学活动。

学时越来越紧张是现代大学不可逾越的难题,其根本原因在于知识在快速地得到扩充、社会需求日益多样而复杂化。在科技革命时代,知识的海量增加既为大学提供了更加丰富的教育教学素材,同时也更加剧了知识与学时之间的矛盾,增加了大学教育教学组织的困难。社会需求的日益多样化和复杂化更增加了协调学时与满足社会需求之间的矛盾。由于学生在校学习的时间是确定的,不可能因知识的不断增加而延长,大学如何将海量的知识合理有效地组织起来,为学生提供更完善的教育;如何在一定的学时内更好地满足日益复杂的社会需求,增强学生的社会适应能力,是一道越来越难解的教育课题。学分的引入使得在知识、社会需求和学时之间有了一个新的平衡工具。在学分制下,大学的学时被换算成具体的学分,既有总学分,又有单个学分,大学和学生可以从满足教育目标要求出发,利用学分来分配和组织教育教学活动,而不必纠结于学时的短缺。

学生发展评价历来是大学教育教学的困难所在。进入现代社会以来,不但高等教育所面对的社会需要变化不定,而且学生个体需求与发展也不断更新,所以,现代大学不只关注学生在校内的发展,还要高度重视学生的社会发展;不只关注学生在大学期间的发展,还要高度重视学生的终身发展;不只关注学生内在品质的发展,还要高度重视学生的外在素养和各种适应能力的提升。如此一来,学生发展评价更成为现代大学颇为棘手的问题。学分制实施以后,学生发展被置于学分尺度之下,学生发展的各具体维度之间的关系被凝聚于学分和学分绩点等抽象概念之中,成为数字演算关系。这样一来,学生发展评价便不再是困扰大学教育教学的问题,只要建立了比较完善的学分制,学生发展就能得到比较合理的评价。

因此,学分制是在新的时代大学所采用的一种旨在协调知识、社会需要、学时和学生发展之间关系的教育教学制度,任何将其理解为只是具有某种单一目的的教育教学制度的认识都是片面的。学分制有着丰富的内涵,表面上看,它将大学教育教学所面临的复杂的无限性与有限性之间的关系通过抽象的学分配置和数学运算呈现在大家面前,实质上,它包含了具有浓厚的现代元素的现代大学教育理念和精神,是现代大学所依靠的基本的教育教学制度。在国际上,尽管也有少数大学没有实行学分制,但在其相应的教育教学制度中往往也融入了大量的学分制元素。

在较早实行学分制的欧美各国,虽然不同的大学在学分制的具体形式上略有差异,但其共有的元素却是我们所不能忽视的。由于我国与美国大学学制相近,本科教育一般要求四年完成,所以,这里主要以美国大学为例来阐述学分制的主要元素。

第一,总学分要求。总学分是大学对授予特定学位所要求修读的全部课程和相关教育活动学分的总量。总学分一般与课程学分绩点相联系。各大学之间在总学分上常常有着不同的要求,很多大学授予的相同层次学位所要求的总学分数是不同的。例如,斯坦福大学对文学士、理学士和文理学士三种学士学位的学分要求为最少不低于 180 个。[1] 麻省理工学院则要求本科生在完成 17 个学分的学校普通教育要求后,根据其所修专业完成 180～198 个学分的专业学习任务,方可获得理学士学位[2]。华盛顿大学圣路易斯分校对文学士学位的总学分要求是 128 个,且平均学分绩点不低于 2.0;对文学士和文学硕士连读总学分要求为 134 个。[3] 总学分要求是各大学实施学分制的共同要求,是协调大学提供教育教学资源的总量与学生学习的质和量的工具。也就是说,总学分的要求有两方面的作用:一是表明大学为每位学生提供的教育教学资源总量;二是代表学生在校期间必须完成的总的学习任务的质与量。前者往往是很多大学所忽视了的,而即便是后者,人们也常常只注意到了对量的要求,而忽视了对质的要求。

第二,最高最低学分要求。实施学分制的大学通常会规定学生每学期或学年修读学分的上限和下限[4],即最高最低学分要求。这是针对学生每学期或学年应当修读课程的学分数而做出的规定。最低学分要求是为了避免学生因每学期或学年修读课程学分过少,学习负担过轻而导致延迟毕业;最高学分要求是为了避免学生因每学期修读课程学分过多,学习负担过重而导致身体吃不消、身体素质受影响,或者对课程敷衍应付而导致降低学习质量。例如,塔夫茨大学要求人文学院和工学院的学生在四个学年的各学期所修课程不得低于相应的学分数,具体规定为:人文学院学生第一学年秋季学期不得低于 3 学分,春季学期不得低于 6 学分;第二学年秋季学期不得低于 10 学分,春季学期不得低于 14 学分;第三学年秋季学期不得低于 19 学分,春季学期不得低于 23 学分;第四学年秋季学期不得低于 27 学分,春季学期不得低于 34 学分。工学院学生第一学年秋季学期不得低于 3 学分,春季学期不得低于 7 学分;第二学年秋季学期不得低于 12 学分,春季学期不得低于 17 学分;第三学年秋季学期不得低于 22 学分,春季学期不得低于 27 学分;第四学年秋季学期不得低于 32

① University Requirements[EB/OL]. http://www. stanford. edu/dept/undergrad/cgi-bin/drupal_ual/AP_univ_req_index. html.

② Graduation Information for Undergraduate Students[EB/OL]. http://web. mit. edu/registrar/graduation/ugrad_requirements. html.

③ The 2011-12 Undergraduate Catalog[EB/OL]. http://bulletin. wustl. edu/pdfs/fullcatalog-2011-2012. pdf.

④ 别敦荣. 公安院校实施学分制探讨(笔谈) [M]. 湖北警官学院学报,2003(2):3.

学分,春季学期不得低于 38 学分。① 卡内基·梅隆大学规定四年的毕业总学分是 360 个,每学期的学分数在 45～49 个。每个系都规定了学生正常的学习负担,各学院也制定了严格的有关超负荷学习的政策。学生每学年所修学分课程成绩必须达到一定的标准,各年级标准不同,总的来讲是逐年提高。一年级的学分平均绩点必须达到 1.75,二年级必须达到 2.0。如果达不到每学期的学习要求,学校将视学生成绩情况予以相应的学术处分,包括试读、暂停学习和退学。学生如果要修读超过正常学习负担的学分课程的话,必须得到学术顾问的同意,且表现出能够胜任正常的学习负担,标志是他上一学期所修读课程学分的平均绩点达到 3.0。新生和转学生在第一学期的学习负担不得超过正常值。② 在乔治城大学看来,学习是学生最重要的职责。学校要求学生每周课外学习时间不得低于 30 小时,也就是说,每 3 个学分的课程至少要有 6 小时的课外学习时间。③ 由此可见,实行学分制,并不是说学生就完全"自由"了,可以想修读多少课程就修读多少课程,想什么时候毕业就什么时候毕业,而是受到严格限制的。这种限制恰恰是为了保证学生发展的质量。

第三,必修选修学分要求。在学分制所要求的学分课程中,各大学都规定了必修和选修课程学分,这一规定是基于大学对自身教育使命、学科知识要求和社会需要的综合评判而做出的,对保证学生发展质量具有重要意义。在各大学的规定中,必修课所占的比重一般较小,选修课所占的比重一般较大。选修课通常又分为结构性选修课和任意选修课。例如,哥伦比亚大学要求本科生修读 124 个学分的课程,且平均成绩绩点不得低于 2.0。全部课程由三个部分构成:核心要求、专业要求和任意选修课。④ 雪城大学惠特曼管理学院本科生必须至少修读 121 个学分的课程,其中,有 63 个学分的课程是指定必修的,有 46 个学分的课程是结构性选修的,另有 9～12 个学分的课程是任意选修

---

① Bulletin 2011-2012[EB/OL]. http://uss. tufts. edu/stuServ/bulletin/Tufts % 20Bulletin 2011_2012. pdf.

② Undergraduate Academic Regulations[EB/OL]. http://coursecatalog. web. cmu. edu/servicesandoptions/undergraduateacademicregulations/.

③ Undergraduate Bulletin 2011-2012[EB/OL]. http://bulletin. georgetown. edu/regulations3. html.

④ Degree Fulfillment[EB/OL]. http://www. gs. columbia. edu/degree-fulfillment.

的。① 卡内基•梅隆大学将全校所有课程都纳入学生自由选修课的范围。② 选修必修学分要求所反映的是一所大学对学生素质能力结构发展的目标期待，总体而言，必修选修学分要求所反映的主要是大学对学生应当具备的素质能力宽度和深度的期待。宽度与深度的结合是现代大学教育教学的必然选择，但宽度与深度要求不是完全割裂的，而是相互交织的，在必修和选修学分要求中都包含了宽度与深度的目标期待。

第四，通识教育和专业教育学分要求。通识教育和专业教育学分要求是学分制的普遍规定，当然，不同的大学所使用的概念有所不同。例如，麻省理工学院所用的概念是学校普通教育要求（General Institute Requirements），共17个学分；交流要求（Communication Requirement），共4门课程；体育要求（Physical Education Requirement）；学系教育计划（Departmental Program）；任意选修课程（Unrestricted Electives）。学系教育计划，即专业教育要求，包括180～198个学分；任意选修课程不低于48个学分。③ 而卡内基•梅隆大学所用的概念是通识教育和专业教育。其通识教育包括五个领域的课程：交流能力，即语言与表达；反应能力，即社会与文化；建模，即数学与实验；决策能力，即社会科学与价值；创新能力，即设计与制造。通识教育的框架反映了理想的学习环境的核心特征和大学的核心精神使命。④ 华盛顿大学圣路易斯分校在要求学生修满通识教育学分和任意选修课程学分后，修读不低于18个学分、位阶在300或以上的专业课程，且成绩达到C等或更好。⑤ 从一般意义上讲，通识教育和专业教育学分要求是协调学生综合素质和能力发展与适应社会职业需要的素质和能力发展关系的手段，学生修读通识教育学分课程不仅能为专业教育打下必要的基础，更重要的是，能够促进学生身心的和谐发展；学生修读专业教育学分课程也不单单只是满足社会职业需要，而且还能使学生获

---

① Undergraduate Programs[EB/OL]. http：//whitman. syr. edu/Undergraduate/Academics/requirements. asp.

② College of Humanities and Social Sciences[EB/OL]. http：//coursecatalog. web. cmu. edu/collegeofhumanitiesandsocialsciences/#academicstandardsregulationsandprotocols.

③ Bachelor of Science Degree Requirements[EB/OL]. http：//web. mit. edu/catalog/overv. chap3-chart. html.

④ College of Humanities and Social Sciences[EB/OL]. http：//coursecatalog. web. cmu. edu/collegeofhumanitiesandsocialsciences/#academicstandardsregulationsandprotocols.

⑤ Bulletin 2011-2012[EB/OL]. http：//uss. tufts. edu/stuServ/bulletin/Tufts％20Bulletin 2011_2012. pdf.

得实践其身心和谐发展的广阔空间。

第五，高低学年（高阶低阶、先修后修）学分要求。高低学年学分要求旨在为学生建构一个由简而难、循序渐进、知识结构合理的学习和发展路径，从而避免学生在课程选择中，拈轻怕重，就简避繁，多选低年级课程或比较容易的课程修读，而导致学习程度偏低，学习质量不高的问题。例如，约翰·霍普金斯大学工程专业理学学士学位的专业教育学分要求为不少于 75 个位阶为 E、Q、N 的课程学分，其中，至少 30 个学分课程的位阶在 N 或 Q；最少 6 门课程的位阶在 H 或 S；2 门高级写作课程，每门课程不低于 3 学分。[①] 华盛顿大学圣路易斯分校要求学生在 120 个学分课程中必须至少修读 30 个高级学分课程（即位阶在 300、400 和 500 的课程）。[②] 高低学年课程学分要求将学生的学习纳入一个有序发展的轨道，遵循人的身心发展规律，由简单到复杂，由广博到专深，由基础到专业，使学生在完成大学全部学习任务后，能够成为一个各方面素质和能力和谐发展的高级专门人才。

第六，课程和非课程学分要求。在学分制中，除了赋予各门课程一定的学分数，按照课程学分的数量和质量来评价学生的学习情况外，很多大学还规定了一些非课程教育教学活动或项目也可以折算或冲抵一定的学分，以弥补课程教学的不足。例如，阿肯色大学小石城分校要求新生参加 12 个学时的新生入门学习或活动，记入学分范畴；自 2008 年开始，将军事服务纳入学分计量的范畴，但要求学生出具军事部门提供的书面证明。[③] 卡内基·梅隆大学规定学生最多可以利用 9 个学分的体育、军事教育和自学课程冲抵毕业学分要求。[④] 大学教育的环境不只在课堂，很多课外活动也有重要的教育意义，尤其是在学生个性和社会性的发展上具有不可替代的价值。有的学生可以很好地达到课程学习要求，但却不一定受到了优良的大学教育；有的学生可能受到了很好的教育，但却不一定能达到课程学习的要求。课程和非课程学分要求就是要充分利用大学教育的各种条件，将课内和课外教育结合起来，为学生和谐发展创

① General Requirements for Departmental Majors[EB/OL]. http://www. jhu. edu/~admis/catalog/hopkins/department_majors. pdf.

② The 2011-12 Undergraduate Catalog[EB/OL]. http://bulletin. wustl. edu/pdfs/fullcatalog-2011-2012. pdf.

③ Catalogs[EB/OL]. http://ualr. edu/academics/index. php/home/catalogs/

④ College of Humanities and Social Sciences[EB/OL]. http://coursecatalog. web. cmu. edu/collegeofhumanitiesandsocialsciences/#academicstandardsregulationsandprotocols.

造适宜的环境。

　　第七,本校和非本校学分要求。现代大学教育处于一个开放的环境之中,一所大学无论多么优秀都不可能囊括人类文明的精华,况且学生接受高等教育的目的各不相同,每一个学生的需求都是多种多样的,所以,在教育教学中,加强相互之间的交流与合作成为现代大学办学的重要手段。为此,很多大学在学分制中都规定了本校和非本校课程学分要求,既要确保学生在本校能够接受充分而有效的教育,又要使学生在其他学校接受到能够满足其多样化需求的教育。例如,卡内基·梅隆大学规定,本科生在本校学习时间不得少于四个学期,或累计达到四个学期的时间,完成不少于 180 个学分的学习任务。[①]华盛顿大学圣路易斯分校要求学生最后修读的 30 个学分必须是本校的,且需住校学习。[②]塔夫茨大学允许学生从其他得到认证的大学转入部分课程学分,其中,人文学院学生可以转入 17 个学分,工学院学生可以转入 19 个学分,且成绩达到 C 级及以上。[③]在总学分中,本校学分通常占绝对优势,非本校学分主要发挥补充作用。本校学分和非本校学分要求既有助于学生在本校获得教育认同,同时又为学生谋求多样化发展提供应有的空间。

　　学分制所包含的内容不只是上面所罗列的七个方面,很多大学学分制还包括了函授学分规定、中学先修学分规定、全时学习学分规定、部分时间学习学分规定、非学位修读学分规定,等等。随着社会的发展,大学学分制也在不断充实新的内容。在全球化、国际化、网络化时代,国外游学经历、国际课程、交流课程、网络课程等都被纳入了学分制的范畴,使学分制表现出鲜明的时代特征。总体而来,学分制是现代大学实施的一种教育教学制度,不仅有着丰富的内涵,而且对现代高等教育发挥着重大而积极的影响。尽管如此,那种认为欧美国家大学都实行学分制的观点却并非事实。就美国而言,哈佛大学、耶鲁大学、普林斯顿大学等在本科教育中都没有实行学分制,而是实行课程门数制,即以学生修习课程的总门数和结构要求来衡量学生学习的数量和质量。例如,哈佛大学要求本科生在大学四年期间必须修读 16 门学年(或 32 门学期)

---

① College of Humanities and Social Sciences[EB/OL]. http://coursecatalog. web. cmu. edu/collegeofhumanitiesandsocialsciences/#academicstandardsregulationsandprotocols.

② The 2011-12 Undergraduate Catalog[EB/OL]. http://bulletin. wustl. edu/pdfs/ fullcatalog-2011-2012. pdf.

③ Bulletin2011-2012[EB/OL]. http://uss. tufts. edu/stuServ/bulletin/Tufts % 20Bulletin2011_ 2012. pdf.

课程^①；耶鲁大学要求修读 36 门学期课程^②；普林斯顿大学要求文科学生在四年中最少修读 31 门课程，外加累计两年的学系独立工作^③，而理工科学生则要求修读 36 门课程。^④ 这里需要特别指出的是，学分制和课程门数制只是两种大学教育教学制度，人们对其优劣并无定论，采用哪种制度完全是大学基于自身教育教学传统和办学目标而做出的选择。

第三节　实施学分制的原则要求

从学分制的教育原理看，它并不是简单的大学教学管理制度，而是基本的大学教育教学制度。由于在有关学分制的观念上存在诸多误区，所以，在实践中，我国很多大学的学分制改革往往舍本逐末，不得要领；有的大学甚至完全错误地理解了学分制的本意，追求一些不切实际的"目标"，致使教育教学工作陷入被动局面。实施学分制改革，大学必须根据其教育原理，遵循有关基本原则要求，走出观念和实践的误区，稳步推进行动方案，深化教育教学改革，开创教育教学工作的崭新局面。

一、静态学分结构瞄准学生的和谐发展

学分制包含了一整套学分结构。静态的学分结构体现在大学人才培养方案之中。这一结构要求不是随心所欲确定的产物，而是大学基于自身的教育理念和理想，对人才培养目标从具有法定效力的规章上进行的规范，也就是说，它是大学对所培养人才的综合素质和能力的文本描绘。与静态学分结构有关的因素很多，包括学科专业知识之间的关系、社会职业需要及其变化、大学自身的基础和条件、可以利用的学时以及学生的发展要求等，其中，学生的发展要求是核心，所有其他因素都是围绕学生发展要求来组织协调的。在学分制推行中，我国大学应当根据自身使命和时代要求，瞄准学生和谐发展，建

---

① Academic Information[EB/OL]. http://handbook. fas. harvard. edu/icb/icb. do?keyword=k79903&tabgroupid=icb. tabgroup125602.

② Requirements for the B. A. or B. S. Degree[EB/OL]. http://yalecollege. yale. edu/content/requirements-ba-or-bs-degree.

③ Program of Study for the Degree of Bachelor of Arts[EB/OL]. http://www. princeton. edu/ua/sections/12/.

④ Program of Study for the Degree of Bachelor of Science in Engineering[EB/OL]. http://www. princeton. edu/ua/sections/13/.

构静态的学分结构,为培养适应社会需要的高素质人才奠定基础。

以学生和谐发展为中心建构静态学分结构应当处理好四种关系:

一是通识教育、专业教育和任选课程学分结构关系。通识教育、专业教育和任选课程学分结构关系,既包括了各类课程学分的数量关系,又包括了各类学分课程的秩序关系。学生的和谐发展在不同类型、不同水平、不同地域的大学之间是有差别的,不同的大学应当根据自身办学定位和实际条件,科学地协调知识、社会需要、学时与学生发展的关系,合理确定三类课程学分比例关系。

二是必修和选修课程学分结构关系。必修和选修课程学分结构关系既存在形式上的关系,又存在实质上的关系。所谓形式上的关系,是指由对必修和选修课程学分的数量规定所构成的关系;所谓实质上的关系,是指必修和选修学分数所代表的不同的课程内容之间的关系。很显然,前者应当以后者为基础。

三是高低年级课程学分结构关系。大学教育教学工作并不因实施学分制而显得杂乱无序,在四年学制中,学生从第一学年到第四学年的学习应当是有序递进、循序攀登的过程。根据学分制的要求,大学应从不同年级修课学分要求出发,按照由简到繁、由博到专的顺序,赋予各门课程一定的位阶,以便学生能够根据自身所处年级和学业基础进行选择。

四是课程和非课程学分结构关系。大学教育既在课堂内又在课堂外,大学应当充分利用有利的校园环境和课外教育条件,使学生不仅求学于课堂,而且受教于课外。在实施学分制的改革中,大学不能只是在课程学分上做文章,还应当高度重视非课程学分的影响,有效地利用课外教育教学活动,促进学生的健康成长。

二、动态学分结构关注学生学习负担

学分制所建构的静态学分结构是一种理论上的教育教学方案,而大学实际的教育教学工作既受到静态学分结构的影响,更受到动态学分结构的制约。动态学分结构是指学生实际所修课程学分之间的关系,包括数量关系和质量关系。数量关系是指各学期或学年学生所修读课程学分数量占总学分要求的比例,质量关系是指各学期或学年学生所修学分课程之间的关系。前者要求学生在四年学习期间所修读课程的学分量在各学期或学年保持均衡,使自身的学习负担控制在可接受的范围之内;后者要求学生各学期或学年在选修课程时,不能只是单纯地考虑学分要求,还要注重合理地建构自身的知识体系和学习秩序,理性地把握自己的学习节奏,从而达到促进自身和谐发展和健康成长的目的。

实施学分制,必须保持合理的动态学分结构。比较而言,调控动态学分结构更难于调控静态学分结构,因为前者是以学生个体为对象的,需要对学生的主体选择行为进行必要而有效的干预。在动态学分结构的调控中,大学应当重视以下三种现象。

一是负担过轻现象。导致学生学习负担过轻的原因可能是所修学分课程过少或课程难度偏低,大学应当针对具体原因,进行必要的调控,保证学生所修学分课程的数量和质量与其学业基础和能力水平相匹配,并达到学期或学年修读课程学分要求。

二是负担过重现象。学习负担过重是很多学生面临的现实问题,其主要原因往往在于学生有一种误解,以为多修课就能早日达到毕业要求,可以提前毕业。殊不知,修读学分课程过多,应付不过来,上课如同赶场,一门课接一门课地上,课前课后根本没有时间自学,考试勉强通过,尽管学分拿到了,但学习质量不高。平衡学习负担是学分制实施的基本要求,大学应当破除将学分制实施与可以提前或推迟毕业直接挂钩的错误观念,引导学生适量修读学分课程,保持适当的学习负担,扩大每一门课程的学习内涵,提高学习的有效性。

三是学习困难现象。学习困难是大学教育教学过程中不可避免的正常现象,但学习困难问题如果得不到解决,就可能出现"挂科"甚至难以继续学业的后果。在学分制实施过程中,学习困难现象似有增加的趋势,原因是多方面的,与学分制相关的原因包括学生盲目选课和学习支持服务缺位。要保证学分制推行达到预期的目的,大学应当改变完全放任学生自己选课、自己负责修课后果的做法,建立学生选课指导体系和学习支持服务机制,给予学生有效的选课指导和学习支持,将学习困难问题化解于问题萌芽之时,杜绝于教育教学过程之中。

三、高度重视大学间学分互认

常言道,尺有多短,寸有所长。任何一所大学都不可能包揽全部人类文明知识领域,不可能全面满足所有学生的发展要求,大学需要相互交流与合作。但很多大学却对教育教学交流与合作并不积极,哪怕是同城、同区域的大学之间,教育教学交流与合作也非常有限,尽管都实施了学分制改革,但学分互认并没有受到重视。开放办学,相互支持,取长补短,共同发展,应当成为我国大学改革与发展的重要战略。实施学分制更有利于大学间实现学分互认,加强教育教学的合作与交流。

学分互认是大学教育的需要,更是学生发展的要求。它不仅有助于促进大学间优势互补,间接地还有助于大学明确办学定位,着力办出特色,不断提高水平,增强学术竞争实力,而且有助于学生在大学之间利用教育教学资源,汲取多样化的学术营养,实现个性化、多样化发展。越早实现学分互认,大学获益越大,学生受惠越多。大学间学分互认主要包括四个范畴:

一是同城大学学分互认。我国大学分布相对比较集中,在中心城市和各省会城市,往往集中了办学条件较好、教育教学质量较高的一批大学,这些大学之间具有最便利的条件来实现学分互认,应当先行一步。

二是同区大学学分互认。同处于一个区域的大学,相互之间一般都有着大致相同的地理位置和社会文化环境,对办学中问题的认识也比较容易取得共识。推进同区大学间学分互认,有助于同区域的大学逐步实现办学联盟化,从而发挥更大的办学效益。

三是全国大学学分互认。全国大学学分互认是我国高等教育走向全面开放、全国交流的要求,它的实现将促进我国大学实现跨区域联合办学,并有助于在全国范围内建立我国高等教育的优势。

四是国际大学学分互认。部分大学已经迈出了重要步伐,与国外有关大学开始了各种形式的学生交流,其实,这种交流中就包含了学分互认的内容。与国外大学学分互认是我国高等教育走向世界,实现国际化的重要途径。我国大学应当积极行动,以学分互认为着力点,加强与国外大学的教育教学交流合作,在更广泛的范围开展教育教学资源的交流与共享,促进教育教学的国际化进程。

四、开发基于学分制的教育教学资源

实施学分制需要有与之相适应的教育教学资源做基础。学分制重视学生的多样化、个性化选择,注重满足每一个学生个性发展的需要,这既是大学教育教学应对高度发达的学科专业教育要求的基本策略,也是大学教育教学满足日益复杂多样的社会需要的必由之路。学生的多样化和个性化发展对教育教学资源的要求很高,不仅要求资源总量丰富充分,而且要求种类层次多样。以学生为中心已经成为人们公认的、基本的大学教育理念,但是否能够将其落到实处,最为关键的标准就在于大学的教育教学资源开发与配置是否能够满足学生多样化、个性化发展的要求,是否能够使每一个学生接受他所希望的满意的教育。

基于实施学分制的要求，大学应当做好以下五个方面的资源开发。

一是教师资源开发。学分制对教师资源的要求既表现为教师的数量要充分，更表现为质量要优良。换句话说，就是一所大学的每一位教师的教学水平和质量都应当达到学生满意的要求，大学应当以学生满意为标准来配备教师。那种让新教师先适应、再提高，若干年以后才能达到让学生基本满意水平的教师配备制度，完全不符合学分制的要求。学分制不允许大学以牺牲学生培养质量为代价来让教师达到合格的要求，每一个承担学分制教学任务的教师都应当具备让学生进行比较选择的优势。

二是课程资源开发。学分制是以学生的选择为基础的教育教学资源配置方式，学生的选择主要表现为对课程的选择。学分制对课程资源开发的要求主要有三：第一，课程总量必须满足学生选修的要求。一所大学的课程总量与其办学规模和学分制给予学生选修的空间直接相关。课程开发应当以大学办学规模为依据来进行总量开发，以学分制对学生选课的要求为依据来进行课程结构的调配。第二，课程质量必须达到学生满意的要求。显然，数以百计、数以千计课程的质量不可能是一样的，尽管课程质量可以有差别，但每一门课程的质量必须能够让学生满意。第三，课程范围应当是开放的。学生接受高等教育首先是对大学的选择，其次才是对专业的选择。对一个学生而言，大学的所有教育教学资源，包括全部课程资源，都应当是可以利用的。因此，课程资源开发应当拆除院系、学科、专业壁垒，将所有课程资源对每一个学生开放，由学生进行选择和学习。

三是导师资源开发。学分制离不开导师制，尽管实行学分制以后，大学赋予了学生自主选择的权利，但是，由于学生自身的不成熟性和经验的缺乏，还由于大学使命的特殊性和知识的复杂性，学生在行使选择权利时常常存在误用、乱用的现象。这就需要大学提供相应的学术指导和支持，而导师制是解决学生选择问题的重要手段。导师制既包括了对导师职责权利的规定，又包括了对导师资格和队伍建设的要求。从导师资源开发的角度讲，主要应当建设两支导师队伍：一支是专职导师队伍。聘请学有专长、接受过学生指导专业教育的人员，组成校院系各级学生导师团队，形成专职的学生业发展导师。一支是兼职导师队伍。大学全体教师都应当兼职担任学生导师，帮助学生解决课程专业选择和学业发展方面的问题。大学应当对全体教师进行学生指导培训，将学生指导纳入教师的职责范围，建立全员参与的学生学业发展支持与服务体系。

四是教室资源开发。教室资源有广、狭义概念之分,广义的概念包括各类教学环境和场所,狭义的概念就是指课堂教学的场所,即课室。这里取其广义的概念。学分制的实施,对教室资源的要求趋于多样化。教室资源不仅应当满足学生修读课程和选修教学活动人数的要求,而且应当满足课程和教学活动对环境场地的要求,只有这样,学分制才能得到有效的实施。教室资源开发主要有两个方面的要求:第一,对课室资源开发的要求。课室不仅总数应当达到学生选课门数的要求,而且形式应当满足课程教学的要求。很多大学比较重视课室总数能否达到要求,而对课室的形式则关注不够。很多大学的课室不论大小千篇一律都是演讲报告厅式的,极大地限制了教师开展形式多样的课堂教学活动。课室资源开发既要有可供三五人上课的微型课室,又要有可供数百人听讲的大型报告厅,使各种规模的课堂教学都有与之相适应的课室;既要关注课室的总数、大小,更要关注课桌椅的形式及其可组合性,要使教师能够根据教学需要灵活地加以利用。第二,对其他教学环境和场所开发的要求。学分制的教育环境具有开放性,除课室以外,大学还应当加强课外教育环境建设,营造各种有利于学生成长和发展的校园教育环境,与此同时,切实加强与社会有关部门和单位的教育教学合作,开辟满足学分制需要的广阔的校外教育场所。

五是教学管理技术资源开发。实施学分制除了需要有各种有形的教育教学资源外,还需要有无形的教学管理技术资源支持。与学分制相关的教学管理技术资源主要包括学生选课系统、排调课系统、成绩管理系统、学籍管理与服务系统、教学评价系统等。这些资源主要是借助于现代信息技术和网络技术,使以往完全依赖手工的教学管理业务工作信息化,方便教学管理人员和师生通过计算机终端实现自助式管理与操作。在高等教育大众化时代,大学规模庞大,学生人数动辄数以万计,信息技术和互联网为烦琐复杂的学分制教学管理提供了极大的便利。教学管理技术资源开发应当主要以学生为教学资源利用对象,特别重视解决学生选课时间集中、成绩管理复杂、学籍管理与服务烦琐等问题,为学分制的实施创造有利条件,为学生提供一个宽松、便捷、友好的教学管理网络环境。

后　记

　　本书是国家社会科学基金"十二五"规划课题"现代大学制度研究——历史与现实的反思"（BIA130082）的研究成果之一。该课题于2013年底获批；2014年3月31日，在厦门大学社科处的组织下，课题组在厦门大学举行了开题报告会，潘懋元教授担任组长，邬大光教授、高宝立教授、李泽彧教授、陈武元教授、王洪才教授、吴薇副教授、王璞副教授、徐岚副教授等专家学者出席，他们对课题研究提出了很多建设性的意见和建议。课题组根据专家意见和建议对研究计划做了必要的调整，课题研究任务按计划渐次推进。2015年7月26日至9月10日，我赴美国进行了考察研究，圆满完成了研究任务。2015年12月，根据要求，课题组提交了《课题研究进展情况报告》。截至2016年8月底，课题组完成了全部研究任务，开始准备结题报告和整理相关支撑材料，此后仍有部分课题研究成果陆续发表。2017年3月13日，课题组在厦门大学教育研究院举行研究成果公开报告会，对课题研究情况和所取得的研究成果做了专题报告，参会人员对课题研究表示高度认可。

　　本课题研究取得了丰硕的成果，截至2017年底，课题组在公开出版的学术刊物上共发表36篇论文，其中CSSCI期刊发表20篇，CSSCI拓展版期刊发表12篇；完成了2篇硕士学位论文和5篇博士论文。课题研究成果在高等教育学术领域和高校管理实践领域都受到了广泛的关注，多数学术论文都有较高的下载次数和被引频次，产生了良好的学术影响，引领和促进了现代大学制度与治理改革研究，同时对促进部分高校推进综合改革、完善治理结构发挥了重要的指导作用。我在全国各地各类高校就中国特色的现代大学制度、大学治理、大学发展战略规划作了数十场专题报告，针对国内许多高校办学与管理中存在的具体问题进行了有效的咨询指导，同时还与国外高等教育专家就现代大学制度、大学治理进行了富有成效的地探讨和交流。

　　课题研究能够立项和顺利进行，首先要感谢国家社科基金委员会和全国教育科学规划领导小组办公室的支持和指导，特别感谢以潘懋元教授为组长的专家组在开题报告会上所给予的指导,他们提出的收缩研究范围、聚焦研究主题的建议对课题组启发很大,课题组在调整研究计划的时候吸收了这些意见。课题能够圆满完成,得益于课题组成员认真负责的态度和扎实辛勤的工作,大家各负其责,自觉地做好所负责的研究任务。为课题研究付出努力的课题组成员主要有吴薇副教授,徐岚副教授,张征副教授,唐世刚副教授,徐梅副研究员,石猛副教授,唐汉琦讲师,陈斌助理教授,刘香菊博士,李家新博士,汤俊雅博士,万园博士和陈梦、韦莉娜、易梦春博士生,杨莹莹硕士生等。感谢大家的付出!

本书成稿得益于部分专家学者的鼎力相助,书稿凝聚了他们的心血和智慧。他们有的是我多年的挚友,有的是我学术研究的伙伴或团队成员,我们共同完成了一些重要的研究任务。他们主要是美国波士顿学院菲利普·阿特巴赫教授、江西师范大学吴国娟副教授、聊城大学徐梅副研究员、玉林师范学院唐世纲副教授、南宁职业技术学院韦莉娜副教授、湖南科技大学唐汉琦讲师等。我要特别感谢他们对本书所做的贡献!

本书得以出版,要感谢中国海洋大学出版社的领导和编辑。他们的关心、支持和督促给予我动力,使我能够从繁忙的日程中抽出时间完成书稿。

现代大学制度既是一个理论研究课题,又是一个实践课题。理论探索无止境,改革实践无止境,本书只是触及了现代大学制度理论与实践的"冰山"一角,还有更多的问题有待探讨。期待有更多的专家学者参与到现代大学制度研究中来,更期待专家学者对我们的研究不吝赐教。

别敦荣

于厦门大学教育研究院 407 研究室

2018 年 3 月 12 日

后记

237